當儒家走進民主社會

林安梧論公民儒學

當代著名哲學思想家

林安梧——著

目次

第二部 訪談

【作者序】
儒家還有戲嗎？

當儒家走進民主社會，那儒家還有戲嗎？儒家本是在小農經濟、宗法家族的傳統社會長成的。現在，走入了民主社會，儒家還有戲嗎？當然有，而且戲還多著呢！儒家發源於夏商周，孔夫子「刪詩書、訂禮樂、贊周易、修春秋」，六經於焉構成，他是整個中國古文明的集大成者。這裡啟動了最重要一次的返本開新。這裡有著創造性的轉化，也有著創新性的發展。最重要的是，孔子點燃了智慧之火，照亮了天地乾坤，開啟了生命之泉，潤澤了萬有一切的生命。就這樣點醒了「仁義禮智」，就這樣，若「泉之始達，火之始燃」，整個天地、整個人間活起來了。

孔夫子點醒了仁，孟子更進一步闡發了義，到荀子確立了禮。其實，仁義禮智信，孔子早就宣說了。孟子、荀子只是各有所重地闡述發揮而已。不過，我們可以發現，這有階段性一步一步的發展。仁者，人之安宅也。義者，人之正路也。禮者，人之正位也。「仁」強調存在的道德真實感，「義」強調客觀的法則，「禮」強調具體落實的規範。孔子跨過了原先周公宗法封建的限制，點醒了人的內在生命，照亮了天地乾坤。他強調的是要達到「大道之行也，天下為公」。孟子更強調「人人親其親，長其長，而天下平」。荀子強調禮有三本，把「天地、先祖、君師」確定了起來。這裡在在把儒學的道德教化觀確立了起來，內聖外王通貫為一。在「血緣性的自然連結」下，確立了「人格性道德連結」的優先性。即使荀子已經重視君道、富國、法後王，但畢竟他還是期待著先聖先賢文化的教養，達到天下太平，直到了他的學生李斯、韓非，才轉而為法家，強調「宰制性的政治連結」的優先性。這麼一來，「血緣性縱貫軸」的系統脈絡於焉構成。

司馬談「論六家要旨」，講明了「儒、道、墨、法、名、陰陽」，說是歸本於道，但這不只是道家的道，而是天下大道的道，總體根源的道，這是作為諸家根源的道。天下已經不再是宗法封建的構造了，天下變成了君主專制的構造。天下不再是一統而多元的「大一統」，天下變成了歸向於專制的「大統一」。原來強調的「五倫」，現在轉而強調的是「三綱」。五倫者，父子有親、君臣有義、夫婦有別、長幼有序、朋友有信也；三綱者，君為臣綱、父為子綱、夫為婦綱也。這兩者一對比，你便自明白。五倫講的是相對的配稱關係，三綱講的是絕對的隸屬關係。本來說的是道理該當如此，國君要作為臣子的楷模綱領，父親要作為兒子的楷模綱領，丈夫要作為媳婦的楷模綱領，到頭來，竟然說成了「君要臣死，臣不能不死」、「父要子亡，子不能不亡」，還沒過門的媳婦，未婚夫死了，還有要人守寡的，這真是哪門子的道理，但這情勢居然嚴重得很。

就這樣，君主專制、父權高壓、男性中心，說真的，這是哪門子的儒學，它是帝制的絕對化造成的，豈是儒學？但把這些都算到儒家、儒學上面去了。我說這是「道的錯置」（misplaced Tao），並不是儒家原先的理想。儒家原先理想是「聖王」，是聖者當為王，有能力有道德的人，才配當通天地人的管理者與政治大統領。結果弄到後來，一當上皇帝了，他就是聖，這變成了「王聖」。權力與道德，權力與神聖連結在一起了，並且已全力主導了神聖與道德。儒家從此之後，深深地泡在這醬缸裡，身染重業，難得脫身，從此之後，儒學與專制被緊密地掛搭在一起。大家竟也忘了「聞誅一夫紂矣，未聞弒其君者也」，這可是孟子講的，這是儒家反專制最早的宣言。民國五四以來，反傳統很是紅火，但反的只是儒家，卻忘了該反的是專制者、霸權者，知識份子習慣挑軟柿子吃，硬的嗑不下去，嗑出血來也不敢和血吞。

專制的儒家、反專制的儒家、生活教化的儒家、官方體制的儒家，儒家有許多面向，學者有許多說法，我總的說成三個面向：帝制式的儒學、生活化的儒學、批判性的儒學。這三面向一直是交結在一起的，或有輕有重，但三大向度的任一向度，不會全然稀缺。只不過，兩千多年的君主專制，真使得儒學染的專制重業，層層裹住，頗難梳理。這專制性、保守性、封閉性彼此互為因果地相互裹脅著，原先活潑潑、生機洋溢的儒學，變成了上下長幼尊卑，排排坐、吃果果的，按權位、按輩分的儒學。原先講日日新、又日新，講順乎天、應乎人的革命、說「君子有三樂，王天下不與焉」，說「聞誅一夫紂矣，未聞弒其君者也」這樣的批判性儒學，到了專制皇朝年代，成了哭哭啼啼，跪地訴狀，頂多能夠攔轎喊冤，做到極致只能是抬棺抗議。

兩千多年的帝制父權，儒學被綑綁起來，被拘提起來了。真實的世界打不開，只好開啟心靈的境界。「境界形態的心性修養」取代了「真實世界的社會實踐」，本來修身是為了齊家，治國、平天下，現在修身就只是檢點心念，看是否純粹，有沒有絲毫人欲染執。「存天理，去人欲」喊得震天價響，但錯了，原先說的才對，是「存天理之公，去人欲之私」，它說的是「公私」問題，而不是心念檢點問題，更不是把飲食男女說成人欲，這錯得很離譜，但仍然在繼續誤解中。儒學明明說的是「富有之為大業，日新之謂盛德」，結果被說成了要安貧守貧的清貧主義。儒學是有富貴氣的，是要人人富貴的，結果弄到後來讓富者富，貴者貴，窮者繼續窮，賤者繼續賤。那教你安貧、教你守卑的假的心性修養開始當道了。你心裡苦，身子苦，他告訴你一套如何當下、放下、放空，假的佛老盛行了。假的佛老與假的儒家構成了假的儒道佛三家和合互協，讓專制霸權的統治者更是肆無忌憚。說真的，原先興起的良知學是很有生命力的，但它與專制者、霸權者，卻是一個相抗相持的關係，往往被異化了，離其自己了，亡其宅，不知道跑到哪兒去了。良知要不放假去了，要不做了專制的啦啦隊，自己沒權力時，對權力屈服，說是謙卑的美德，當自己有了點權力，就對人作威作福，硬說自己是擔當大任。

花了不少筆墨，闡述了專制的儒學與整個生活世界、歷史社會總體的糾纏實況，我的目的是要宣說，這不是儒學，這是「偽儒學」、是「假儒學」，這是被帝皇專制暴虐過的儒學。在這被專制暴虐過的狀況下，生活化的儒學失卻了生化活化的生命動力，只成了安貧守卑的婢女般的儒學。批判性的儒學失卻了回到自身的批判動力，只成了黨同伐異，以氣節號稱的清議型的知識份子，最後被收購成博學鴻辭、點翰林的幫閒之士。明末遺臣王船山、黃宗羲對專制之害，已提出了嚴重的反思。但清朝從這些反思裡，更懂得如何維持皇朝專制，也更強調如何修身克己，果真勵精圖治，康雍乾三朝，風風火火，了不得，乾隆帝號稱「十全老人」。據估量，中國當時的全國生產總額，占了全世界生產總額的一半。強盛如何，富裕如何；泰極而否，盛極而衰，何以致之；整個朝廷的調節性機制出了問題，一種假性的強壯，最後必然崩頹。嘉慶、道光以降，內憂外患，摧枯拉朽，大清帝國已然難以支撐，兩千餘年的帝皇專制終於到了盡頭。

道光以下，同治、光緒，宣統，從鴉片戰爭、太平天國之亂以來，一直到民國肇建，軍閥混戰、短暫統一，又對日抗戰，國共內戰、兩岸對立，這些曲曲折折，我們且按下不表。民國以來，救亡圖存、啟蒙新生，中國民族的努力從來沒停歇過，到現在已經一百多年了。民主憲政、公民社會，這是嶄新的時代，但我們雖努力地要迎來嶄新的儒學：民主儒學、憲政儒學、公民儒學、社會儒學，應該都有些影子，但卻只是影子，仍然沒有真正好好地被構成，或者應該說這些都還是過程中。時代過去了，不會再洪憲帝制了，不會再清帝復辟了，但是專制的幽魂仍然在游蕩，盤旋在全世界，並且藉著現代性的合理性，繼續發揮著它的潛德幽光。在民主憲政、公民社會底下的嶄新儒學仍在努力中，我們要宣稱，它必須破繭而出，成為新時代的力量。

一九一二年以來，至於今日，民主憲政的格局確立了，公民社會的範圍大抵也凸顯了。不論是反傳統主義者、新傳統主義者，不論是海峽的彼岸與此岸，大家知道華族不可能回到以前的帝皇專制，也不必要，更不應該；華族顯然必須大踏步往前繼續邁進，去建構這民主憲政、公民社會，這嶄新時代的儒學。近百年來從事於此的先進前輩，可謂接踵而來，繩繩繼繼，生生不息。當代新儒家徐復觀、唐君毅、牟宗三等先生在這裡的成績是豐碩的，而且是有生長力的。不過，有一個嚴重的關鍵點，卻是糾結住了。不論是反傳統主者、傳統主義者似乎在思考方法論上墮入了本質主義的深淵，一直爭辯著中國文化的本質是否妨礙現代化？現代化的民主與科學如何開出？一直成為雙方爭辯的議題。徹底反傳統主義者認為民主科學與中國文化傳統格格不入，要開啟西方的民主科學，那就要徹底排除中國文化傳統，激烈者還說要將中國的經書拋入茅坑中。傳統主義者堅持認為中國文化傳統是美好的，而且許多現代東西，中國古已有之。當然這樣的守舊式的傳統主義者是沒力量的。後來，經由修正的中學為體西學為用者，或者更進一步的新傳統主義者，則主張中國文化傳統本質上雖然不同於西方主流文明，但它是可以開出現代化的。

新傳統主義者主張中國文化傳統可以開出現代化，最為大家所稱道的是當代新儒家的「民主科學開出論」，特別是牟宗三先生主張的「良知的自我坎陷說」，該說主張良知自我坎陷以開出知性主體，進一步以開出民主科學，這理論可謂膾炙人口，卻也引來了無數的批評。膾炙者，膾得滿嘴油，炙得滿口傷痕了。牟先生以其高狂俊逸的哲學，融會東西，將儒道佛三家思想，經由康德學的對比建構，而締造了他的哲學鴻構《現象與物自身》，他締造了「無執的存有論」與「執的存有論」，區分睿智界、現象界兩層，肯定人有智的直覺，可以在睿智界創造物自身，而在現象界則落實為知性主體為自然世界立法，而建構為知識系統。由於中國儒道佛三教系統都重視在睿智界（本體界）建本立極，儒家性智、道家玄智、佛家空智，如同康德（I. Kant）的「智的直覺」（Intellectual Intuition），而創造了物自身，但對於現象界的客觀知識界，反而是疏忽了。這就是沒有發展出民主科學，難以進到現代性的理由。由「智的直覺」轉為知性主體的確立，這便是良知的自我坎陷開出知性主體，這工作是必要的，這才能曲通於現代性的領域，才能開出民主科學。

早從上個世紀七〇年代起，一方面受教於牟先生，一方面反思這個理論，我總覺得卡卡的，我在八〇年代寫的〈當代新儒家述評〉，就點出了當代新儒家太注重形而上理由的追溯，而忽略了歷史發生原因的考察。後來，我問學於曾昭旭先生，從事船山哲學的探索，從船山強調「無其器則無其道」的論述裡，更而醒覺到實存性、歷史性、經驗性的優先性，但又從他所論當未有其器以前，已經有了「形而上隱然未現之則」，原來本末通貫，道器合一，兩端而一致的。後來，我寫就的《王船山人性史哲學之研究》，特別提出了「人性的歷史性」、「歷史性中的人性」這兩端而一致，道器合一、理氣合一、理欲合一、理勢合一，這是船山哲學中極為重要的方法論，可以名之為「本體發生學」的方法論。我清楚發現到近一百年來，學者討論到中華民族如何開出現代化，混淆了三個層次——歷史的發生次序、理論的邏輯次序、實踐的學習次序，而且陷入方法論的本質主義（methodological essentialim）的謬誤之中。

這三十多年來，我對於儒學與民主社會的相遇，投入了相當多的思考，而有一大半在於反思如何去理解中國文化傳統中的專制政治，如何從中掙脫出來，去開啟一新的民主憲政、公民社會意義下的儒學。《儒學與中國傳統社會之哲學省察》（一九九六）、《儒學革命論》（一九九七）、《道的錯置：中國政治傳統的根本困結》（二〇〇三）、《血緣性縱貫軸：解開帝制·重建儒學》（二〇一六），都是環繞這些問題而展開的。對於當代新儒學以理論的邏輯層次去處理現代化民主科學開出的問題，我深知其苦心，但曠觀這一百年來的民主科學進程，雖是跌跌撞撞，卻也有不少成果，而這主要是從實踐的學習，也可以從歷史的發生實際看到。我的意思是說，「本內聖以開出新外王」，這本無可爭議，因為若落在理論的邏輯層次，本來如此，但歷史真正的進程是在實踐的學習中努力向前發展的。這便不是如何從良知怎樣自我坎陷，怎樣開出知性主體，怎樣開出民主科學。根據史實發展所揭示的是，我們是在新外王的學習過程裡，逐漸與原先的內聖起著調節的作用，彼此交談、對話，而往前邁進著的。換言之，並不是如何「由內聖開出新外王」，而是由外王的學習而調節內聖，並因之而進一步調節了外王，內聖外王是兩端而一致的。具體落實，不是「內聖↓外王」，而是「外王↓內聖」。或者，我們可以這麼說「內聖↓外王」這個圖式顯示的是傳統儒學，可以用「君子儒學」來稱呼它，而「外王↓內聖」這個圖式顯示的是現代儒學，可以用「公民儒學」來稱呼它。

做了以上這些回顧，便可以了解到，我這三十多年來的思考，其中一個向度，極力在探索儒家如何掙脫出專制的傳統，如何在現代社會誕生公民儒學。俊甫看了全部的稿子，建議書名為《當儒家走進民主社會：林安梧論公民儒學》，我覺得很是妥當。關鍵字詞是：儒家、民主、社會、公民，最重要的動詞是「走進」，是：儒家走進了民主社會，必然要開啟公民儒學。公民儒學是儒家走進民主社會，創造性的轉化與創新性的發展。

全書包括了四個部分——導論、演講、對談、附錄，四部分各有所重。【導論】從「外王」到「內聖」：「公民儒學」的可能，可以當成本書的總說，也具有引導作用。【第一部】

演講，包括第一章：「儒家倫理」的闡釋與釐清、第二章：儒家倫理在中國政治哲學中的效用與限制、第三章：「道的錯置」及其解開的可能、第四章：儒家在公民社會中扮演的角色、第五章：道德意識在現代社會的意涵、第六章：從「心性倫理」到「社會正義」的關鍵。這六章，主要是二〇〇二～二〇〇三年間，應呂錫琛教授（倫理學基地主任）的邀請到湖南長沙中南大學倫理學研究基地的客座講座，所做的系列演講。第七章：以社會正義論為核心的後新儒學，則是二〇〇〇年應吳曉明教授（哲學學院院長），在上海復旦大學哲學系為研究生們做的專題講座。第八章：關於「公民教育」的哲學思考，是一九九九年應陳舜芬教授（教育學程中心主任）之邀，在台灣的清華大學「教育哲學」課上講的。【第二部】訪談，包括第九章：後新儒家的可能向度，是一九九七年，清華大學博士生賴錫三的訪談。第十章：John Makeham 訪談林安梧論「新儒學」與「後新儒學」，二〇〇三～二〇〇四，是澳洲大學梅約翰（John Makeham）教授在台灣師範大學的訪談。第十一章：倫理道德觀的轉化：發展公民儒學，提倡大公有私、第十二章：儒學革命：從新儒學到後新儒學，二〇〇八，是上海社科院陳占彪研究員的訪談。第十三章：社會統序與公民儒學：專訪台灣儒家林安梧，二〇一五，是大同思想網總編枕戈的訪談。【附錄】「企業儒學」、「儒商智慧」與「陽明心學」——兼及於人類文明對話與和平的開啟可能，是二〇一八年八月一二日，應老友黎紅雷教授之邀，在馬來西亞舉行的國際儒商論壇大會的主題演講。

從上個世紀九〇年代中葉，我揭櫫了「後新儒學」（一九九四年發表了〈後新儒學論綱〉），全面反思了當代中國哲學及當代新儒學對於現代性的回應，從牟宗三先生的「兩層存有論」，轉而締造了「存有三態論」，從而指向「道論詮釋學：道、意、象、構、言」的五層建構，知識論及心性論則指向「明、知、識、執」的四階構造。文化批判、生命療癒，則以意義治療學為核心，而開啟儒道佛心性學在當代心靈療癒的作用。這些論題總的來說都脫不開儒學走向現代性，並且遙望著後現代，「公民儒學」作為一個方向是重要的，是必須要再努力的。

當儒家走進民主社會，那儒家還有戲嗎？儒家本是在小農經濟、宗法家族的傳統社會長成的。現在，走入了民主社會，儒家還有戲嗎？當然有，而且戲還多著哩！儒家由宗法封建，進到帝皇專制，終於來到了現代社會，就像長江出了三峽，黎明漸起，「星垂平野闊，月湧大江流」，大江必流向海洋，那海洋是寬廣的、是太平的。我深自期許著，期許著人類的國際霸權邏輯慢慢消褪，亮麗而平和的月光從東方升起，「月初於東山之上，徘徊於斗牛之間」，讓我們「浴乎沂，風乎舞雩」，讓我們吟風誦月，歌詠而歸。

辛丑之冬，二〇二一年十一月三十日

林安梧謹序於台北元亨書院

導論

從「外王」到「內聖」：「公民儒學」的可能

本文旨在針對當代新儒學有關「內聖外王」的理論提出一根本性的反思。首先由學習歷程的真實情境之覺知，喚醒公民儒學的萌芽。再者，宏觀儒學的三波變遷，指出我們已然進到了嶄新的公民儒學階段。重新省思「血緣性縱貫軸：解開帝制、重建儒學」的可能，並探索當代新儒學有關「民主、科學開出論」的限制，進而超越由「內聖」開「外王」的轉化論，改而主張由「外王」而「內聖」調適論。深刻省思從「社會正義」到「心性修養」的變遷，這裡隱含著公民儒學「外王—內聖」學的嶄新結構。當然，如此一來，我們就檢討釐清了「聖王」與「王聖」的弔詭，並且釐清了「君子」與「公民」概念的異同。最後點出有「人倫」的「人權」，有「自覺」的「自由」，有「民本」的「民主」，這是公民儒學必須進一步發展的論述。

一、公民儒學的緣起

早在一九八〇年代末葉到一九九〇年代中葉，我就已經開始廣蒐西方社會契約論的著作並閱讀，於是開啟了許多有別於當代新儒家的思考，這些思考主要是我在台大念碩士、博士時，受益於郭博文、林正弘兩位教授的教導，特別是郭先生所教授的社會哲學、歷史哲學、文化哲學，對我的儒學研究起了極為深刻的影響[1]。在牟先生晚年，我即有此看法，後來寫作〈批判的新儒學與護教的新儒學〉[2]、〈牟宗三先生之後：咒術、專制、良知與解咒——對「台灣當代新儒學」的批判與前瞻〉[3]、〈「道德與思想之意圖」的背景理解：以「血緣性縱貫軸」為核心的展開〉[4]都與此密切相關。

換言之，我雖受業於牟宗三先生，但同時也受業於台大諸位先生，因此我是獨立思考此問題的，我並不是在牟先生過世之後才有這些思考，也不是牟先生一過世，就開始走「後牟宗三」的路。早在一九九四年，在美國威斯康辛大學（麥迪遜校區）訪學時，我就寫作了

1　請參看林安梧講述、山東大學尼山學堂採訪整理的〈台灣大學哲學研究所求學歷程〉，收入《林安梧訪談錄：後新儒家的焦思與苦索》，頁四二～五〇，二〇二〇年七月第三次印行，山東人民出版社。

2　〈牟宗三先生之後：「護教的新儒學」與「批判的新儒學」〉，曾在一九九六年十二月，由中央研究院中國文哲研究所、中央大學、東方人文基金會等於台北舉辦的「第四屆當代新儒學國際會議」上宣讀。後收入林安梧《儒學革命論：後新儒家的問題向度》第二章，一九九八，台北：台灣學生書局。

3　〈牟宗三先生之後：咒術、專制、良知與解咒——對「台灣當代新儒學」的批判與前瞻〉，一九九七年十月，台北：《鵝湖》二十三卷四期（總號二六八），頁二～一二。

4　〈「道德與思想之意圖」的背景理解：以「血緣性縱貫軸」為核心的展開〉，一九九七年六月，台北：《本土心理學研究》第七期，頁一二六～一六四。

〈後新儒學論綱〉[5]。當然，要說「公民儒學」的確立應該是到了新加坡參加會議時，寫作了〈後新儒學的社會哲學：契約、責任與「一體之仁」：邁向以社會正義論為核心的儒學思考〉才徹底確立的[6]。不過，所謂公民儒學的思考，總的來說，是在台灣現代化的歷程中被帶領出來的思考。

前些日子，一位朋友問起我是如何開啟「公民儒學」的思考的，又大約在什麼時候開啟的。歲月悠渺，思之遠矣！要往前追溯的話，得從本世紀初回到上個世紀，由九〇年代追溯到八〇年代，再到七〇年代。當然，還要再往前追溯，可以到六〇年代末。

六〇年代末，我陰錯陽差考進了台中市的衛道中學，這是一所由天主教衛道會開辦的學校。當時我才十二歲，懵懂的我，來自鄉下，初次進城見到外國人，也就是外國傳教士。但他們並不對我們傳教，他們只教學，同時也管理我們的生活作息。當然，主要的老師仍然是華人，但學校的管理方式多少帶有些洋氣。這是我首次近距離、具體覺知到這世界是如此的

5 〈後新儒學論綱〉，寫於一九九四年二月，四月首次講於杜維明教授所主持的哈佛大學哈佛燕京社「儒學研討會」上。後來此文鋪衍成註2的〈牟宗三先生之後：「護教的新儒學」與「批判的新儒學」〉一文。

6 〈後新儒學的社會哲學：契約、責任與「一體之仁」——邁向以社會正義論為核心的儒學思考〉，二〇〇一年十二月，台北：《思與言》三十九卷四期，頁五七～八二。

不同[7]。

這些洋人主要來自美國與加拿大，他們的思考與我原先所處的、講究人倫孝悌的農家耕讀傳統完全不同。我們講的是「人倫」，他們講的是「人權」；我們講的是「自覺」，他們講的是「自由」；我們講的是「民本」，他們講的是「民主」。還有在更為根本的宗教上，我們講的是「道德的反省」，他們講的卻是「神意的臣服」。概括來說，我的身世背景是在極為傳統的農村長成的，心靈無意識裡，與儒、道、佛三教已不可分，當然儒家教養的成分會是最為主要的。

相對來說，這些洋人來自加拿大、美國，他們的氛圍是民主的、是現代的，他們又都是一神論基督教（天主教）的教士。與他們近距離相處，從生活習性的異同到無意識的心靈碰撞，現在回想起來，此中其實也隱含著「儒、耶的對話」，也有「現代公民」與「傳統儒學」的對比。只是當時還小，這些論題還沒辦法提到意識層面來分辨，卻在無意識裡起了一種「隱密之知」（Tacit Knowledge）的作用。

七〇年代初，我進入台中一中就讀，這是一所台灣人在日據時代自己建立起來的學校，他的調性是抗日的，是要向日本爭取民主的，是承繼著中華道統的。一九四五年，台灣光

7《林安梧訪談錄：後新儒家的焦思與苦索》，頁一五～一七。

復，台中一中仍然有著很強的民族文化意識與民主自覺意識。記得我們當時還掛著龍牌，表示我們是龍的傳人。後來，伴隨著台灣的經濟發展與中產階級的興起，台灣的民主意識越來越強旺，使得本來已具有民主苗芽的台中一中，校園內的民主化、現代化的意識，漸漸壓過了中國傳統文化意識。

獨特的是，我高一時遇到了教我們國文的楊德英老師，開啟了我閱讀古典著作的興趣，又因為楊老師的先生是蔡仁厚教授，就這樣後來又讀了許多唐君毅、牟宗三諸位先生的書，接上了當代新儒家的統緒。後來又遇到另一位國文老師胡楚卿先生，他是大作家，出了許多現代小說，小說還被翻譯成外國文字，並獲得國際獎項，是他讓我們接觸到現代文學的閱讀與寫作，而且連帶也讓我們讀了西方的許多文學與哲學。這些文化上的碰撞，從高二起在「公民與道德」的課上，有著中西的對比、古今的交錯，後來到了高三，我們甚至還組織一個文學社團叫「繆思社」（muse literature society），中西古今的對話更多了[8]。說真的，當時的公民意識已在慢慢長成中，儒學的義理也在調理中，因此算是有了「公民儒學」的根苗。就像高中時的「公民與道德」課本名稱一樣，名稱本身就含著公民儒學的意涵在內。

隨著台灣的經濟發展，政治的自主意識越來越強烈，關於民主、自由、人權的要求也逐

8《林安梧訪談錄：後新儒家的焦思與苦索》，頁一七～二五。

漸顯豁起來，社會的公民意識當然也就同步生長著。而當時國民黨的威權體制為了對抗中國大陸的「文化大革命」，強調中國文化復興運動，我們也在這運動下、在正式的教育體制下讀著《中國文化基本教材》，儘管可能為的是政治目的，我們卻也真真切切地讀了《論語》、《孟子》、《大學》、《中庸》。說起來，這過程不就是「公民意識」與「儒家教養」的磨合嗎？

我真正有意識地思考將公民與儒學，是到了上個世紀七〇年代中期的事了。當時我在台灣師範大學讀國文系，系上是極端傳統的國學院的培育方式，儒教的氣氛很濃，但台灣的社會政治氣氛卻是一天一天地朝向西化與現代化，我們自然同時也深受其薰習。因此學校的組織儘管仍有威權的影子，但基本上已是現代化體制下的大學。當時，我擔任了國文系系學會的會長，基本上是以公民社群的方式在組織與管理，這是我第一次學會用現代的方式來處理這麼龐大的機制。儘管只是一個學生會，但對於一個十八歲的學生而言，已經是很好的學習了。而且我認為那當中已有關於公民儒學的思考，也就是說，公民儒學的想法已經浮到我意識的層面了。

記憶中，大概是一九七五、七六年之間，我讀到余英時的《反智論與中國政治傳統》[9]，

9 余英時《反智論與中國政治傳統》，收入《歷史與思想》，一九七六年，台北：聯經出版公司。

一方面覺得眼光一亮，驚艷不已，一方面卻又覺得此中有些話要說清楚，因此我從牟宗三《政道與治道》[10]、徐復觀《儒家政治思想與自由民主人權》[11]、《學術與政治之間》[12]所學習到的思考，對比著余先生所做的論述，做了進一步的闡述、辯證和釐清，最後在一九七九年寫成〈中國政治傳統主智、超智與反智的糾結：以先秦儒道兩家為核心的思考〉[13]一文，並隱約凸顯出「道的錯置」（misplaced Tao）的論旨來。我認為唐、牟、徐三位先生的理論，其實再進一步就可凸顯出「公民儒學」的意旨來，甚至可以說，「民主開出論」很重要的內容之一便是公民儒學。

二、儒學的三波變遷：宗法封建、君主專制與民主憲政

這些年來，多所反思，我認為講儒學應該到了再一波「革命」的年代了。「再一波」意

10 牟宗三《政道與治道》，一九六一年，台北：廣文書局。

11 徐復觀《儒家政治思想與自由民主人權》，一九七九年，台北：八十年代。

12 徐復觀《學術與政治之間》，一九五七年，台中：中央書局。

13 刊於一九七九年九月，台北：《鵝湖》第五一期，頁二～一一。後收入林安梧《道的錯置：中國政治思想的根本困結》，頁三一五～三四〇，二〇〇三年，台北：台灣學生書局。

味著以前也有過好幾回的儒學革命，而現在又到了新的一個階段。沒錯！以前最早的原始儒學誕生於「周代」，盛行於「兩漢」，又重新光復於「宋明」，再造於「現代」。周代重的是「宗法封建，人倫為親」的「大一統」格局，到了漢代以後，一直到民國以前則是「帝皇專制，忠君為上」的「大統一」格局。民國以來發展到現在，應該是「民主憲政，公義為主」的「多元而一統」的格局。

孔子完成了第一波「革命」，使得原先所重「社會階層」概念的「君子」轉成了「德行位階」概念的「君子」，使得「君子修養」成了「人格生命的自我完善過程」，當然這是在親情人倫中長成的。用我這些年來所常用的學術用語來說，這是在「血緣性的自然連結」下長成的「人格性的道德連結」[14]。孟子云：「人人親其親，長其長，而天下平。」[15]「《書》云：『孝乎惟孝，友於兄弟，施於有政。』是亦為政，奚其為為政？」[16]就這樣，孔子主張「為政以德」，強調「政治是要講道德的」。孔子這一波革命，要成就的不只是「家天下」的「小康之治」；他要成就的更是「公天下」的「大同之治」，像《禮記》「禮運大同篇」講「大道之行也，天下為公」，《易傳．乾卦》講「乾元用九，群龍無首，吉」，這說的是因為

14 林安梧《儒學與中國傳統社會之哲學省察》第八章，頁一三九～一四二，一九九六年，台北：黎明文化事業公司。

15 語出《孟子．離婁上》。

16 語出《論語．為政》。

每個人生命自我完善了，人人都是「真龍天子」，人人都有「士君子之行」，當然就不需要「誰來領導誰」，這就是「群龍無首」的真義。有趣的是，現在世俗反將「群蛇亂舞」說成「群龍無首」。不過，這倒也可見孔子的「道德理想」畢竟還只是「道德理想」，並沒有真正實現過。

第二波革命則是相應於秦朝之後，漢帝國建立起來了，這時已經不再是「春秋大一統」的「王道理想」，而是「帝國大統一」的「帝皇專制」年代。帝皇專制徹底將孔老夫子的「聖王」思想，做了一個現實上的轉化，轉化成「王聖」。孔夫子的理想是「聖者當為王」這樣的「聖王」，而帝皇專制則成了「王者皆為聖」這樣的「王聖」。本來是「孝親」為上的「人格性道德連結」，轉成了「忠君」為上的「宰制性政治連結」。這麼一來，「五倫」轉成了「三綱」，原先強調的是「父子有親、君臣有義、夫婦有別、長幼有序、朋友有信」，帝制時強調的是「君為臣綱，父為子綱，夫為婦綱」。顯然，原先「五倫」強調的是「人」與「人」的「相對的、真實的感通」；而後來的「三綱」強調的則是「絕對的、專制的服從」。原先重的是「我與你」真實的感通，帝制時重的是「他對我」的實際控制，儒家思想就在這兩千年間逐漸「他化」成「帝制式的儒學」[17]。

17 林安梧《儒學與中國傳統社會之哲學省察》，第七章，頁一〇九～一三〇。

不過，第三波革命來了，一九一一年，兩千年的帝皇專制被推翻了。孫中山開啟了民主革命，但如他所說，「革命尚未成功，同志仍須努力」，不過這「民主革命」總算向前推進了近一百年；如此一來，使得華人不可能停留在帝皇專制下來思考，華人想的不能只是帝制時代下的「三綱」，也不能只是春秋大一統的「五倫」，而應是「公民社會、民主憲政」下的「社會正義」如何可能[18]。

強調「社會正義」應是第三波儒學的重心所在，但這波儒學來得甚晚，以前在救亡圖存階段，為了面對整個族群內在心靈危機，強調的是以「心性修養」為主而開啟了「道德的形而上學」。現在該從「道德的形而上學」轉為「道德的人間學」，由「心性修養」轉而強調「社會正義」，在重視「君子」之前，更得重視「公民」這個概念。一言以蔽之，該是第三波儒學革命的階段了，這是「公民儒學」的革命。

18 關於此，我曾用力多時，除了《儒學與中國傳統社會之哲學省察》一書外，我另有多篇著作論及此，〈後新儒學的新思考：從「外王」到「內聖」——以「社會公義」論為核心的儒學可能〉，二〇〇四年八月，台北：《鵝湖》三十卷二期（總號三五〇），頁一六～二五，有較核心而綱要的論述。

三、「血緣性縱貫軸：解開帝制、重建儒學」的可能

「血緣性縱貫軸」此概念是大約上個世紀九〇年代初，我基於整個中國政治傳統的理解與詮釋而構作的概念。其長成的過程，我以《血緣性縱貫軸：解開帝制．重建儒學》一書的部分序言來闡述[19]：

這部《血緣性縱貫軸：解開帝制．重建儒學》是我近三十多年來對於帝皇專制、父權高壓與儒學體系的深層反省之一。面對著儒家人倫教化的核心，最為重要的「五倫三綱」，環繞著「血緣性縱貫軸」這概念叢結，展開了深層的哲學闡析。

猶記少時讀《論語》，喜其平易，平易中有堅定，堅定中有恆久，覺此孝悌人倫、道德仁義，高明中庸，天長地久之教也。因而立志，欲效孔子之周遊列國，弘揚中華文化於天下。但我總覺得儒學有一難以處理的問題，那便是與「帝皇專制」、「父權高壓」和「男性中心」糾結一處，被許多所謂現代化的進步開明派所摒棄。我覺得此問題若不得解決，儒學之興復就總是有個病痛在，動不動就會發起病來。而且一發起病來，就麻煩得緊。

19 以下所論，採自林安梧《血緣性縱貫軸：解開帝制．重建儒學》一書之〈序言〉，二〇一六年，台北：台灣學生書局。

年青時，讀了許多對於儒學批判的書，總覺得這些書很少能進到裡處、見到病源，往往只就現象說說，概括出一些病徵，說出些片面的道理。有些雖然進到歷史諸多層面，但由於哲學的高度所限，其反思看似有些知識理論的建構，但仍只是概括而已，實不足以解其病痛。除此之外，我年青時，更多時間是閱讀了當代新儒家的書，他們對儒學既有虔誠的敬意，也有較深刻的反思，但我還是覺得這些反思仍有進一步探求的必要。

上個世紀七〇年代，接聞陽明學，讀《傳習錄》，直捷簡易，透闢明達，讀之歡喜，踴躍不已。我當時想，這等大學問，一體之仁，落於人間之實踐，卻有千萬個困難，此又何也。我覺得此中一定有個大病痛、大困結在。當時，好讀書，廣搜中西，舉凡社會哲學、歷史哲學、文化哲學，莫不蒐讀，摘抄筆記，反覆思考，何以權力之糾葛，如此其深也。大道之不明，如此其久也。此中糾結處，必當點出，儒學方有重生的可能。

嚴重的問題並不出在儒學本身，而是兩千年的帝皇專制，連帶此帝皇專制而強化了父權高壓，也嚴重化了男性中心傾向。「君為臣綱、父為子綱、夫為婦綱」，三綱之說本要說的也是個常道，仍是相待而依倚的、「兩端而一致」的和合之理，結果鬧到後來成了「君要臣死，臣不能不死；父要子亡，子不得不亡」，這就實在過頭了。要寡婦守節，原意也不差，但弄到後來，拿個貞節牌坊，來桎梏人的身心，就連未過門的媳婦也得守寡，你說這合孔老夫子仁愛的本懷嗎？但聽說還是有人把這叫做儒學，說真的，這是哪門子儒學啊！

不是儒學，但被說成是儒學，而且還高掛著儒學的匾額，這樣的三綱，這樣的儒學，這樣的父權高壓的儒學，這樣的帝皇專制的儒學，這樣的男性中心的儒學，我想應該是不會有人要的。如果這叫做傳統，那不只反傳統主義者要反，我也要反，陽明要反，孟子要反，就連孔老夫子本人也要反。夫子不只說「非吾徒也，小子鳴鼓而攻之可也！」[20]，他會親自督軍，要子路帶兵，跟著一群子弟殺過去的。真儒與俗儒、偽儒、陋儒的鬥爭是必要的。

這鬥爭，不只是有形有象的外在鬥爭，它更困難的是無形無象的內在鬥爭，它不只是外在的歷史表象問題，它更是內在身心業力的問題，是整個民族、整個文明，自古及今，兩千年來的身心業力問題。它的確是一陰陽相害、神魔交侵，而難以處理的論題。上個世紀七〇年代起，我一方面接聞儒家之心學一脈，喜其高明透脫，洞徹有力，卻也發現此中有一難解之「咒術」在焉[21]！一方面又讀了諸多西方哲學，特別是歷史哲學、政治哲學、文化批判諸書。因而我漸漸看出此中的大問題來，也有了解開的途徑。

我以為此中有一嚴重的大困結，我且名之曰「道的錯置」（misplaced Tao）。兩千多年來，儒學陷溺在帝皇專制、父權高壓、男性中心的嚴重困結之中，把權力與道德、專制與良

---

20 語出《論語．先進》。

21 林安梧《儒學與中國傳統社會之哲學省察》，第十一章〈結論：中國文化之核心困境及其轉化創造——從咒術型的實踐因果邏輯到解咒型的實踐因果邏輯〉，頁一九七~二二〇。

知，攪和一處，莫明所以。本是國家領導，期望他能作為好的國君，這當然是好的。「聖君」本是要求其為「內聖」，方能成為「外王」，這是有德者、有能者，才能居其位、行其權的說法，這當然是對的。本來求其為「聖君」，但現實上，卻是他既為「君」了，他就自以為是「聖」了。不只他自以為，而是大家都這樣認為。這樣一來，有了權力、就有了道德，而且絕對的權力、絕對的道德，「君聖」與「聖君」就錯置了。

還有「君者，能群者也」[22]，他應是政治社會共同體的領導者，與血緣親情所成的自然連結，是有所區別的，現在硬要連結在一起。君臣關係原是相待而依倚的，「君臣以義合，合則留，不合以義去」[23]，結果把「君」緊密的關連著「父」來說，說是「君父」，這也是錯置。「君、父、聖」三者形成嚴重的錯置，道德仁義也隨之錯置；錯置者，倒懸也。如何解此儒學之倒懸、解此「君、父、聖」之錯置，一直是我從事儒學研究、教學，最為重要的工作之一[24]。

22 語出《荀子．君道》：「道者，何也？曰：君之所道也。君者，何也？曰：能群也。」

23 「君臣以義合，合則為君臣，不合則可去，與朋友之倫同道，非父子兄弟比也。不合亦不必到嫌隙疾惡，但志不同、道不行便可去……」見呂留良《四書講義》卷三七。這應該就是孟子思想的精神樣貌。

24 關於此，請參看林安梧《道的錯置：中國政治思想的根本困結》，第五章〈三論「道的錯置」：中國政治哲學的根本問題〉，二〇〇三年，台北：台灣學生書局，頁一一九～一五六。

中國政治傳統固有其反智論之傳統，然非只反智也。這裡有著「主智、超智與反智」的糾結在。這糾結與「道的錯置」（misplaced Tao）密切相關，須得明示之，分疏之、闡釋之、開解之。「道」如何錯置，這必得深入「君、父、聖」的「意底牢結」（ideology）中，才得解開。「君」為「宰制性政治連結」的最高頂點，「父」為「血緣性自然連結」的最高頂點，「聖」為「人格性道德連結」的最高頂點，「血緣性的自然連結」、「人格性的道德連結」、「宰制性的政治連結」，這三者構成了我所謂的「血緣性的縱貫軸」，他影響了整個中國文明的走向。中國文明數千年而不衰，與此相關也。中國文明停滯了一兩千年而不進，與此相關也。中國儒學之有帝制式的儒學、生活化的儒學、批判性的儒學，這三端，與此密切相關也。中國文明之強調縱貫的道德創生，把本體論與宇宙論連在一起，把存在與價值和合一處來說，把天人、物我、人己，三者通而為一；原強調的「春秋大一統」，結果變成「秦漢大統一」，這莫不與此「血緣性的縱貫軸」密切相關。

既與「血緣性縱貫軸」這結構密切相關，那研究儒學、研究中國文明、研究中國歷史社會總體，研究中國哲學最為核心的，莫不是要好好解開這難以解開的困結，這本書標舉出「血緣性縱貫軸」為的是要去分析、闡釋、解構此難以解開的困結，並冀求其有所開發、有所創造、有所生長也。

這部書起稿於上個世紀九〇年代中，九三年到九四年間，那時我在威斯康辛大學麥迪遜校區（Wisconsin University at Madison）歷史系訪問，從學於林毓生先生，並與諸多師友討論，心得筆記，重新疏理，終而得成。當時往來最多、討論最多的朋友陸先恆博士，竟爾作古多時，想來不禁欷噓。如今想來，如在昨日，想起鄭再發教授的博雅言談，想起在周策縱教授處的縱酒高歌，還有與鄭同僚、黃崇憲、馬家輝的討論，都不免有著久久的惻悱，有著深深的感恩。過了二十一年了，我的老師、我的朋友，有在有不在的了。我的儒學則仍然在艱苦奮鬥中，困結依舊存在，仍須奮鬥疏理，仍須用力開決，疏理、開決，儒學方有所進也。

我關於中國政治思想的根本研究，大體在一九九四年春夏之交，有了暫時性的總結。後來我又修改數次，一九九六年以《儒學與中國傳統社會之哲學省察：以「血緣性縱貫軸」為核心的理解與詮釋》為題，初次出版於台北，一九九八年又在上海再行修訂出版。

《血緣性縱貫軸》一書的寫成，在我的為學歷程來說是重要的，在政治哲學、社會哲學的探討上，「血緣性縱貫軸」這詞的提出有其關鍵性在，「道的錯置」如何構成，如何疏解開來，必須以此作為核心展開努力[25]；從傳統儒學如何開啟公民儒學，也必須在此有所著力；儒學不能只停留在心性修養，必須更重視社會公義，此也必須在此著力；從陸王本心論

25 大陸青年學者楊生照博士曾於此有所論，見台北：《鵝湖》總號三七〇、三七一、三七二共三期的連載文章。

為主的思考，調節為以橫渠船山天道論為本的思考，從牟宗三先生的「兩層存有論」轉化為我所構作的「存有三態論」[26]，從帶有護教式的「新儒學」到批判性的「後新儒學」，也都與此研究密切相關。

四、民主、科學開出論的理論困結

以上這些思考，顯然與當代新儒家的「民主開出論」有著密切的關連，但又不是同調合流，甚至是背離，或者說不是背離，而是另外尋出了一個更為合理的路子。主要的理由是這樣的，我認為當代新儒家與徹底的反傳統論者，雖然立場上大相逕庭，一者認為中國傳統文化並不妨礙現代化，另者認為中國傳統文化徹底妨礙現代化。但他們都崇信方法論上的本質主義（methodological essentialism），都認定文化有其恆定的本質[27]。反傳統主義者認為中國傳統文化的本質是專制而封閉的，所以是開不出民主科學的。如果要引進民主科學，那就只能徹底把中國傳統文化掃除殆盡才有可能。

26 程志華於此有多篇研究論文，見〈由「一心開二門」到「存有三態論」：儒學之一個新的發展向度〉，北京：《哲學動態》，二〇一一年六期。

27 見林安梧《儒學革命論：後新儒家哲學的問題向度》，第三章第六節〈擺脫「本質主義」建立「動力論」的思考方式〉，頁五六～五八，一九九八年，台北：台灣學生書局。

當然，這想法是不切實際，而且不合乎史實的。只是民國以來許多號稱開明的啟蒙者，真是這樣想的。因為他們處在意義的迷失、甚至是形而上的迷失之中。作為對立面的當代新儒家卻不以為然，他們認為中國文化的本質是內聖，雖然中國傳統以前並沒有民主、科學，不過可以從這內聖開出新外王，只是這不是順著就可以開出，而必須經由一個「自我坎陷」的過程，這是一個曲通的歷程，經由這樣才能由原先的「隸屬之局」（subordination）轉化為「對列之局」（coordination），才能開出民主、科學。最具有代表性的是牟宗三先生所提出的良知的自我坎陷以開出知性主體，並以此開出民主科學。我以為牟先生這極創意的構造，其實是混淆了詮釋學上「理論的邏輯次序」與「歷史的發生次序」，還有忽略了「實踐的學習次序」這三者的差異[28]。

整個西方近現代的發展歷程，自有其發展歷程，在時間的遞移下，自有其一套完整的歷史的發生次序。就這個發展而成的近現代化歷程，我們可以進一步後返地追溯其理論基礎，因而形成一套詮釋學意義下的理論的邏輯次序，像韋伯（Max Weber）的《基督新教倫理與資本主義精神》一書就是著名的例子。當然，他所論的涉及不同宗教形態的論述和資本主義精神，特別是儒教與資本主義精神的論述，明顯已經被證明是不適當的。而牟宗三先生談民

28 見林安梧《儒學革命論：後新儒家哲學的問題向度》，第二章第四節〈良知及其自我坎陷的相關問題〉，頁三五～三八。

主科學開出論，談如何從儒教的本質經由一種曲通的方式，在良知的自我坎陷下，開出知性主體、開出民主科學，這顯然與韋伯的論述是大相逕庭的，但這也是一種詮釋學意義下的理論的邏輯次序的安排，而不是歷史的發生次序，當然更不是實踐的學習次序。

顯然，以東亞的現代化歷程來看，它本來就不是現代化的原生地，它是現代化的衍生地，它是在整個現代化、全球化的過程中被推波助瀾而帶出來的。它的現代化歷程當然不會等同於西方原生地現代化的歷史發生的次序，但它卻也不是如牟宗三先生以為的、本內聖而開出外王的開出過程，也就是它不是經由良知的自我坎陷開出知性主體，以開出民主科學的過程。它的發展歷程並不是順著這樣的詮釋學意義下的理論邏輯次序而開啟的，它是在實踐的學習過程中而開啟的。幾十年來，我們從日本、韓國、香港、新加坡、台灣，以及最近四十年來中國大陸的發展經驗，我們發現到這個實踐的學習次序，並不是本內聖以開出新外王，也不是如何由良知的自我坎陷開出知性主體，開出民主科學。它是在新外王的學習過程裡，回過頭去啟動內聖學，做出調節融通的可能。這是在民主科學的實踐學習過程中，回過頭去又與自家的文明傳統起著重大的調節性作用。兩者「互藏以為宅，交發以為用」[29]，形成一個獨特的現代化歷程與現代化模式。

我這樣的思考多少受到王船山所強調的「無其器則無其道」以及「道器合一」的主張，在發生學上是「器先而道後」，所謂無其器則無其道，無弓矢則無射之道，無車馬則無駕之道。但在本體論上，則當器之未形之前，早已經有一形而上隱然未現的理則在焉。這兩者果真是互藏以為宅，交發以為用的[30]。就實踐的學習次序來說，顯然，並不是牟宗三先生的良知的自我坎陷開出知性主體、開出民主科學，而是民主科學的實踐學習過程裡，內聖之學因之而有調整。這樣的調整最明顯不過的應該是由原先的「君子儒學」，轉化為「公民儒學」[31]。

29 這樣的思維方式有取於王船山，船山在《尚書引義．大禹謨一》論及人心、道心，有言「喜怒哀樂，人心也。惻隱、羞惡、恭敬、是非，道心也。斯二者，互藏其宅而交發其用。」船山這種獨特的「兩端而一致」的思維方式，對我從事人文研究起了相當大的作用。見林安梧，〈王船山「經典詮釋學」衍申的一些思考─兼論「本體」與「方法」的辯證（上）（下）〉，二〇一二年五月、六月，台北：《鵝湖》，四四三期，頁二二～二八，及四四四期，頁一七～二二。

30 見林安梧《王船山人性史哲學之研究》第三章，頁四七～五四，一九八六年，台北：東大圖書公司。

31 見林安梧〈孔子思想與「公民儒學」〉，二〇一一年一二月，《文史哲》二〇一一年第六期，頁一四～二四，中國山東：山東大學。

五、從「社會正義」到「心性修養」的嶄新結構

在血緣性縱貫軸下的舊三綱，所開啟的「內聖外王」思考是一內傾式的、封閉性的思考，這與儒學的本懷大異其趣。現下最重要的便是正視吾人實已由原先的血緣性縱貫軸所成的宗法家族社會，轉而向一契約性社會連結的現代公民社會邁進。換言之，儒家道德學當以此作為理解與實踐的基底，這是以「社會公義」為優位的道德學，而不是以「心性修養」為優位的道德學。筆者以為此社會公義論核心的道德學，有別於以前的「內聖—外王」的思考方式，一轉而為「外王—內聖」的思考。

「社會公義」指的是就一政治社會總體而說的「公義」。「社會」（society）一般用來指的是經由「公民」以「契約」而締結成的總體。這樣的總體經由「公民」以「契約」締結而成，故可稱之為「公民社會」或「契約社會」。此與中國傳統的血緣性縱貫軸所成之總體有別，它是一有別於「我與你」之外的「他在」。這樣的「他在」所依循的不是「血緣親情」，而是「社會契約」。「公民」並不是內在具著「大公無私」本質之民，而是進入「公

眾領域」之民[32]。

「公民」並不同於「天民」，也不同於「人民」。「天民」是「自然人」，「人民」是「大眾人」，而「公民」是「公約人」。中國傳統雖屬專制，但「皇民」之觀念不強，而「天民」之觀念甚強；截至目前，「公民」的觀念仍頗為薄弱。這與中國之重「血緣親情」、「孝悌仁義」的傳統密切相關，此即一「差序格局」，一「波紋型的格局」[33]。

「公民」是進入「公眾領域」之民，這樣的「民」不是「道德人」，而是一「公約人」，是以具有個體性的個人為基礎。如是言之，先作為一個「個人」，然後經由「公約」，才作為一個「公民」；但若從另一面來說，如此的個人當在公約所成的公民社會下，而成一個人。這樣的「個人」進入到「公眾領域」，才發生其「公民性」，才成為一公民。或者說，在公共領域下方得成就一普遍意志，即此「普遍意志」才有所謂的「公義」[34]。

「公義」指的是依其「普遍意志」為基礎而建立之行為規準背後之形式性原則。換言

32 以上所論，可說是我學習西方近現代社會契約論之後的心得。另見林安梧《契約、自由與歷史性思維》，第一、二、三、四章，〈序言〉有全書的介紹，頁一～一一，一九九六年，台北：黎明文化事業公司。

33 來自費孝通的說法，見《鄉土中國》一書。《鄉土中國》是費孝通著述的一部研究中國基層傳統社會農村的作品，初版於一九四七年，在《世紀評論》上連載，共由十四篇文章組成。再版發表於一九八四年。

34 這是融通了洛克、盧梭、康德等人而形成的說法，見林安梧《契約、自由與歷史性思維》，第一、二章。

之，「公義」並不是「大公無私」之義，而是「有公有私」之義。這樣的「公」與「私」並不是截然相互背反的，它有其連續性。這樣的「公」是建立在「私」之上的，「私」不是「自環也」的「私」，而是一獨立之單位的「私」，是作為「公」的基礎的「私」。值得注意的是，「公」與「私」的連續性並不建立在「性命天道相貫通」這樣的連續性，而是建立在經由「契約」構造成的連續性。這「連續性」不是內在「氣的感通」義下的連續性，而是外在「話語的論定」義下的連續性，不是內在親緣的連續性，而是外在契約的連續性[35]。

相對於這樣所成的政治社會共同體，其背後的根源性依據乃來自於「普遍意志」。「普遍意志」是「契約」的根源，而契約則是普遍意志實現的途徑。「普遍意志」並不同於「天理」，因為「普遍意志」之所對是「公民」，而「天理」之所對則為「天民」。天民與公民並不相同。康德（I.Kant）更由盧梭（J.J.Rousseau）的「普遍意志」（general will）轉而言「無上命令」（Categorical Imperative），這正如同儒家之由「天理」轉而言「良知」。康德學與其社會契約論的傳統密切相關，儒學與其血緣性縱貫軸所成之總體密切相關。儒學與康德

35 這些理解，許多來自於 J.S.Mill，見林安梧《契約、自由與歷史性思維》，第三章。

學頗為不同[36]。

換言之，「公義」並不是經由「內在的修養」而成，而是經由「話語的公共論域」而達致。社會契約是經由話語的公共論域而產生的，是經由彼此的交談而出現的。這樣所成的倫理，徹底地講，不能停留在「獨白的倫理」，而必須走向一「交談的倫理」。而儒家是一「交融的倫理」，並不是一「交談的倫理」，當然也不是一「獨白的倫理」。「交融的倫理」以血緣親情為主，而「交談的倫理」則以公民互動為主。前者是以家庭為本位，後者則是以個人為本位，由個人走向契約的社會，而前者則是一宗法社會[37]。

進入到現代化的社會中，契約性的社會連結是優先於血緣性的自然連結的，原先長自血緣性的自然連結的「仁愛之道」，現在當長成一「社會公義」，真切地涉入到公共領域中，經由「交談」互動，凝成共識，上契於社會之道。在這樣的社會公義下，才有真正的「心性

36 儒學固然有與康德學可以相提而論的地方，但骨子裡卻有極大差異，見林安梧〈牟宗三的康德學與中國哲學之前瞻——格義、融通、轉化與創造〉，二〇〇五年八月，台北：《鵝湖》三十一卷第二期（總號三六二），頁一二～二四。當然，這也牽涉到中西文明交流互動之論題，也就是「格義」與「逆格義」的問題，見林安梧〈中西哲學會通之「格義」與「逆格義」方法論之探討：以牟宗三先生的康德學與中國哲學研究為例〉，二〇〇六年一二月，《淡江中文學報》第十五期，頁九五～一一六，台北：淡江大學。

37 見林安梧〈從「德性治理」到「公民社會」的建立——「順服的倫理」、「根源的倫理」與「公民的倫理」〉，二〇〇六年一二月，南京：《江淮論壇》二八〇期，頁五～一一。

修養」，才有真正的內聖。

六、從「聖王」、「王聖」到「君子」、「公民」

這幾十年來我處理「道的錯置」問題，大體集中檢討了「血緣性縱貫軸」的構成及其帶來的限制。我指出了「君、父、聖」的奇詭結構，把父子之倫收攝入於君臣之義的結構之中，強調「君父－臣子」；再者，將文化教養的師儒聖賢傳統收攝入於君臣之倫，轉成了「聖君－賢相」的格局。此外，由於權力的扭曲與異化，讓「聖君」變成了「君聖」，讓「聖王」轉換成了「王聖」；如此一來，便形成了一嚴重的「道的錯置」狀態。

所謂從「道的錯置」迴返為「道的正置」，便是要將「聖王」與「王聖」做一區隔，進一步釐清「聖」是「聖」，「王」是「王」；也讓「君父」做出適當的區隔，「君」是「君」，「父」是「父」。做了這個區分後，保住了「父」與「聖」，而該瓦解的是「君」，「君」被瓦解後，轉成了「群」，進而開啟了「公民社會」，在由此公民社會建立起「民主憲政」。這就是我所說的瓦解了「宰制性的政治連結」，開啟了「契約性的社會連結」，重新締結了「委託性的政治連結」。至於原先所強調的「血緣性的自然連結」與「人格性的道德連結」則應守著它應有的份位，人倫次序的定位當然是必要的，文化教養的生長也是必要的；但他們應該被區隔於政治權力的控制之外，並回過頭來對政治權力有所審議與鑒察。

這些論題釐清以後，我們將清楚知道，我們可以反「父權高壓」，但不能反「孝道人倫」。我們可以反「帝皇專制」，但不能反「聖賢教養」。我們將更確認聖賢教養、孝道人倫是我們生活所必須者，是我們存在的基礎所在；而且它會回過頭來制衡父權高壓與帝皇專制。民初的反傳統主義者，反孝道、非人倫、反對孔子、非議聖賢，這並不足以瓦解父權高壓，更不足以瓦解帝皇專制，因此仍被歸在「道的錯置」的範圍中。

當代新儒學雖對徹底的反傳統主義者多所批評，但他們所提出的中國政治傳統「只有治道，而無政道」，中國古代「只有科技，而無科學」，中國重視的是「道德」而不重視「知識」，這些論點看似分明，其實並不準確。其實，有治道當然也就有政道，只是這政道不是西方近現代以來的政道；有科技當然也就有科學，只是這科學不是西方近現代以來的科學。中國當然有道德、有知識，西方也是，只是彼此的道德之長成、知識的習得，卻大有差別。西方以前的君主專制，其專制的嚴苛絕不下於中國古代，甚至是有過之無不及，但與中國古代的專制是有不同之處。西方的民主並不是它本質上就如此，它也是在歷史的發展歷程中長成的，中國文化傳統當然也可以在學習的過程中，長育而成。我認為打破了文化的理解上所使用的方法論上的本質主義（methodological essentialism），而代之以方法論上的約定主義（methodological conventionism），這是使得「道的錯置」撥亂反正的最重要理由，經由這樣的撥亂反正，就可以回到我所謂的「道的正置」。

「血緣性的縱貫軸」解開了，「人際性的互動軸」生長起來了；除了「血緣性的自然連結」，更開啟了「契約性的社會連結」，並在這契約性的社會連結所成的公民社會中，重新調整了原先的「人格性的道德連結」，開啟了新的心性之學、新的內聖之學。同時也在這樣的狀況下，將那已經瓦解了的「宰制性政治連結」，轉化為「委託性的政治連結」，締造了一良善的民主憲政傳統。這樣的儒學，不再是傳統社會以血緣親情為主導的「君子儒學」，而是以契約正義公民社會為主導的「公民儒學」。

伴隨著原先「道的錯置」下的儒學，與帝皇專制、父權高壓、男性中心相待依倚、相抗相持的理學、心學、道學傳統，也得做出一嶄新的調整。最明顯的是，當代新儒學所強調的良知學（本心論）的優位傳統所建構的道德形而上學，也得做一番大調整。它將由「道德的形而上學」轉為一「道德的人間學」。公民儒學不再宣稱如何「從內聖開外王」，而是清楚地知道，這不是依「理論的邏輯次序」所能處理，而是要依循著「實踐的學習次序」才能得當。這應該是一由新外王的學習轉而新內聖的調整。新儒學也就在這樣的歷史進程裡，呼籲著如何從傳統邁向現代化；再轉化成，在現代化與現代化之後，中國文化傳統如何起著一嶄新的交談、互動與融通。儘管現代化還是如火如荼，但顯然地世紀已到了「後現代」；儒學也跨過了「新儒學」，到了「後新儒學」。

七、結語：由「外王」而「內聖」的翻轉

約莫超過二十年了，我提倡「公民儒學」作為「後新儒學」的社會哲學向度。我的想法與當代新儒學所說的「外王開出說」，或有所承，但根本上是不同的。我認為他們強調的是「由內聖開出新外王」，我則偏重於「由新外王而重新調理一新內聖」。這關鍵點就在於「君子」與「公民」這兩個概念的差異。以前的新儒學強調的是「君子儒學」，而我強調的是「公民儒學」。再者，「公民儒學」與「儒教憲政論」者，看似有些相類，但其實卻有著本質上的差異。大體說來，儒教憲政論者強調依「儒教」去做成「憲政」，而我則主張順著「憲政」而去調理「儒學」，並且由儒學之道理來調適憲政。當然，這與我所說的「外王—內聖」的思考向度是一致的。

這「外王—內聖」的思考方式，只是指出我們應該從原先的「內聖—外王」的思考方式解放出來，不應該用方法論上的本質論方式停留在儒家內聖學為根本的迷障之中，而應該留意到另一發展的可能。當然，在現代化的進程裡，儒教傳統不是只能適應現代化，而是要調節現代化，讓現代化落實在地的過程有其真切性、具體性、實存性。我主張現代化不是一個單數的概念，而是複數的概念，現代化是多元的，有其在地性、本土性。這些年來，我一直主張中國文化傳統中的人倫性、自覺性、民本性是很重要的，我認為：有「人倫」的「人

權」，比起沒有人倫的人權好得多；有「自覺」的「自由」，比起沒自覺的自由好得多；有「民本」的「民主」，比起沒有民本的民主好得多。這應該是公民儒學的核心向度。

〔本文曾以〈從「外王」到「內聖」：新儒學之後對「內聖外王」的翻轉〉為題，發表於二〇二一年六月，台北：《鵝湖》第四十六卷第十二期（總號五五二期）。〕

第一部

演　講

第一章

「儒家倫理」的闡釋與釐清

本文旨在對中國傳統倫理做一疏理與釐清，以作為公民社會建構之基礎。儒家主張「人倫孝悌」、道家主張「自然無為」、佛家主張「緣起性空」，三者和合為一，成為華夏族群的文明底色。吾人所重視的「人倫的次序」，須得回到「自然的場域」之中，又須識得「我法二空」，擺脫習氣業力，才能回到事物本身。如此之我，如如自在，無緣大慈、同體大悲，一體之仁，道法自然。我們該當解開「帝制式的儒學」，重新甦醒「生活化的儒學」，重新開啟「批判性的儒學」。回歸原典，正視往聖先哲的智慧，讓生命的亮光綻放其自己，啟動生命真實的愛與關懷，追求人類之和平。

儒家仁政強調生命之愛的開發、生長與傳布，而不在權力、利益的分配。儒家強調人倫場域的優先性，強調要對政治起一定的調節性作用。孝悌仁義是對政治做最為根源性的省察。因為「孝」與「悌」，一是對生命根源的崇敬，一是隨順此生命根源開顯而進一步橫面的申衍與展開。我們應深入地清理儒學的諸向度，開啟嶄新的公民儒學發展可能。

一、從一副聯語開始：「乾道難知，惟誠立命；坤德未毀，斯土安身。」

今天的講題是談儒家倫理和社會正義。我之所以要講這個題目，是因為這些年來，中國大陸很重視儒家倫理、儒家文化。就整個中國傳統來說，儒家倫理和儒家文化是一個大宗。

所以就目前這個狀況，有必要做一些澄清，通過這些澄清，進一步再來談二者之間有什麼樣的密切關係。

我第一次到中國大陸是在一九九〇年，那次是去開會，由台灣的一個民間社團與淡江大學、中國社會科學院共同舉辦的會議，也是談傳統文化跟現代化的問題。當時有些朋友問我：你覺得我們這個民族未來的發展如何呢？當時一時百感交集，想了很久，後來我給他們留了一幅對聯。現在回過頭去看，雖然時隔十三年了，但我覺得那幅對聯大體來講應該還是對的。那幅對聯是這麼寫的：「乾道難知，惟誠立命；坤德未毀，斯土安身。」

乾和坤是借用《易經》的兩個卦來說，我當時只是覺得，中國那個大地母土的文化生命力是非常強旺的，尤其是在西南邊陲，民風是淳樸的，在昆明的街上你走動一下就可以感受到整個中國民族文化的母土生命力很強旺，雖然當時的政治局勢有種種傳聞和憂心。所以當時我想起了「坤」是大地母土，而「德」是指本性，雖然經過了文化大革命，文化土壤受到摧殘，但大地母土的本性並沒被摧毀。

「文化」這個概念其實跟土壤、植物、農作物有密切關係。我記得當時飛機從雲貴高原飛過去，我看到整個大地的山上都是禿的，現在你再飛一次，卻不再是禿的了，因為經過了這十幾年的植林、造樹。雖然當時我看到的那些山是禿的，但其實也可以看到它不是完全的禿，看著好像是禿盡了，我說的禿盡了不是說不能再長了，而是說它不能再禿了，它不會再禿了，開始在長了。用《易經》的話叫「剝極而復」，這裡用了兩個卦，剝卦和復卦。剝卦就是只剩下一個陽爻，而復卦則是一元復始的意思，剝極而復。我一九九〇年在昆明開那個會跟大陸學者見面時，感受到的就是：坤德未毀。中華大地母土還是可以安身的，是會生長的，只是當時「乾道難知」。

用《易經》的話講：坤是代表一個具體的、生長的原則，乾則代表普遍的、理想的、創造的原則。就是說，普遍的、理想的、創造的原則，這樣的一個道，到底是如何呢？難知。因為當時風雨飄搖。我們聽到的訊息很多、很雜。但是我心裡想到的是「惟誠立命」。只有我們真誠地面對我們自己的文化傳統，面對我們這個族群整個歷史的發展，才能夠立命，才能真正回到我們生命自身，這是我當時的一個心靈感觸。

二、「乾以易知、坤以簡能」，邁向乾坤並建的發展

現在距離當時已十多年了，我很高興我看到的不再是「乾道難知」。我突然想起《易經》的另外兩句話：「乾以易知，坤以簡能。」這個「乾」就是一個普遍的、理想的、創造的原則和力量。它是一個非常純粹性的、簡易的，而且參與宇宙造化的一個原理。這個宇宙造化的原理在我們儒家哲學，並不是空談一個客觀的宇宙造化原理是什麼，而是談人「參

贊」宇宙的造化。「參贊」這兩個字是一個價值實踐的意義，而不是客觀認知上的意義。所以說人是參贊天地造化，講天地造化的時候，並不是一個客觀的宇宙如何生發的問題，而是談人參與進去以後有一個價值的、一個實踐的意義。這時候談「乾」，就是談人具有一個普遍的、理想的、創造的原則，而且他以一種簡易的、純粹的方式把握到了並參與進去。大家可以看到，我們這個族群現在是一個欣欣向榮的景象。我們期待大家用一種道德的理想，一種道德的實踐力繼續向前發展。但是，光是一個普遍的、理想的、創造的原則是不夠的，在華人的哲學，談一個東西不會只談一端，而是會談兩端，談一致，而把兩端而一致的《易經》哲學講的最透徹的，就是湖南的哲學家王夫之了。

去年，我們在衡陽開了王船山的國際學術會議。王夫之談「乾坤並建」，「坤」就是一個具體的、實存的、生長性的原則，所以它不是談一個普遍的、理想的、創造的原則。一個具體的、實存的、生長性的原則能有一個總括的、對整個社會歷史總體有個把握，並把你主體的能動性實踐出來。我在想，我們這個族群經過這麼多磨難，應該朝著《易經》「乾坤並建」這個路往前走。

三、如何建構合理的公民社會，讓儒家倫理有進一步的轉化與創造

現在經濟是上來了，如果把中國大陸、香港、澳門、台灣加起來，整個經濟的生產總值與外匯儲備，大概已經成為全世界第一大貿易體了。但是我們接下去比較大的問題，就是我們整個經濟的生產方式變了，也就是下層建築變革了，那麼上層建築也必須變革，這是很自然的變動。所以我們面臨的一個問題就是：如何建構一個合理的公民社會？我們要怎樣好好理解「儒家倫理」，或者說，儒家倫理如何進一步轉化與創造？

最近這些年，中國傳統文化在中國大陸可說是方興未艾，大家非常強調傳統文化教養的重要。傳統文化是以儒道為主，也不排斥佛教，因為佛教已經中國化了。儒、道、佛的文化在整個中華大地上可以說是蓬勃發展，但以我個人的理解，它也可以作為目前再往前進的一個非常重要的調節性力量和原則。但問題是，如何從這樣一個「調節性的力量」進一步轉出，變成一個政治社會總體的「構造性的力量」。這個說法並不是說你直接拿儒、道、佛的傳統去構造這個社會，而是在這個社會發展裡，儒、道、佛的文化傳統參與在裡面，我們如何恰當地去理清？因為儒道佛的文化並不是經由我們所謂的發揚和推行才在這塊土地上生長，而是在這塊土地上已經生長了幾千年了，至少兩千年以上了，因為孔子誕生到現在已經有兩千五百五十四年了，如果從佛教自東漢傳到現在為止算起，也已經兩千年左右了，道家

思想也有兩千五百多年了。這兩千多年來，儒道佛的思想已成為我們這個族群的文化心靈土壤最重要的部分，這是我們到處可以感受到的。

四、文化心靈土壤：儒的「人倫孝悌」、道的「自然無為」、佛的「緣起性空」

儒、道、佛的文化傳統是我們文化土壤裡最重要的構成部分，何以見得呢？我們先了解什麼是「儒」？講人倫孝悌；什麼是「道」？講自然無為；什麼是「佛」？講緣起性空，講涅槃寂靜就是佛。我們再問，什麼是人倫孝悌、孝悌仁義？在家裡強調孝敬父母、友愛兄弟，還有到清明節祭祀你的祖先。「生，事之以禮；死，葬之以禮」、「慎終追遠，民德歸厚矣」，這就是儒。我想，大家馬上可以捫心自問，我們的父母親、老師，或在學習的過程裡，我們的心靈是不是這麼承認的？你是不是覺得自己生活在一個人倫的場域裡？是不是肯定這個人倫場域是必要的？我想當然是必要的，而且你會發現生命確實是承襲自這樣一個脈絡。

你的父母、你的祖先，最後到天地，這是由你心靈的自覺才能體會到的東西，這叫天地父母心。父母、天地一直往前追溯，你的父母，你父母的父母，到最後一直追溯到天地為父母。張載就在書中曾說「乾」稱父，「坤」稱母，就是以天地為父母。你看，在我們內心裡誰不承認這個呢？都承認，那這就是儒家。儒家就是強調人必須經由家庭生活，必須經由一個人倫的次序，而且進一步把人倫的次序變成非常重要的價值的次序。人是跟宇宙造化的次序合一的。

五、華人重視的是「人倫的次序」，並強調回到「自然的場域」中

在《易經》或《論語》裡，基本上是把以上講的這些東西結合在一塊，也就是人倫的場域所強調的那個次序，跟宇宙造化的次序是合在一塊的。這並不是說有一個客觀的宇宙造化，然後我們做一個認知的理解，認為我們所認知到的宇宙造化的科學之理，跟我們從人倫場域中所學習到的人倫次序是等同的，不是。我們是把從人倫場域裡學到的價值的次序、那個價值的意義，推而擴充之，跟整個宇宙造化連在一塊。

《易經》裡有這樣的話：「天行健，君子以自強不息。地勢坤，君子以厚德載物。」「大人者，與天地合其德；與日月合其明；與四時合其序；與鬼神合其吉凶。」這背後的基礎在哪裡？就在家庭。從人倫次序說，這是華人最重要的。我想跟在座各位朋友說：華人歷數千年，根深蒂固。雖然歷史也蠻黑暗的，貪官污吏也不少，專制也很麻煩，但居然能夠數千年，靠的就是這個東西。

當然也不只有這些東西，還有另外重要的調節力量，就是剛才我們說的道家。道家強調一種自然無為，「無為」的意思不是什麼都不做，而是不要矯揉造作。道家認為人為的造作如果沒有經過適度的批評或治療，沒有讓它回到一個自然的場域中得到一個恰當的調節和融通的話，就會出問題。

六、依道家的思考，人要認為自己是渺小的，「我」不能太大

道家認為，人跟天地的關係是和諧的、互助的、合作的關係，也就是《易經》所說的和合。《易經》裡有一句話叫做「保合太和，乃利貞」，太和即所謂道，這是張載《正蒙》裡所說的。太和是什麼？即陰亦陽，這看起來是兩端，但它卻融合成一個不可分割的整體，所謂和而不同。中華文化有個最特殊的地方就是和諧性的問題，譬如說我們有五十六個民族，它已經很大了，但居然可以構成一個不可分割的整體。在西方會覺得很麻煩，猶太教、伊斯蘭教等宗教的教徒都有很多衝突。但是在華人社會，在整個中華民族，它卻可以放到一個和諧的總體裡去。這跟我們的哲學有非常密切的關係，跟我們的心靈、心態有很大的關係，而這個思想是貫穿儒家和道家的。

道家格外強調人不要矯揉造作，必須要歸返到自然中去。你想一想，在我們的心裡是不

是有這樣一個東西：當你做什麼事情，碰到了挫折，別人第一個勸你的就是「想開點，不要太勉強」。我剛才看到走廊上寫了四個字「天道酬勤」，這一勤，天下無難事，自然之道會酬答真正勤奮的人。這看起來是個勉勵的詞，但這個勉勵如果不成，一定會有人勸你想開點。人不能與天爭，要自然無為。你想一下，我們心裡是不是有這樣一個東西？有吧？我們參贊天地之化育，在道家的想法裡，你的參贊背後要有一個心情，認為人是渺小的，你那個「我」不能太大，你那個「我」必須放到大自然裡頭，你那個「我」應該是放鬆的。這個「我」要如何長養呢？你要順著大自然的宇宙呼吸而呼吸，順著大自然的脈絡生息而生息。我們內在裡頭有這個東西。

七、佛教與儒家、道家彼此有一種相互滲透、融通的過程

儒和道，其實是整個華人生命裡頭最重要的兩個因數，儒家強調人倫生活的自覺，道家則強調你經營人倫生活是對的，但你這樣一個人倫生活所開啟的人倫世界，必須歸返到沒有造作的、自然的、同體的大和諧裡面。如果沒有歸返到一個無所造作的、自然的大和諧裡面，就會出問題，這是道家一個非常重要的思想。顯然，在中國歷史的發展過程中，儒和道是一個總體，既是同源，又是互補。

佛教傳到中國以後，一方面經由道家的「無為」、「無」的思想而慢慢滲透進來，且彼此相互滲透，道家道教的思想也滲透到佛教裡。當時很多中國哲學家從道家「無」的觀念去理解佛教「空」的觀念，這就是歷史上所謂的格義佛教。格義佛教的發展，慢慢由格義變成整個語義上的互動和融通，有批判、有重建。後來經過不斷地翻譯與詮釋佛經，經過許多的融通和重建，最後生出了中國佛教的三大宗派，華嚴宗、天台宗、禪宗。總的來講，這三大宗派無可懷疑地是跟儒家、道家彼此有一種相互滲透的、融通的過程。當然，佛教還是保持了佛教的立場。

八、識得「我法二空」，擺脫習氣業力，才能回到事物本身

佛教的立場，一言以蔽之，就是「緣起性空」。「緣起性空」這四個字怎麼理解呢？佛教認為，世間一切法（佛教所指的法就是一切存在的事物）都是因緣所生，這個因緣所生歸結到最後，他就會告訴你一切是空無的，世間法在本性上是空無的。佛教所要探索的就是：萬有一切的現象都有成、住、壞、空的過程，就像人的生命有生、老、病、死，這都是不可免的。佛教要讓我們正視生命本身，回到一個空無的狀態，他們要告訴我們，我們既然要歸返到一個空無的狀態，我們就要去思考，為什麼我們總是會為恆常不變的事物緊抓不放而心

生痛苦？他們發現，原來人們有一個很重要的、習慣性的力量，就是我們會透過我們認知的執著，去把握存在的事物。

經由我們這個認知的執著，也就是主體對象化的活動，我們會將把握到的存在事物當成恒久不變的存在事物，因而我們的欲望、需求、渴望、貪欲就加在上面了，佛教所說的業力就在上面了，由此形成了煩惱。所以佛教告訴我們，如果我們正視存在的空無，能夠正視心靈本身的清淨，你就因此而能有一種自在的感覺，就是你的心靈清淨了，不執著、不染汙，不為此障礙、不為此煩惱，你放下了。

照佛教的道理來講，當我們說存在的事物是空的，當我們說心靈應該是清淨的，心靈這邊屬於「我」，而存在的事物叫做「法」，這叫「我法二空」，我跟法兩者都是歸於空無的。這個「空無」不是相對於我們一般說的與「有」相對的「空無」，而是指一個沒有執著、沒有染汙、心靈能放下、彼此能自在的這樣一種解脫的狀態。佛教這種強調空無的哲學，對我們這個族群的影響是非常深刻的。

九、「業力輪迴」變成了「善惡因果報應循環」的思考

佛教還有一個思想，就是說我們的心靈有一個執著性的力量，而且這個力量是不會斷

的。隨著我們認知外在的事物，會不斷累積內部的一種東西，這種東西包括你的善念、惡念、貪欲、占有等。那個力量叫做「業」，業力就藏在你心靈意識最根深蒂固的那個東西裡面，那個東西在佛教裡叫「阿賴耶識」。這個阿賴耶識，跟宇宙造化是一個相互伴隨而生的、呼應的關係，這種相互伴隨而生的呼應關係，佛教認為是從無始以來就輪迴不止的。就是人死了，我們的臭皮囊不在了，但有一種東西還在，就是這個阿賴耶識，所以它也叫「去後來先做主公」，也就是人過世時，還沒降生以前它就是主。這樣一個思想慢慢轉成了民間世俗社會中的因果報應迴圈的思想，這思想對我們儒學影響也是很大的，我們常說「善有善報，惡有惡報，不是不報，時間未到」，這個說法影響是很深的，這個說法背後就是這樣一個佛教的文化傳統。讓我們再回頭來驗證一下，我們日常生活裡，是不是很多人告訴我們：放下吧、不要煩惱了、想開一點、不要執著、執著就會痛苦、不執著就會得智慧。

從「三世輪迴」的角度，我們說善有善報，惡有惡報，不是不報，時間未到。如果我們把時間拉長，說我們在整個生命裡面有一個大時間、大空間，則剛好可以跟道家的「坤德載物」，也就是跟豐厚的文化土壤的調節性力量放在一塊。我這樣說下來，是想說明一個很簡單的道理，這道理就是，我們這個族群兩千多年來，文化土壤裡面最重要的三個因素，就是「儒」，就是「道」，就是「佛」。不過非常可惜的是，這麼輕易可以了解的東西，這些年來一直被弄得非常混淆，可能是因為種種因素，包括西風東漸，我們整個族群從鴉片戰爭以後，可以說這個族群已不成其為族群，這個國家已不成其為國家。好不容易到辛亥革命，到一九四九之後，中間又經過文化大革命，經過「八九」風潮，一直到現在為止。而這十幾年，中華民族可以說是近三、四百年來該揚眉吐氣的時候了，我覺得我們現在有必要去正視一下我們的文化土壤是什麼？我們的心靈基點是什麼？儒家是什麼？道家是什麼？佛家是什麼？

十、你的「我」處在「無」的狀態，你能夠放到一個大我裡面，便生出同體大悲

我們前面講了，儒家重視的是人倫場域，道家注重的是自然天地，而佛教重視的是心靈意識的深層理解，從理解進一步把結解開，歸返到一個空無的狀態，通過這樣的活動，讓自己得到一個大自在的解脫，不受制於業力、輪迴，生起一個「無緣大慈，而同體大悲」。目前台灣很多廟宇還有慈濟功德會，都會寫著「無緣大慈，同體大悲」，我們應該好好去重視這些字眼。什麼叫做「無緣大慈」呢？就是不要落在一般世俗的緣起法裡，受私情、私愛的限制，而真正能生起般若智。這也就是說，不因世俗的緣起而生出情愛憎恨或是種種，能夠見到般若智，能夠見到存在的空無，能夠徹底放下，生出一個偉大的慈悲、慈心，一種愛心。「同體大悲」就是你的「我」處在一個無的狀態，你能夠放到一個大我裡面，這樣同體

生出大悲。無緣大慈、同體大悲，其實就是把「悲智雙運」這幾個字重新表述一遍。

我們可以發現到，儒、道、佛幾乎是融成一個整體的，它們都是作為我們心靈意識裡很重要的調節性力量。華人生命的承受力是比較強的，這是很獨特的。有時候你已經覺得受不了了，但華人就覺得沒關係。為什麼？從時間上來說，你的時間不只有此生此世，你的空間也不只是這一個點，而是很遼闊的。所以會出現愚公移山那樣的精神，不成，沒關係，還有我兒子呢！我兒子不成，看我孫子，我孫子不成，看我孫子的兒子，世世代代下去，有一個生生不息的動力。華人的生命很獨特，他的獨特性就在這裡，他的人倫場域裡的慎終追遠，直追於天地。

為什麼每年清明節我們要上墳掃墓？在台灣，清明節上墳掃墓是非常平常的，幾乎沒有一個家庭清明節不上墳掃墓的。最重要的兩個節日，一個是清明節，一個是農曆過年，如果再加一個就是中秋節，如果再加一個，就是端午節。中國大陸目前跟台灣有些不太一樣，但我想或許之後會有所調整。農曆過年我想已經是受到重視了，清明節我知道很多地方已經開始受重視了，雖然訂的日子不太一樣，但都在那個時候，因為節氣就在那個時候。為什麼清明節要叫清明呢？就是因為那是整個天地自然之氣最為清明的時候，所以要你慎終追遠，通過祭祀的活動，讓你的生命經由一個崇敬的過程，跟你祖先的生命精神連在一塊，而祖先的生命精神又跟天地連在一塊。你想，當你的生命後面是這樣一個往上升，上升於天，往下又紮根到整個土地，因此我們才會說華人就是有如此深厚的生命高度與厚度。

十一、生命的邏輯重在能「通天接地」，能生生不息，這不同於理性的邏輯

華人常講天高地厚，這裡說的天高地厚，天代表理想、普遍、創造，地代表具體的、實存的、生長的。從這個地方看華人生命，就不是西方漢學家所能了解的，西方很多漢學家認為一九八九之後中國會面臨很大的問題，他們都猜錯了，居然一九八九之後中國就這樣恢復過來了，而且就這樣上去了。因為華人重視的是一種很獨特的東西，叫做生命的邏輯，而不是理性的邏輯。

生命的邏輯強調一種生命本身的記憶體資訊，這個記憶體資訊是不是能上升於天，能下紮於地？是不是能通天，能接地？如果能通天，能接地，他就能往前走。華人判斷問題就是從這判斷的，洋人判斷問題不這樣判斷，洋人判斷問題是一個理性的判斷。什麼是理性？理性是通過話語系統的一種主體對象化的活動，根據決定性的原則而分理出比如A跟B跟C之間的序列，以及它們之間的因果關係。

華人考慮問題的時候不是這樣考慮，華人看的是任何一個存在的事物本身，陰陽辯證之理是不是有一個下紮於地、上升於天的力量，就這麼簡單，就是這麼看的。所以老一輩看人

要看這人以後有沒有成就，只要你到了二十幾歲，老一輩一看就差不多了，他們可以看出一些東西來。原則就是剛才我們說的那些。那兩面就是「陰陽」，你可以用秩序的觀念去理解它，秩序就是數；而且它有方法，這就是術，技術的術，和前面陰陽兩個字合起來就是「陰陽數術」。

華人這套東西，現在很多都被誤解了，因為誤解，所以很多人濫用，結果就成了迷信。在歷史上，儒學當然有被政治家、被帝王專制者利用的時候，因而就把儒學誤認為跟專制是不可分的整體，這是對的嗎？儒學真是如此嗎？當然不是。所以我們要做一些理清的工作，回到我們的文化上去理清，找出我們的文化土壤裡究竟存了些什麼，那就是儒、道、佛。

十二、華人的信仰：一等人忠臣孝子、二件事讀書耕田

華人不是沒信仰，華人是有信仰的，什麼是「信」？心中有所確立；什麼是「仰」？有理想、有期望、有一個普遍理想的貞定。這個信仰，就是儒，就是道，就是佛。但是我們面對這個問題的時候，不知道怎麼回答，不少人認為儒、道、佛跟我們無關，很多知識份子也認為與他們無關，但如果能夠靜下來像我們剛剛那樣分理過來，就無法否認與之有密切的關係了。在台灣的鄉下更明顯，你看台灣鄉下過年時有一幅很有名的對聯：「一等人忠臣孝

子、二件事讀書耕田。」這就是儒家傳統、耕讀的傳統。你看福德正神那個土地公廟，土地公廟在台灣叫福德正神，有幅對聯寫得非常好：「福德福由德、正神正是神。」福德，福怎麼來呢？福就由德來；正神，什麼是神？正就是神。我們可以看到我們的宗教、信仰是人倫化的、是道德化的。

有些唯西方中心主義者從西方一神論的宗教出發，說我們的宗教不叫宗教，只叫信仰。當然，西方學者也有深入理解宗教的，像保羅．田立克（Paul Tillich），他就說：宗教其實就是人們的終極關懷。我們看看儒、道、佛，就是終極關懷，華人就是有這麼豐厚的土壤。可是居然我們這一百多年來都不能正視我們的文化傳統，談到我們的文化傳統，多半採取鄙視、貶斥的態度，不能正視的後果就是不能深入地去理解和分析。好不容易我們慢慢上來了，經濟發展起來了，現在我們大力提倡傳統文化，而要大力提倡傳統文化就更要好好做一些分理。我們要正視我們心靈土壤裡的這些東西，並好好檢討為什麼這些東西跟我們傳統的帝皇專制有那麼深的牽連。

十三、儒學的三個向度：帝制式儒學、生活化儒學、批判性儒學

我們如何處理這些麻煩的問題呢？很簡單，回歸原典。當我在看很多朋友論起儒家如何

如何的時候，我就舉出原典說，那你看看原典，原典跟你說的不是一個樣的。他說，那是原典說啊，但歷史就是我說的這個樣子。我說，那太片面了，不是這個樣子。其實儒學有好幾個不同的類型，儒學有「帝皇專制化的儒學」，有廣土眾民在整個人倫場域中的、在民間生長的「生活化的儒學」。還有呢？還有一個類型的儒學會針對當時的帝皇專制提出批判，也就是《孟子》中所說的革君心之非，可稱為「批判性的儒學」。大家應該都讀過《孟子》，《孟子》的第一篇〈梁惠王〉第一章說：「孟子見梁惠王，王曰：『叟不遠千里而來，將有以利吾國乎？』」梁惠王是誰？梁惠王就是魏惠王，韓、趙、魏三家分晉以後，魏最強，又遷都到梁這個地方，所以就稱梁惠王。孟子到了梁，梁惠王跟他見面，一見面就問：老先生不遠千里而來，將有以利吾國乎？孟子劈頭就訓了他一頓：「王，何必曰利，亦有仁義而已矣。」接下去又講了一大段。無可懷疑，孟子是道德的理想主義者。

有一天，一個年輕朋友問了我一個問題：林老師，道德理想主義者的現實能力都很差，在現實中都不得用。我說，真的嗎？他說，真的嘛，難道不是嗎？我說，你再想一下，真的嗎？他問我，怎麼想啊？我說很簡單，孟子他對梁惠王是這麼講，那如果是蘇秦跟張儀對梁惠王會怎麼講呢？他們可能會說：是啊，我剛才想到一個很好的辦法，對你這個國家會很有利！你想，當一個人可以對君王當頭棒喝，而另外一個人則媚顏屈膝地對君王說，我正準備了好的辦法來幫你富國強兵，這兩個人誰的現實實踐力比較強？當然是前面那個道德理想主義者，所以他才敢不媚顏、不屈膝去面對這個問題。也許你們會說：老師，他們在現實當中都不成功。理想主義者不一定要求在現實上成功，司馬遷在他《史記》裡用幾個字概括了這個問題，在〈孔子世家〉裡司馬遷提到，當時和孔子一起的很多名人、非常有力量的人，那些人跟孔老夫子最大的不同是什麼呢？那些人「當時則榮，沒則已焉」。活著的時候看起來非常興盛，前呼後擁，但死了就死，什麼都沒了。但孔老夫子的思想卻傳到司馬遷那個年代，還說：你看，在曲阜那個地方，在整個中國，已經蔚為大觀！

十四、回歸原典，正視往聖先哲的智慧，讓生命的亮光綻放其自己

法國的大畫家梵谷，他的畫作在生前人們都認為一文不值，但他仍然堅持理想，繼續作畫，他就是一個現實實踐力很強的人。我們如果考慮到孔老夫子的周遊列國，周遊列國也需要資金吧？資金如何來呢？孔老夫子當然有他的本事，因為他有子貢，子貢是資金的重要資助者。子貢從哪裡賺來的？根據司馬遷記載，子貢非常善巧的就是賤買貴賣，而且，「意則屢中」，每一次賤買貴賣，每一次猜測都中。用現在的話，就是在股票市場裡每一次都能看對趨勢、買低賣高的高手。誰認為孔老夫子不懂現實呢？懂的！

我的意思是想跟大家說，這一百年來，由於我們在西方帝國主義的壓迫下，使我們喪失

了信心，並把祖先可貴的東西通通視為糞土，我們沒有恰當地對待我們的祖先。我常常說，我們有《易經》、有《老子》、有《莊子》、有《論語》、有《孟子》、有《詩經》《楚辭》、有杜甫李白，實在沒辦法說我們這個族群不優秀。如果覺得很差，那只是三百年來我們自己的問題，但千萬不要把賬算到我們祖先的頭上。如果讀過這些書，你是一定會佩服的，一定會認識到我們這個族群的了不起之處，而且會發現我們這三百年或這兩百多年來都在糟踏自己，特別最近這一百多年來，我們多少的知識份子很浮、很淺，不思考，總是人云亦云。

十五、儒家強調的是真實的愛與關懷，成就一套「關懷倫理學」

儒學不是不能批評的，儒學該批評，特別是帝皇專制化的儒學。但是儒學不能不生長，因為儒學就是我們生命裡頭最重要的構成。儒學該當如何生長？該批判帝皇專制化的儒學。整個人倫場域、孝悌忠信之道，背後所要傳遞的是什麼？其實孔老夫子在兩千多年前已經點出來了，就是這個字：仁。仁是什麼？孟子說了，「仁者，人也」，仁就是人，是每一個人有的東西。這個東西是什麼？是「人之安宅」也，是人們生命安居的宅第。仁是人跟人之間的一種真存實感，一種怵惕惻隱，一種看得過、忍不過。我常在上課的時候跟同學們談到這一句。什麼叫看得過忍不過？就是你看老師那麼認真上課，就不能睡著。這就是怵惕惻隱，一種真實的同情、真實的愛、真實的關懷，這就是儒家建立的關懷倫理。

這樣的關懷倫理、德行倫理，因為很難表達，孟子用了一個故事來描述，他透過「心」來表達「仁」。「乍見孺子將入於井，皆有怵惕惻隱之心。」他說，假使有個人看到一個小孩快掉到井裡去了，這時候，你心裡會發出一個去救他的心，怵惕惻隱之心。這怵惕惻隱之心是什麼呢？孟子具體分析了：「非所以內交於孺子之父母也，非所以要譽於鄉黨朋友也，非惡其聲而然也。」這種你想去救他的關懷，並不是來自於你跟這小孩的父母親認識，也不是你想做好人好事的代表，也不是你怕別人說你見死不救，而是來自內在最真實的、自發的動力。孟子很清楚，道德實踐是一個真實的東西，只能從生命最具體的實感去指點。如果從理論上去說，就只是設定而已。但是，他還是必須指出那個設定，比如說人性本善，他在理論上會是個設定，但他同時也告訴你，那不只是個設定，回到整個生命的實踐上，那是一個呈現，一個存在的呈現。

十六、孟子把人倫場域從政治場域清理出來，開啟義利、人禽、王霸、華夷之辨

人們就在這個存在的呈現所形成的宅第裡有所安居，這就是「仁者，人之安宅也」。孟子繼續從這裡擴充，說人從這個怵惕惻隱發出去，就好像人有四肢，就是四端，就是他講的

仁義禮智四端，惻隱之心是仁之端，羞惡之心是義之端，辭讓之心是禮之端，是非之心是智之端，仁、義、禮、智是道德真實開展的基點。基點很重要，孟子把仁義禮智四端點出來了，把真存實感點出來了，這點出很厲害，孟子的道德理想主義就從這裡建立。這樣一個道德理想主義從哪開啟呢？從家庭、從人倫、從孝悌開啟。他講仁是人之安宅，講義是人之正路，但他說現在的人很麻煩，「曠安宅而弗居，舍正路而不由」，現在的人把安宅放著不住，把正路擺著不走，不行仁義之道，因此天下大亂。

孟子所處的時代是個不好的時代，是一個需要辯論的時代，比孔老夫子那個時代還要糟。我常說孔老夫子所處的時代是需要交談的時代，孟子所處的時代是需要辯論的時代，辯論跟交談有什麼不同？交談是我想聽你的，辯論是你只能聽我的。交談是我說話，但是我說話的目的是想聽你的，而辯論是我說話的目的是讓你聽，不只是聽而且要你接受。辯論是我讓你接受我的立場，交談是我們的立場是開放的，辯論是對立的，交談是融通的。所以說，真理不是越辯越明，真理是越辯越不明。真理是因為交談而明，所以說交談是真理開顯的一個方法。孟子為什麼要辯論呢？孟子說：余豈好辯哉？余不得已也。因為他所處的時代是處士橫議，諸侯放恣，邪說暴行有作的時代，所以他要辯論。辯論就是要把他的仁義之道傳揚出去，所以你看孟子書裡的辯論非常有意思，他跟當時的國君、跟不同學派、跟弟子辯論，是要將精神彰顯出來，也就是把人倫的場域清理出來，從哪裡清理出來呢？從政治的場域裡清理出來。這幾個就是他展開的幾個重要的辯論：義利之辨、人禽之辨，還有華夷之辨。

十七、「君子有三樂，而王天下不與存焉！」隱含的意蘊：仁義為教

三辨之中，最重要的是「義利之辨」。當然，如果是說從政治權力場域裡把人倫場域清理出來，那最重要的就是王霸之辯。孟子的王霸之辯、義利之辯、人禽之辯、華夷之辯，有很複雜的理論脈絡。「人禽之辯」是要正視人之所以為人有一種最真實的關懷、最真實的愛、最真實的怵惕惻隱，是要從這裡建立起人倫而放在家庭裡頭，如果放在整個歷史社會總體則有王霸、義利的區別。另外因為要面對異族入侵的狀況，因此他也強調文化教養的重要性，進而區隔華夏與夷狄，這也是孟子學最重要的。何以見得？孟子說：「君子有三樂，而王天下不與存焉。」君子有三件最快樂的事情，統治天下這件事不在裡頭，這句話其實就是把人倫場域從政治權力中區隔開來，哪三件快樂的事呢？「父母俱在、兄弟無故，一樂也」，這是孝悌；「仰不愧於天，俯不怍於人」，對得起天理，對得起社會良心；「得天下之英才而教育之」，文化教養、文化傳承。講完他又再重覆一遍：「君子有三樂，而王天下不與存焉。」

孟子這樣的提法裡其實很重要的就是要區隔，這個區隔孔老夫子也說了。孔老夫子告訴

他的學生：你要做君子儒，不要做小人儒。什麼是君子？君子朝生命的理想的自我完善走；什麼是小人？隨順著世俗的利益往下走。，所以說「君子喻於義，小人喻於利。」君子之道闇然而日章，雖然看不到，但一直在生長；小人就一直往下掉。為什麼？當我們生命的欲望被勾引出來，孟子說，「物交物引之而已矣」，一個接一個，我們就把握不住了，從這裡我們可以發現儒家強調的是什麼？仁政。

現在有很多政治學者，對儒家提出非常嚴厲的批評，確實應該批評，但應該批評被法家化、被帝皇專制化的儒家。而對於儒家的仁政我們必須恰當地重視。如何恰當地重視？不容易。我們可以想想一個很有趣的問題：我們中華民族很奇怪，幾千年來我們的政治概念就不是西方近代的政治概念，不是權力和利益恰當的均衡分配，不是的，雖然我們說「不患寡，患不均」，但我們談的不是一個權力的分配問題。我們常常罵政治腐敗，是腐敗沒錯，幾千年都有腐敗。但我們想一個很有趣的問題，這幾千年腐敗了，而且也被異族統治了，魏晉南北朝，還有元，還有清，可是他們後來居然成為儒道文化的維護者，是不是很奇怪呢？

十八、仁政強調人生命之愛的開發、生長與傳布，而不在權力、利益的分配

為什麼呢？我們這個族群居然幾千年來到現在為止，你還是一樣讀「子曰：學而時習

之，不亦悅乎；有朋自遠方來，不亦樂乎；人不知而不慍，不亦君子乎」；雖然未必清楚了解，但你還是讀《老子》的「道可道，非常道」；你還是讀《莊子》，思考「庖丁解牛」的意思。奇怪了，我們這個族群居然能夠延續到現在，有些文化傳統都已經斷裂了，衰退了，瓦解了，而我們雖然一邊罵世衰道頹，人心不古，卻也罵了二千年了，靠的是什麼？我想這是華人真正的奧祕。

那就是孔老夫子說的「正者正也，子帥以正，孰敢不正」。什麼意思呢？「仁者人也，仁者愛人。」「王，何必曰利，亦有仁義而已矣。」這些道德理想主義的呼聲有什麼意義呢？它告訴我們，政治如果只是權力跟利益的分配，這政治再怎麼分配都不可能合理，這是儒家所看到的。所以，要徹徹底底去了解政治的問題，不能只是了解它分配的合理性，而應該了解到，政治後頭更為根源的、政治所要解決的是人的問題。既然要解決人的問題，那就要開發人的愛、人的關懷。如果把我們愛的資源開發出來，把我們愛的力量生長出來，傳揚出來，擴散出去，這種力量是很大的，這種力量就是我們這個族群活了幾千年最重要的力量。

十九、儒家強調人倫場域的優先性，並強調對政治起一定的調節作用

儒家從孟子開始就很清楚表明，他們要管的是人倫場域，而不是政治場域。這一點太多研究中國傳統哲學的人、太多罵儒家思想的人不重視。有很多批評儒家的學者說，儒家的思想就是把政治倫理化，把政治道德化。不是的。儒家是要把政治跟道德倫理及人倫的範疇適度區隔開來，然後下手的地方在人倫的場域，在道德的場域，至於政治社會總體那邊呢？用和諧共處的方式。

換句話說，儒學重視的不是要把那套東西放到政治權力的分配裡頭去說，他們是要把人倫場域從政治權力場域裡頭區隔開來，並告訴我們，最重要的政治活動原來是文化與教養，因為如果沒有恰當的文化教養，如果沒有好好耕耘我們的文化土壤，你光談政治權力的分配，後果是什麼呢？後果就如亞里斯多德在兩千多年前所說的：如果政治是民主制的話，往往會落到暴民政治。這是一個值得反省的問題。

二十、孝悌仁義，施於有政，是亦為政，這是對政治最根源性的省察

我們該批判的儒學是什麼呢？請將目光轉向帝皇專制化的儒學。我們如何對於這帝皇專

制化的儒學有恰當的分理呢？這工程浩大啊。在我們這個講座裡，我會把這些東西展開，因為我們必須對這些問題有恰當的理解。當我們正視這些問題，我們會發現到儒學的可貴在哪裡？儒學的限制在哪裡？儒學當然有其限制，儒學怎麼可能沒有限制呢？如果一個思想毫無限制，這個思想就有可能叫做神說的，不可驗證，從理論操作的觀點講，一個不可驗證的東西就是一個假的東西，所以儒學有其限制。但儒學很清楚要從政治權力場域裡清理出一個人倫場域。有人問孔老夫子說，仲尼先生，你為何不去從政呢？他說：「《書》云：『孝乎惟孝，友於兄弟，施於有政。』是亦為政，奚其為為政？」前面還有一句是：「或曰：『子奚不為政？』」有人問：仲尼先生，你為什麼不去從政呢？孔老夫子說：《尚書》裡曾說道，孝啊，悌啊，孝悌這個孝順父母、友愛兄弟的重要性，我把它們推展出去，這就是為政啊，為什麼一定要進到政治權力的領域裡分一杯羹才叫為政呢？

很清楚，儒家是以人倫場域的建立作為政治權力分配的基礎。這並不是說，以人倫的場域就涵蓋了整個政治權力，不是這個意思，但因為孔老夫子知道人倫才是本。「物有本末，事有終始，知所先後，則近道矣。」這是《大學》說的。《論語．學而》說：「君子務本，本立而道生，孝悌也者，其為人之本歟？」這是重點的重點，我們須把握清楚。儒家倫理所重視的是：人跟人之間最真摯的關懷。這最真摯的關懷從哪來呢？從家庭，家庭裡頭是什麼？孝、悌，孝順父母，友愛兄弟。從友愛兄弟再擴而大之到朋友。孝順父母是什麼呢？孝順父母是對我們生命根源的一個崇敬，因為父母是我們的生命根源，他們不只生我們、養我們，也作為我們價值的根源，所以我們把父母沿著天地往上提，說天地父母。兄弟是什麼呢？姐妹是什麼呢？是我們的生命落實下來，擴展出去，橫面的展開。

二、「孝」是對生命根源的崇敬，「悌」是隨順生命根源的進一步申衍與展開

這告訴我們，那個最真實的關懷跟愛，就是對於父母的孝順，對那個生命根源的崇敬和梳理，因為父母跟子女的感情是最真實的。父母跟子女的關係是什麼關係？天倫的關係。所以歷來我們這個族群最注重家庭教育，我們就是靠著注重家庭教育開始的。真正的愛從這裡開始，真正的人情從這裡開始，而這個真摯情感裡頭又有一個恰當的客觀的秩序，從這裡學習後再跨到整個社會上來。這是儒家的人倫場域的解決方式，它暫時地把政治權力從這裡區隔開來，那個部分，你強，那你就強吧！你蠻，就由你蠻吧！我們要的是另外這個領域，政治和人倫二者要分離開來。

孟子為什麼可以大聲對梁惠王那樣說話：「王，何必曰利？亦有仁義而已矣。」又對齊宣王說「君子有三樂，而王天下不與存焉」。為什麼孔老夫子寧可放棄當時可以掌握大權的機會？孔老夫子有個掌握大權的機會，就是衛靈公過世後，夫人南子立衛靈公之孫子蒯輒繼

位，以拒其子蒯聵，那時候可能要找孔老夫子主政。但孔老夫子之所以沒接受，是因為蒯輒的父親蒯聵也要回來，當時形成父子爭國的局面。這段故事細節我們不講。總之，孔老夫子為政是以正名為先，《論語》不是說了嗎？「名不正，則言不順；言不順，則事不成；事不成，則禮樂不興；禮樂不興，則刑罰不中；刑罰不中，則民無所措手足。」很清楚說了，根源的地方，他注重，如果人倫場域沒有恰當的安頓，文化教養沒有樹立起來，禮樂教化沒有處理好，人的名分角色沒有恰當的安頓，人的身心沒辦法真正恰當安頓的時候，禮樂不興則刑罰不中，刑罰不中則民無所措手足。這是儒家在這裡看到的問題，是儒家非常重要的政治智慧。這政治智慧就是說，我們必須將人倫場域從一般世俗的政治權力的場域裡頭區隔開來，好好耕耘，讓人倫場域這樣一個文化土壤好好生長。至於其他呢？其他以待來者。

二二、結語：清理儒學的三個向度，開啟嶄新的發展可能

我想，把這個問題梳理清楚以後，你如果要研究整個中國文化傳統，要研究儒學，你的矛頭，你的對象，你的問題，才會恰當，才會有如實的把握。一方面，區隔開了幾個不同儒學的樣態，儒學有生活化的儒學，有批判性的儒學，有帝制式的儒學。儒學的政治智慧原來不是把倫理政治化，也不是要把政治倫理化，而是要從世俗的政治權力裡把人倫場域清理出

來，清理出來之後要在這裡好好耕耘，好好生長。當然，接下去，我們要面臨的一個問題就是，我們怎樣通過一個理論的分析去理解什麼叫帝制式的儒學？什麼叫生活化的儒學？什麼叫批判性的儒學？思考這三類型的區分，我想是非常有幫助的，以後你再去看很多相關著作時，才能找到一個恰當的參考系。

我們今天談儒家倫理和社會正義，是先起個頭，進一步還要通過理論的闡析把它們分解開來，再分判，並提出一些可能。最重要的就是面對整個社會正義，面對整個歷史社會總體的變革，我們要問：一個新的正義理論，如何在我們這塊母土長出來？當然我會肯定而有自信地說：新理論會跟以往種種文化傳統有密切的關係，包括儒、道、佛，包括在這塊土地上的少數民族的文化傳統，以及這五、六十年來的馬克思主義傳統。我想，當我們願意且能夠去正視這些東西的時候，才有一些新發展的可能。

〔本文原應湖南中南大學哲學系之邀，以「儒家倫理與社會正義」為題發表之系列演講第一講，講於二〇〇二年十一月十二日，由哲學系系主任呂錫琛教授主持，全文由研究生筆錄，經呂教授校正，最後講者再潤飾修訂而成。〕

第二章

儒家倫理在中國政治哲學中的效用與限制

本文首先由《論語》「曾子」與「有子」的對比來看儒學發展的兩個向度，指出《論語》中家庭倫理與責任倫理兩個面向之異同，再回頭對馬克斯．韋伯的觀點做一深度反思，指出韋伯命題的意義與限制。接著進一步指出儒家法家化的演變事實，我們應正視儒學在發展過程中，如何由「主智」、「超智」而又與「反智」結合在一起；而「血緣性的自然連結」、「人格性的道德連結」又是如何全收歸到「宰制性的政治連結」而構成「血緣性縱貫軸」，使儒家倫理在皇權宰制下有著嚴重的「道的錯置」（misplaced Tao）狀態。進一步我們檢討了孝道錯置的各種現象，宏觀檢視了儒學傳統與西方傳統的異同。最後指出我們得從儒家傳統跨出「血緣性的自然連結」，建構「契約性的社會連結」，擺脫「宰制性的政治連結」，開展出新的「委託性政治連結」，而這仍應以「人格性的道德連結」為基礎。

一、從《論語》看儒學發展的兩個向度

今天很高興能到湖南師範大學來，與大家見面很高興，今天的報告內容大體繼續昨天的報告內容。整個講題的方向朝向「儒家倫理和社會正義」相關的問題。對於儒家到底是什麼？儒家倫理有什麼特點？儒家倫理放到整個中國政治傳統來講又有什麼可貴的地方？有什麼可能的限制？總的來講，我認為儒家思想特別強調的是從人倫的場域，與整個世俗政治權

力的場域區別開來，儒家所強調的倫理並不是為政治服務的一個倫理，儒家所強調的是人倫。人倫是什麼呢？是孝悌，是仁義，是忠信。

《論語》一開頭講：「子曰：『學而時習之，不亦說乎？有朋自遠方來，不亦樂乎？人不知而不慍，不亦君子乎？』」第二章說：「其為人也孝悌，而好犯上者，鮮矣；不好犯上，而好作亂者，未之有也。君子務本，本立而道生。孝悌也者，其為仁之本與！」第三章講：「子曰：『巧言令色，鮮矣仁。』」第四章說：「曾子曰：『吾日三省吾身，為人謀而不忠乎？與朋友交而不信乎？傳不習乎？』」在《論語》這本書裡，隱含了儒學發展的兩個很有趣的向度，研究儒學的先生們常常忽略掉這兩個向度。這兩個向度在談到《論語》的前幾篇時，已經點出來了：一個是有子，一個是曾子。

《論語》這部書是孔老夫子跟他的弟子以及當時的賢者或其他人的對談，是一本對話錄，這個對話錄由孔子的弟子及再傳弟子所編纂而成。當中除了孔老夫子稱「子」之外，就只有「有子」和「曾子」兩人也稱「子」。有子和曾子的思想不太一樣。這裡其實牽涉到整個儒學發展的過程裡路線的不同。所以所謂路線之爭不是現在才有的，路線之爭其實早在兩千多年以前就有了。我們知道，孔老夫子在年紀大的時候開始找接班人，最早找的是顏回，但顏回不幸短命早死了，孔老夫子找顏回的原因是因為他的默會心通，孔老夫子上課他總點頭，「不違如愚」，孔老夫子「退而省其私，亦足以發，回也不愚」。孔老夫子有一回對顏回提點：「一日克己復禮，天下歸仁焉。為仁由己，而由人乎哉？」「克己復禮」的提法和詮釋有很多爭議，這些爭議大體來講是有關連的。其中一種詮釋強調的是「克制自己的私欲，而回歸到禮」；另一個詮釋是把這個「克」解釋成如《尚書》裡頭「允公克讓」的「克」，也就是「能」的意思。前面的解釋是「克制」的克，克制私欲，回復禮；後面的解釋是強調讓你內在的能力發揮出來，而能夠實踐這個「禮」，也就是把這個「復」解釋成「履」，解釋成「實踐」的意思。其實這兩個解釋是相連的。站在程朱學的立場，會強調「克制私欲，回復禮」，就是所謂「懲忿窒欲，遷善改過」。如果站在陸王學的立場，則比較傾向後面一種解釋，就是由你的內在自覺，讓你的仁心發出而去實踐這個禮。

顏回短命早死，孔老夫子只好再挑選接任者。其中一位是端木賜（子貢），端木賜是孔老夫子的最重要經濟來源，他是衛國的大商人，專門「賤買貴賣」，而且「臆則屢中」。他原本想向孔老夫子求學三個月或五個月，沒想到一學就學了三、四十年。孔老夫子過世之後，弟子守墓三年，子貢卻守了六年，可以說非常非常支援孔老師。孔老夫子準備想試探看他可否傳這個道，於是問子貢說：「女以予為多學而識之者歟？」（你以為我是個博學而又強記的人嗎？）子貢說：「然，非歟？」（是，難道不是嗎？）孔老夫子說：「非也，吾道一以貫之。」所以這接班人的位子就因此擦身而過了。孔老夫子繼續尋求，發覺曾子不錯，曾子三代人都是他的學生，他的父親曾點、他、曾參、他的兒子曾西都是。曾子比孔老夫子小了四十六歲，曾子看起來是個有點樸實、魯鈍，卻是能走遠路的人。孔老師就當著大眾問：「吾道一以貫之？」，結果其他同學都沒說話，只有曾參回答：「唯。」就是說「是」。孔老夫子賣個關子走了，其他人就湊過來問曾子為何如此回答，曾參就說：「夫子之道，忠恕而已矣。」盡己之謂忠，推己及人之謂恕。《論語》裡也強調「恕」道的重要性。孔老夫子其實是有意把這個道傳給曾子，但曾子小於孔老師四十六歲，孔老夫子過世時，曾子才二十六、七歲。

接任者還沒宣布，孔老夫子就過世了，孔子過世後，弟子守孝三年，守孝三年之後，弟子們討論選出孔老夫子的繼任者，據歷史上所載，有兩位人選，一個是曾子，一個是有子。有子的長相、聲音、形容、樣貌，什麼都像孔子，而年紀比曾子大一些。有不少人擁立有子，便來說服曾子，曾子不接受。子貢立場較中立，但其實比較偏向曾子。總之弟子們未達共識，於是如《韓非子》裡說的「孔子歿後，儒分為八」，但弟子其實是很有道義的，於是就集合到一塊要編語錄。底下所言為個人揣測：這本《語錄》怎麼編呢？當然，第一章是孔子說的話「子曰」，第二章怎麼編？有子派說：「要收錄我們老師的話『有子曰』，第三章再收錄曾子的話吧！」曾子派說：「不行，第三章還是讓我們放孔老夫子的話，但這個第三章放什麼話，由我們曾子派來選。」所以第三章就選了「子曰：『巧言令色，鮮矣仁！』」。這很有意思。第四章才放曾子的話「曾子曰：『吾日三省吾身——為人謀而不忠乎？與朋友交而不信乎？傳不習乎？』」。其實，第一章是對儒家總的說，第二章是有子派的發展，第四章則是曾子派的發展。

二、《論語》中家庭倫理與責任倫理兩個面向

要特別指出這點，是因為從有子怎麼說和曾子怎麼說可以看出兩種不同的發展向度。有子說：「其為人也孝悌，而好犯上者，鮮矣；不好犯上，而好作亂者，未之有也。君子務本，本立而道生，孝悌也者，其為仁之本與！」也就是把一個家庭裡的孝悌跟社會的長幼尊卑完全關連在一塊，強調孝悌長幼尊卑的梯序，這並沒有錯，這也就是我強調的以孝悌長幼尊卑為主的有子派的思考。而曾子所強調的「吾日三省吾身：為人謀而不忠乎？與朋友交而不信乎？傳不習乎？」這是儒學裡最強調的責任倫理的部分，我為人謀是否忠於其事、忠於其心呢？與人交往是否守信諾呢？這是一個很重要的社會責任的概念，而「傳不習乎」則是一個文化教養的概念。也就是說，曾子所強調的跟有子所強調的側面不同，有子所強調的是家庭倫理，而把家庭倫理跟社會的上下長幼的梯序緊密結合在一塊。曾子強調的是社會責任和文化教養。當然，曾子並非不注重孝悌，有子也不會不重視責任，而是說他們各有所重。「忠」這個概念，在《論語》裡就出現了，如孔老夫子強調的四教「文行忠信」，「文」是整

個廣義的典籍的學習；「行」就是徹底地在人間的實踐，而實踐的內容是什麼？就是「忠」和「信」。

所以「言忠信，信篤敬，雖蠻貊之邦，行矣；言不忠信，信不篤敬，雖州裡，行乎哉？」所以忠、信這兩個字在《論語》裡非常重要，四教是「文、行、忠、信」，不是「文、行、孝、悌」，可以看出，孔老夫子所強調的倫理不只是家庭的、孝悌的倫理而已，而是從家庭的孝悌講仁義，擴及到社會的責任講忠信。忠信的重要讓我們想起《論語》中其他的話：「令尹子文三仕為令尹。三已之，無慍色。舊令尹之政，必以告新令尹（楚國的宰相叫令尹，湖南屬楚）。」令尹子文三次當了楚國的首相，結果三次被罷黜。而新令尹上台的時候，「舊令尹之政，必以告新令尹」，舊的令尹之事一定會清清楚楚地告訴新的首相內閣，孔夫子稱讚這個人「忠矣」，是個盡忠職守的人。

三、從馬克斯・韋伯的觀點反思儒學發展

「忠」這個概念在《論語》裡，如前所舉，是具有社會責任的責任倫理概念，馬克斯・韋伯（Max Weber）有個提法，認為儒家只有意圖倫理，沒有責任倫理，這個提法已經廣為國人所接受，但其實是錯誤的。為什麼錯誤？因為韋伯對《論語》不熟悉，不過慚愧的

是，我們對《論語》也不夠熟悉。韋伯是個非常了不起的宗教社會學家，對儒家、道教有深入的研究，他談宗教倫理跟資本主義精神的發展，有獨特的貢獻。我們也常常隨著韋伯的論述回過頭來指出我們的儒學倫理好像有嚴重的缺失。

的確，儒學倫理是有它嚴重的缺失，但並非所有儒學的倫理都有嚴重的缺失。韋伯的提問並不是沒有意義，因著韋伯所提出以及承前所述，我們可以提出這樣一個有趣的問題：為何在《論語》裡原來具有的責任倫理在整個中國政治的發展上後來被淡化了，甚至被認為已經失去了而代之以所謂的意圖倫理呢？或者說，責任倫理和意圖倫理在儒家倫理應該都有，但在後來整個儒學發展過程中，為何偏向意圖倫理的發展，而失掉了責任倫理的發展？可惜後來的提問者都將問題變成：為什麼我們的傳統文化裡沒有責任倫理，只有意圖倫理，所以我們如何開出或如何讓西方的責任倫理在我們這裡生根？

特別指出這一點就是說，在看待儒學的時候，我們必須通過恰當的類型學區分，深入到儒學的底蘊，做一些恰當區隔以後，才能指出它的精髓所在，當然也指出它的糟粕所在。當我們說精髓所在與糟粕所在的時候，不能只是作為一個概念而平面描述，而是要去探掘其中的吊詭狀態：A跟非A居然結合在一塊。原本好的卻變成不好的狀態，是一個什麼樣的歷史社會條件構成的？是隨著一種什麼樣的經濟發展過程、什麼樣的政治社會組織結構的變化而構成的？這是一個非常難的問題，如果我們從事中國哲學，中國政治哲學、中國政治倫理學的研究，並且只順著西方的漢學家所提出的問題來回答，那得出的答案有時是完全沒有意義的，因為他們對中國的認識其實不夠深入，只是因為他們有學術文化上的霸權而能站在高峰上發言。我們面對他們所提的問題，不一定要接受，因為他們的問法可能錯了，就如前面所提的那個問題，顯然問錯了。

所以我們要把那個問題重新調整再去問，才能找出新的可能。儒學是有責任倫理的，居然後來沒有發展出，或說責任倫理這一邊後來居然慢慢弱化了，這是一個很值得反省的問題。其實這可以從「忠」這個概念深入去理解就可以看到，從原來忠於其事、忠於其心的概念，後來慢慢轉化成忠於其君的概念，而這個「君」原來是連著天子的，儒學希望天子是「聖者為王」的聖王，但漢朝以後，帝王專制徹底形成了，它變成了「王者皆聖」，不是聖王，而是王者皆為聖。也就是握有國家最高權力的人變成聖人，如此就形成了一種帝王專制的傳統，這個傳統本身造成了儒學的禁錮作用，使得「忠」這個概念從「忠於其事、忠於其心」轉為「忠於其君」。原本五倫的概念及五倫的排序，到了漢朝轉成了三綱，那是更為僵化而且完全放在一個帝王專制的格局上去理解的。

四、儒家法家化的演變

這個部分如果我們沒有釐清，單把帝皇專制下的儒學當成儒學本身，我們就真的就成了孔子的罪人，也成為孟子的罪人，所以釐清這點極為重要。試想：中國最古老的經書《易經》六十四卦的排序裡，上經的乾、坤、屯、蒙，往下下經講咸卦與恒卦，咸卦講感情，恒卦講家庭。在整個《易經》的傳統裡面，有天地而後有男女，有男女而後有夫婦，有夫婦而後有家庭、有父子，強調萬物造端乎夫婦，在這個排序中，真正家庭的構成是由夫婦或父母開始的。有夫婦而後有父子，有父子而後有兄弟，有兄弟而後有朋友，至於君臣則只是人間的一個構造。

為何會從原來的「君待臣以禮，臣事君以忠」到後來變成「君臣之義無所逃於天地之間」、「君要臣死，臣不得不死，不死謂之不忠」，我們一定要好好了解這樣的轉變。我們可以發現，其實五倫的排序——講父子有親、君臣有義、父婦有別、長幼有序、朋友有信，基本上是健康的。父子有親原本擺第一位，但後來變成把君臣有義擺第一位，變成：君臣有義，父子有親、夫婦有別、長幼有序、朋友有信。「父子有親」是最重要的人倫親情的一個起點，儒學的一個可貴之處就是要把人倫的場域從現實的政治權力、利害的場域中區隔開來，而強調任何政治所涉及的權力和利益的分配，必須建立在人跟人之間一種恰當的關懷，一種人倫場域所構成的秩序為基底，如此政治的權力跟利益的整個秩序才不會出問題。如果我們人倫場域的安排沒有處理好，只強調政治權力的理性分配，就永遠無法公平了，永遠沒有辦法恰當分配，到最後是會引發很嚴重的鬥爭的。

所以我們談儒學談到這個部分的時候要留意這個問題，從「父子有親」這個親情的重要性，再談「仁，怵惕惻隱」、「仁者，人之安宅也」、「仁者，事親也」。「君臣有義」的義，是從孝悌的悌說的。孟子說「義者，人之正路也」、「義者，敬長是也」。這君臣有義的義，君以義合，合則留，不合以義去，它很清楚地給了正義的概念在這裡作為分判，它不是「君臣之義無所逃於天地之間，君要臣死，臣不得不死，不死謂之不忠」、「君要臣死，臣不得不死，不死謂之不忠」，這不是儒家的東西，這是儒家後來被法家化，然後被誤認為是儒家的東西。當然，帝皇專制化的儒學這裡有太多複雜的東西需要分析。

五、血緣性縱貫軸的構成

接著我們先就君臣有義，父子有親這兩者落到三綱的時候，怎麼說呢？「君為臣綱，父為子綱，夫為婦綱」，五倫變成三綱，而這三綱以白話來說就是：君為臣綱——君權至上主義、帝王專制核心論；父為子綱——父權中心主義；夫為婦綱——男性中心主義。一個以男性為中心的思考，以帝王專制為中心的思考，以父權為中心的思考，到了東漢《白虎通》時，徹徹底底地樹立起來，形成了帝皇專制化的儒學。於此我們可以發現，夫婦有別這個夫婦之倫，在這裡不再被提起，夫婦變成夫為婦綱，朋友跟兄弟也不再被重視。這個巨大的轉變我們一定要把它疏理清楚。疏理清楚以後，我們就會發現這個問題的嚴重性，它構成了「血緣性的縱貫軸」。

我曾經對整個中國的政治哲學花了很多工夫去思考，寫過一本書叫《儒學與中國傳統社會之哲學省察》，在上海學林出版，那本書基本上處理了前面所提的相關問題，接下來的問題就是我在疏理時所發現到的，從五倫到三綱，整個儒學進入到一個封閉的系統脈絡裡，這封閉的系統脈胳非常麻煩，這就是我們現在要檢討的所謂儒家的政治哲學，也就是儒家倫理學的一個嚴重的限制，提這個問題的時候我們要先對儒學做一個類型學上的區分，它其實應該有幾個區分：一個是帝制式的儒學，一個是生活化的儒學，一個是批判性的儒學，儒學通過這樣的類型學的區隔以後，才會有新生的可能。

六、儒家倫理在皇權專制下的轉變

把儒學當成為政治服務的倫理其實是不對的，孟子說：「君子有三樂，而王天下不與存焉。父母俱存，兄弟無故，一樂也；仰不愧於天，俯不怍於人，二樂也；得天下英才而教之，三樂也。君子有三樂，而王天下不與存焉。」這點出了君子有三件最快樂的事情，但統治天下的事情不包括在內。第一件事，父母俱在，兄弟無故，這是孝悌人倫；第二，仰不愧於天，俯不怍於人，對得起天地良心，對得起社會；第三，得天下英才而教之，屬於文化教養。這裡我們很清楚儒學的重點在什麼地方，這個區隔很重要。「或曰：子奚不為政？子曰：《書》云：『孝乎惟孝，友於兄弟，施於有政。』是亦為政，奚其為為政？』」儒家為什麼要強調孝悌人倫之道？我們要了解，人倫場域的秩序必須從政治權力區隔開來，因為這是本。

中國政治傳統被罵得一塌糊塗，但是幾千年下來，不但沒有滅亡，居然日益茁壯，人口到達十三億。中華族群幾千年來倚靠的東西是什麼？中國人對政治有獨特的看法，政治不能只是權力跟利益的恰當分配而已，如果只從權力和利益分配的合理性下手，那會沒完沒了。它必須要有一個更重要的基礎，叫做開發人類內在生命的愛跟關懷，以此為基礎，才有辦法談政治的利益跟權力分配的合理性。從這個角度來重新審視儒家倫理，儒家倫理當然有它可貴的地方。

儒家倫理到了東漢已經非常清楚地跟帝王專制密切連結成一個不可分的整體，這不可分的整體可以用類型學去區分，區分出來有：帝王專制化儒學、生活化儒學、批判性儒學。接著，又該如何進一步去解開它呢？可以放到血緣性縱貫軸的基本構造下去理解，我的《儒學與中國傳統社會之哲學省察》這本書就是環繞這個核心概念而寫的，書中是從五倫三綱的理解開始分析。分析時運用了一些概念，主要是三個最基本的概念：一個是我們剛講到的「父」，一個是「君」，另外一個是「聖」。

大體來說，五倫是如何轉變成三綱呢？朋友如兄弟，兄弟如父子，把父子又君臣化，君臣父子化，父子是天倫，而君臣是人間之義，這原來是很清楚的，君臣是以義合，不合以義去，合則留，不合以義去。父子之倫才真正是無所逃於天地之間。什麼叫無所逃於天地之間？用一個很具象的比喻，就是你不能登報作廢說我要跟誰脫離父子關係，沒辦法，據你的DNA記載，這種父子之情是無法抹除的。現在把君臣父子化了，又把父子君臣化了，形成一個非常麻煩的君父結構。君父的結構因為父子被君臣化了，所以父親的親字少了，但父權增加了，所以孝道的道少了，變成了父親要求孩子怎麼樣孩子就得怎麼樣的狀況，變成父權中心。以君權、父權、男性為中心的中國哲學或中國政治倫理結構，並不是儒家的本懷，現在正是解開它的時候。

「君」就是宰制性的政治連結的最高核心點，而「父」就是血緣性的自然連結的最高核心點，「聖」則是人格性的道德連結的最高頂點，依照原來儒家的一個提法，原是希望聖者能為聖君、為賢相，以人格性的道德連結作為真正的核心，國君必須在這樣的教導之下，革去君心之非。儒家倫理講君君臣臣，父父子子，是從國君開始，儒家強調人倫、場域、秩序是從國君那裡開始往下說的，並非國君不管，只管老百姓，更不是讓國君利用這些來要求老百姓。區隔清楚以後再來看這三個概念，血緣性的自然連結、宰制性的政治連結、人格性的道德連結，這三個基礎在整個中國帝皇專制的格局裡，大體來說是變成以宰制性的政治連結為核心，而以人格性的道德連結為標的，而以血緣性的自然連結為背景。一個廣大的人倫的結構，就是整個家庭的教養出去的，如此所形成金字塔式的結構貫串中國兩千年。

這兩千年是不是中國就完全黑暗不堪呢？倒也未必，只是儒學的本懷就在這裡面慢慢消失了，換言之，儒學已被帝王專制化。它的生活性是不是完全沒有了？仍然還有。它的批判性是不是完全沒有了？仍然還有，但它的批判性是比較不對等的。而所謂「君臣以義合，合則留，不合以義去之」、「君待臣以禮，臣事君以忠」，至少從文字上看起來才更接近於對等，當然，可能君還在上，臣還在下。總之在孔老夫子的提法裡，是比較接近於對等的。

七、皇權宰制下「道的錯置」

當說到「君臣之義無所逃於天地之間」，這個君臣之義指的是「君要臣死，臣不得不死，不死謂之不忠」，所謂批判性就變成一個上下絕對的隸屬性關係。這種關係是非常不對等的。現在看很多古裝劇，有一些有名的大臣，當他要實現自己的理想時，會帶著棺材去當官，這在歷史上常常看到，就是一個諫議大夫以死諫之，這呈現出來的就是一種不對等的批判。

這種不對等的批判，後頭所靠的精神力量是什麼？靠天理、靠良心、靠道統、靠整個歷史的記載。因為華人非常相信整個話語意義結構所形成的價值，它會給出一個強大的力量來，而這個力量是人在內心中湧現出來要去追求的，這就是文天祥《正氣歌》提到的「人生自古誰無死，留取丹心照汗青」，這是很重要的精神資源，這樣的精神資源是儒學給出的。但是，儒學也的確幫助了帝王專制傳統，幫助它去安撫老百姓，因為儒學強調，如果能暫時擺脫政治權力跟利益的糾葛，直接從人倫上做起的話，「人人親其親，長其長而天下平」，所以我們姑且就把那些暫時拋一邊吧，好好強調從家庭人倫推而擴充之，成就一個好的、良善的人倫世界吧！這是儒家的一個想法，這個部分就是所謂生活化的儒學。這也就是說，上層怎麼做是一回事，但整個社會民間的底蘊仍然繼續發展著，中國歷史上的黑暗，比之於十年浩劫黑暗者絕對有，而且有五倍十倍而過之，而且也渡過來了，當五胡亂華數百年，中國仍然靠著整個民間的生活化儒學繼續往下延續，我們是在一個母土文化土壤非常豐厚的地方生長，這一點是我們所該重視的。生活化的儒學是活的，批判性儒學也是活的，只是帝制式儒學卻形成核心且帶有主導作用。

當然我們可以用「儒學的法家化」來概括，但這個詞太簡單，我們必須深入去理解，儒學是如何法家化的？背後的成因在哪？以父權為中心、君權為中心、男性為中心的專制結構，必然的後果就是形成非常嚴重的「道的錯置」（misplaced Tao）問題。什麼是「道的錯置」？本來儒學強調聖者為王，結果後來變為王者皆為聖，並且君臣被父子化了，所以變成君父之命不可違也，國君的命令叫聖旨，這就是所謂「道的錯置」。

「道的錯置」的問題點在於帝王專制化的儒學裡，宰制性的政治連結這個問題。父是血緣性的自然連結，而聖在儒學文化教養裡強調的其實是人格性的道德連結。要對整個傳統政治進行批判的話，我們應該面對的是這個「君」，但是民國初年以來我們批判孝道與儒家，卻放過了這個「君」。有人說知識份子專挑軟柿子吃，是如此也非如此，知識份子也是一時糊塗了，他們批評了血緣性的自然連結，也批評了人格性的道德連結，但未必得到好下場，這是一個很嚴重的問題。再想，孝道、仁義與聖人之道，在整個中國帝王專制的構造裡到底起了什麼作用？起了一個調節性的作用，而正因為它起了調節性的作用，所以整個帝王專制可以延續那麼久。好，那我們現在趕快把這個調節性作用拿掉，中國帝王專制也可以拿掉了，我們可以這樣嗎？這很值得我們反省。

當我們把中國幾千年來調節帝王專制的那個調節性的原則——孝道取消了，也會把儒家的聖人之道拿掉，其實並沒有比較好。歷史像人一樣，有一個習氣業力，人是活在歷史裡的，把一個調節性的東西拿掉以後，就是赤裸裸的權力鬥爭，是赤裸裸的專制，其所形成的災害不用多說了。但慶幸的是，它在過去所造成的傷害已經過去了，而現在我們重新談中國文化如何復興的問題時，如果只是讓血緣性自然連結的孝道、儒家聖人之道回來作為一個調節性原則，而忽略從經濟、社會、政治的角度去理解、闡釋與轉化的話，仍然會面臨新一波的問題。這就是我們現在要去思考和關注的事。

八、孝道錯置的各種現象

儒家的孝道後來變成一種很嚴苛的父母對子女的控制，這時其實已經不是孝道了，而是一種父權壓迫。親情慢慢走樣了、疏淡了、淡泊了，或者說親情慢慢跟父權奇特地結合在一塊，形成一種壓迫式的關懷，這就很麻煩了。這個部分其實有待我們進一步去釐清，就是中國傳統的「孝」的概念，在《論語》裡，孝的概念是什麼？到了漢朝《孝經》，孝的概念又轉化成什麼？《孝經》很可能是到了漢代才結集完成，甚至是為漢帝國服務的，它跟政治權力的結構有一個非常嚴重的張力關係。

《韓非子》曾經提過一個非常嚴重的問題，認為父之孝子，往往是君之暴臣，也就是說，父子天倫，跟君臣那個絕對性的關係，或還沒形成絕對性的關係以前的君臣之義，有時候是矛盾的，這就是有名的儒法之爭，這儒法之爭一直到漢朝的時候把它轉化了，從《韓非子》裡說的父之孝子、君之暴臣，到漢朝變成忠臣必出於孝子之門，從這兩句話的對比可以發現「忠臣必出於孝子之門」這個孝概念跟「父之孝子，君之暴臣」的孝概念已經不一樣了。像這些關節點的分析，做倫理學的需要去深入理解，唯有弄清楚中國文化的底蘊為何，才有一個恰當的把握，恰當把握之後，我們才知道未來可能怎麼發展。

特別像現在中國經濟上來了，經濟上來了很好，但是也很麻煩，它的麻煩還在後頭，而且是既快且久的。自我概念變化了，社會組織結構變化了，政治組織結構也要變化了，據馬克思主義的理論，下層建築動了，上層建築非動不可了。台灣現在就面臨整個公民社會要如何建立的問題。政黨輪替與總統換人，能不能是一個真正的政治上的政黨呢？還是依舊是你死我活的、帶有革命式意義那樣的政黨關係呢？這是很有趣的問題。

九、儒學傳統與西方傳統的異同

現在研究倫理學、道德哲學、中國哲學有非常重大的工作，就是要趕快疏理清楚這些問題，絕不可人云亦云地順著原來的老路講，或以自由主義的觀念把儒家批判得一塌糊塗。說儒家的心性倫理很重要，我們要從內聖開出新外王來接西方的民主跟科學，因為中國少了民主跟科學。這說法意思是中國不太注意組織跟結構、不太注重科學，但是我們去參觀博物館、馬王堆，會發現中國的科技以前是很發達的，中國是很擅長組織的，中國是一個有結構、有知識學傳統的，但是民國以來到目前為止，我們幾乎都接受中國是一個沒有知識學傳統、沒有科學的說法。這不盡然是對的，只是我們的科學與知識學的樣態，跟西方不同，這個樣態何以不同，我們要深入去理解它。

有人說中國沒有宗教，西方才有宗教，中國只是倫理。這話從何說起呢？你不能說使用叉子才叫食具，使用筷子不叫食具，筷子的使用方法當然跟叉子的使用方法不同，你把筷子當叉子來用，它的功然自然會非常差，成了非常爛的叉子，因為它不夠尖不夠硬，只有一隻腳一隻牙。現在的知識份子近一百年來常常犯了這種嚴重的錯誤，就是吃了幾天西餐，拿了幾天叉子，就習慣拿叉子的方式，回過頭來拿起筷子反而忘掉怎麼用筷子，於是就用叉子的方式來用筷子。然後就批評，這個叉子怎麼那麼差，人家的叉子是一個頭後面有好幾個尖，當然好叉東西，而我們的筷子居然是一根一個叉，還用兩根叉，多難使用啊！這種狀況不是常出現嗎？我們這個族群、這個民族確實有些問題，而且兩千年了，問題是非常龐大的，但不是它本質上就有問題，它是在整個歷史的發展過程裡的帝皇專制下形成的，是在血緣性縱貫軸這樣的帝王專制、父權中心、男性中心下形成的種種問題，這些問題不是中華民族才有的，而是全人類都有過，只是我們的問題樣態跟他們不同。

恰當去理解這些問題的嚴重性，就可以發現到，其實重點不是要去瓦解整個血緣性的自然連結，而是從血緣性的自然連結裡再跨出來，強調契約性的社會連結，再從這裡轉出一個委託性的政治連結，這時委託性的政治連結就可以取代宰制性的政治連結，而契約性的社會連接的建立並不需要把血緣性的自然連結打掉不要，而是要做區隔。家庭、人倫、心性修養，這是一邊；社會、法律、正義、公理這是一邊，雖然各為一邊，卻有非常密切的關係。至於儒家孔老夫子強調的人格性的道德連結、仁義之孝、忠信之道，當然有它的永恒性，可以繼續發展。

所以不需要批孔，而是需要理清孔老夫子和他弟子所形成的儒學跟帝王專制的複雜關係；不需要把孝道取消，而應該恰當理清孝道在家庭人倫場域和公民社會的正義倫理裡要如何區隔。此外也要好好思考，我們該如何解開兩千年來的宰制性政治連結這樣的業力習氣？有這樣的一個理清，我們再去談儒家倫理時就能發現儒家的整個發展裡，其實不是強調如何從內聖開出外聖，而是在一個多元的互動、融通、調適、批判、重建中有一些新的可能。如果強調從內聖開出新外王的話，其實只是把內聖理想化、形上化了，形成一個永恒不變之體，那這樣要如何開出新外王、如何接西方的民主跟科學呢？

儒家原來強調的人人親其親、長其長而天下平，強調的是在人倫場域中下工夫，強調修身、齊家、治國、平天下，重點都是在人倫場域，也就是人倫秩序如何建立的問題，認為政治必須要有一個更為根源性的處理，而不一定是根源性的解決。這個處理就是要重視人跟人之間形成的總體的構造，它必須建立在一種愛的關係上，必須開發我們內在真實的關懷與愛，用愛的力量真正傳揚開來，真正生長開來，所以這個愛的資源的開發、傳達、教養是儒家最強調的。

十、從儒家傳統開展出新的委託性政治連結

另外的問題是，儒家放到整個帝王專制的政治結構裡，它們兩個形成了一種相抗而相持的關係，而且這個相抗而相持的關係是非常複雜、非常麻煩的，因此我們運用了三個基礎性的概念、分析架構去分析，一個是宰制性的政治連結，一個是血緣性的自然連結，一個是人格性的道德連結。我們分析出了以前的帝王專制是以宰制性的政治連結為核心，以人格性的道德連結為標的，以血緣性的自然連結為基底。但現在我們必須要有所轉出，這有所轉出仍然可以以血緣性的自然連結為自然狀態下的基底，不過我們也必須進到一個社會狀態下的基底，也就是契約性的社會連結。

以人格性的道德連結為標的，形成教化，在這種狀況之下，我們才能恰當地、更良善地建立一個委託性的政治連結。這樣政治才不會是既作之君又作之師，只是以目前這樣的發展

過程，它仍然要有所分途、有所轉進、有所成全。從原來的狀態轉進而慢慢有所成全的過程是很艱辛的，在二十一世紀，整個中華民族應該有機會完成這個重大使命，因為這樣一個重大使命是人類文明發展的新可能。西方的民主政治不一定是最好的政治，早在兩千多年前，亞里斯多德就認為民主政治如果不恰當的話，它的歸結就是暴民政治。既然如此，如何是恰當呢？那就是我們要有真正民主政治的教養。民主政治的教養除了理性地去分析、去了解權利義務的關係，還有很重要的是我們傳統人倫非常強調的人跟人的一種關懷和愛的關係。

這種愛的資源的開發、傳達、教養、流布是非常重要的，文化土壤的重新翻耕、重新耕耘、重新種植是必要的。在整個中國儒道文化的傳統，有非常多的資源值得我們去正視。當然我們必須要正視整個宰制性的政治連結在帝皇專制傳統中形成的嚴重限制，這嚴重限制的解開，必須做深層的內在心理意識結構的解析、做整個知識社會學式的解析、做整個政治哲學的深層反省，接著才有辦法一步一步從所謂帝王專制的業力習氣裡解放開來。這解放是再一次的解放，是會使得我們中華民族真正成為二十一世紀人類文明的最重要導向。當然，這個部分是要花很大的氣力。總結來說，今天主要談的是整個儒家的倫理放在整個中國政治傳統裡，它的可貴之處在哪裡？它的限制在哪裡？它的糾結在哪裡？而我們又如何解開這些糾結？

〔本文原應湖南中南大學哲學系之邀，以「儒家倫理與社會正義」為題發表之系列演講第二講，講於二〇〇二年十一月十三日，地點在湖南師範大學倫理學研究所。全文由該所博士生鄧志偉依錄音整理，再經台灣中興大學中研所碩士生胡薇倫整理，最後講者再潤飾修訂而成。〕

第三章

「道的錯置」及其解開的可能

本章仍是對儒家倫理議題的再釐清，將以「血緣性縱貫軸」為詮釋主軸，首先指出皇權專制下「道的錯置」現象，進一步指出這在中國文化史上正是由「五倫」轉為「三綱」歷程，由於這完全是以「宰制性的政治連結」為核心的思考，造就了「帝制式的儒學」，如此一來，原先儒家強調的「道德實踐」就異化成「境界形態的追求」，進而轉為「精神的勝利」與「自我的矇騙」。在「道的錯置」的糾結下，中國知識學逐漸走向玄學化，這裡隱含著咒術型的思考。直到現今，應現代化、理性化的潮流，已有可能從「隸屬關係」轉變到「平等關係」，中國傳統與現代生活應能有新的接軌的可能。

一、儒學倫理的再釐清

談「儒家倫理與社會正義」的相關問題，主要是對儒家倫理做一個釐清，強調儒家倫理是「普世倫理」而不是「政治倫理」。一般人常常誤以為儒家是政治倫理而不是普世倫理，正式地說應該是：儒家倫理是普世倫理，是具有普遍性且所有人都可以接受、作為一個人應該去實踐的道德法則，儒家是人倫場域次序的維護者和道德心靈實踐動源的開發者。

所謂人倫場域次序的維護者，強調的是「禮」，而道德心靈實踐的動源開發，則是從「仁」這個字去說。孔子在《論語》裡談這個問題的時候其實講得很清楚，就是：「克己復禮，為仁。」所以「一日克己復禮，天下歸仁焉」。這對儒學來講其實是凸出了權力和利益的分配這樣的一個格局，強調整個人倫場域應該是作為現實政治權力和利益分配的基礎。

二、儒家倫理發展以血緣性縱貫軸展開

前面我們談過儒家倫理對整個中國政治哲學的效用和限制的問題，像儒家這樣的普世倫理，並不是沒有責任的概念，如《論語》裡面「忠」這個概念就是一個責任性的概念，不過我們也要分析，為什麼到秦漢帝皇專制以後，從原來忠於其事、忠於其心而變成忠君的概念？忠君的概念如何變成一種絕對性的專制下的忠，變成主奴式的忠？這樣的忠它如何影響到整個儒家倫理的發展。我們剛才也提到，我們必須正視人倫次序是政治權力與利益分配的整個文化土壤，所以人倫次序的安排，如何讓它成長，這是儒家道德哲學裡最重要的。講到人倫，就會牽涉到五倫三綱這些問題，會去分析五倫的次序以及它的變更過程。從五倫到三綱，從夫婦有愛，父子有親，兄弟有序，朋友有信到君臣有義，後來到五倫真正提出的時候，其實已經變成強調父子有親，君臣有義，夫婦有別，長幼有序，朋友有信。

到漢代的三綱，就改為強調君為臣綱，父為子綱，夫為婦綱，所以三綱的構成就變成以君權為中心，以皇權為中心，以父權為中心，以男性為中心。這形成一個絕對性的長幼尊卑

上下、一個絕對的主奴式的隸屬性格局，這主奴式的隸屬性格局造成倫理上的一些限制，對於這個構成的反省，我們可以從血緣性的縱貫軸這個概念展開，我曾經對血緣性縱貫軸寫過一本專書《儒學與中國傳統社會之哲學省察》，就是談相關的問題。這個理解可以從三個很重要的概念來展開分析，一個叫血緣性的自然連結，一個是宰制性的政治連結，一個是人格性的道德連結，剛好構成了父、君、聖這三個不同的系統，或者是父親、父道的傳統，君權、君道的傳統，聖人、聖學和聖道的傳統這三個不同的傳統。

這三個不同的傳統構成了一個很麻煩的問題，也是要花比較多工夫進一步理解的問題，那就是把國君、君權、君道的傳統跟父親、父權、父道的傳統連在一塊，變成了君父這樣的一個傳統。把君權、君道這個傳統又跟聖人、聖學、聖道這個傳統連在一塊，變成所謂聖君這個傳統。這樣的聖君、君父的傳統它在表面上看起來已經有問題了，我們如果再進一步了解，就會發現這裡頭隱含一個很嚴重的誤置、錯置的問題。

三、皇權專制下「道的錯置」

錯置的問題關係到整個宇宙造化總體之源的這個「道」，落到人間裡任何一個事物都相關的道，我名之曰「道的錯置」的問題，這也就是我們必須進行分析的部分。在進行分析以外，也要將人格性的道德連結作為教化的文化基礎，也就是，聖人、聖學、聖道這個傳統其實不應該廢除，而是應該拿它作為一個基礎，但是必須要從帝皇專制的傳統裡頭把它區隔開來，然後再跨出一個血緣性的自然連結，開出契約性的社會連結。

這也就是說，一個血緣性的自然連結從家庭、家族擴散出去是不夠的，必須跨出去以後，以每一個個體為一個基礎點，而跟其他的個體構造成、形塑成一個公民社會，從公民社會下去重視每一個公民的一種契約性的社會連結，這才是最重要的，接著再思考如何破除宰制性的政治連結，而開立一個委託性的政治連結。從宰制性的政治連結的破出，而轉化成就一個委託性的政治連結，其實必須以契約性的社會連結為根底。現在我們先談「道的錯置」的問題以及如何解開。

四、對「道的錯置」的詮釋

「道的錯置」這個問題是我在一九八五年的碩士論文，研究王船山時思考的問題。我認為王船山是中國哲學史上很重要、很偉大的思想家之一，甚至認為他僅次於孔子之後。當時我研究王夫之的人性論跟他的歷史哲學，對他所提的有關帝王之統和政治傳統，以及跟道統相關的種種問題，進而思考一個很有趣的問題，就是我想到的這個詞——「道的錯置」。

「道的錯置」是我當時寫王船山史論時，關於歷史發展的部分所提的。

我認為「道的錯置」有兩種狀況，一個是歷史性的錯置，像歷史退化觀即是屬於此類，認為整個中國歷史最古老的時代是最理想的時代，其後都是世衰道危、人心不古，這叫歷史性的錯置。另一個是政治上結構性的錯置，就是本來儒家強調內聖外王，希望聖者當為王，這樣一個內聖外王，結果後來變成凡王者都自稱其為聖，大家也跟著認為他是聖。連續劇古裝裡面皇上叫聖上，皇上的旨意叫聖旨，其實這裡就有一個結構性的錯置。

當時會用「道的錯置」這個詞是受一個西方的哲學家懷海德（Alfred North Whitehead）的影響，他在他的《科學及當代世界》這本書裡面，還有在其他著作裡面提到一個很重要的詞，叫做「具體性的錯置」、「具體性的誤置」。他講整個西方現代性的文明隱含一個很嚴重的問題，在知識學上可以把它叫做「具體性的誤置」，就是把一個話語系統抽象的概念當成一個具體實存的存在事物，用這樣的方式來引申一個控制的概念，並且由此展開對大自然的戡天役物的行動，這讓科學有很大的發展，但同時也隱含一些嚴重的問題。我當時讀到這個很有感觸，後來也讀到像海德格提到的對於存有的遺忘，這幾個觀念可以連在一起探討。

五、「道的錯置」的解開

懷海德談的一個重點是，現代性的特性到底是什麼？現代性的特性造成了工具理性化，以及人處在這樣的狀況下產生一種疏離和異化的狀態，我們可以從他書裡去延伸並做很多思考。關於整個中國文化傳統，近一百年來許好知識份子都投入研究和思考，寫出很多重要的文章，也很多辯論，但我總覺得有一個很嚴重的問題沒被指出來，這個問題是關連到中國傳統專制的問題。

中國傳統專制跟儒家的道德倫理，還有跟其他文化的傳統，產生了一個很麻煩的糾結狀態。這個糾結可以用什麼樣的詞來概括它呢？我在深思之後採用了「道的錯置」。通過這個詞我們可以了解中國傳統專制理性的控制與禁錮的問題，也就是說，這裡頭其實隱含一種既是形而上的、又把整個專制教條的東西搭在一塊的一種，我們姑且把它叫做「形而上專制的迷失」。人就處在這種迷失的狀態裡頭，人的異化和疏離因此而越顯嚴重。我們在討論中國傳統文化的問題，討論儒家倫理乃至道家文化的問題，還有佛教其他相關的問題，都必須面對這樣一個麻煩的問題。

我曾經花了一些工夫來處理這個問題，大概從碩士那時候起，中間經過寫博士論文的階段，我的博士論文基本上是做關於存有學的更為根源性的探討，當然它也涉及到知識論的問題，當時的研究對象是熊十力，寫完論文之後又出版了一本書叫《存有、意識與實踐》，基本上是處理熊十力體用哲學的詮釋和重建。把熊十力放在整個中國哲學的發展裡頭，他既能承接前一階段、又是後一階段的可能發展，就好像王夫之是整個近現代轉換的重要人物，是現代性之後還可能繼續發展的人物。

這幾年，我有個提法是整個中國哲學的未來應該會有一個重要而又可能的發展，如果以新儒學為例的話，特別以牟宗三先生的哲學為例，應該是可以有一個可能，就是從牟宗三回到熊十力，從熊十力再回到王船山。這個提法在去年，我正式以論文的方式呈現出來，在武漢大學的熊十力哲學會議上提出報告，也引發了一些朋友的關注。我的理解是說，應該從當代新儒學的道德形而上學，一個心性論為核心的道德形而上學，回到熊十力所謂的體用不二、以用顯體、承體達用的去開闢宇宙造化生生之源的這樣的哲學。

這個哲學是真正面對人的實存、存在性、生活性，面對活生生的存有之源，它探討的是在這個存有覺知、相即不二的狀態底下，如何回溯到存有的根源，如何開顯的問題。再進一步要回溯到王船山哲學，王船山哲學有一個非常重要的地方，他注重到人存在的歷史性和社會性，所以他談的人性學是涉及到整個歷史跟社會的。當然，他所涉及的歷史性跟社會性又回過頭來強調人性的貞一之常，貞常不變的這樣一個性質，也就是他所謂的「兩端而一致」的哲學思考，這一點在王船山的哲學裡是非常重要的。王船山哲學是整個中國儒學裡非常注重歷史性跟社會性，並且又注重整個人性的根底的哲學。

六、「五倫」轉為「三綱」的演變

我一直認為有個東西對中國整個文化傳統很麻煩，這個麻煩東西跟傳統專制的理性控制、禁錮有密切的關係，我們必須把它解開來。我嘗試通過一種社會存有學的解析，對「道的錯置」做分析，這個部分大體收錄在我的《儒學與中國傳統社會之哲學省察》裡。我大概是先用前面所提的五倫深入分析它，五倫是：父子有親、君臣有義、夫婦有別、長幼有序、朋友有信。父子兼君臣之義、夫婦之別、長幼之序、朋友之信。親、義、別、序、信是德目，父子、君臣、夫婦、長幼、朋友是談它的關係。

五倫後來轉成了三綱：父為子綱、君為臣綱、夫為婦綱，大家可以發現，五倫變成三綱最大的不同就是，原來是一種彼此互動的關係，雖然未必完全是對等的，但到變成三綱的時候是絕對不對等的。它是絕對的上下，甚至是主奴式的關係。所以才會出現「君要臣死，臣不得不死，不死謂之不忠」這樣的話來。

我們看五倫，可以發現它的整個變化到後來幾乎都歸結為君臣，所以到三綱的時候，君為臣綱擺在最前面，君為臣綱就是帝皇中心主義，就是君權中心主義；父為子綱就是父權中心主義，夫為婦綱就是以丈夫為中心主義，就是男性中心主義。我們必須正視這三個，而這三個都歸結到君為臣綱上面去，君臣的關係變成一個絕對的隸屬性的關係。朋友之倫也一樣變成君臣，這種情形是怎麼轉的呢？朋友兄弟化，因為長兄如父，所以兄弟父子化。父子又君臣化，因為君父臣子。一切都回到君臣這一倫。至於夫婦，也被君臣化了，也就是所謂夫君。大家讀過林覺民的《與妻訣別書》，裡面稱妻為卿，卿即公卿、大夫，也就是臣子，所以也把夫婦君臣化了，除此之外還有稱臣妾，臣妾是在皇族裡面說的，但基本上就把夫婦君臣化了。總之，原來並列的五倫關係，到後來雖然用三綱，看起來是三個並列，但這並列卻不是對等的關係。君為臣綱，但君臣關係畢竟不是天倫，父子才是天倫，天倫就是登報紙也不能作廢的關係。君臣不是父子關係，只是君臣被父子化了，所以說君父臣子，說君父之命不可違也！

君臣被父子化，君臣變成一個雖然不是天倫但是它也是天倫，它是擬天倫，接近於天倫。擬天倫比天倫還嚴重，通過話語結構要去強調它是天倫，很嚴重。要這怎麼理解這部分呢？用比喻來說就是，原本不是男人，卻成為男性中心的認同者，那一定會比原來男性壓迫女性還嚴重，這在中國傳統裡有一號人物，就是三代同堂裡的婆婆、祖母。祖母不是男人，是女性，她生理上是女性，但文化認同上是男性。她因為不是男性但文化認同上是男性，所以就比男性還男性，這個話的意思就是，擬天倫運用了天倫的必然性，國君把君臣關係提到這一步，造成了君父之命不可違的狀態，這種皇權專制性比較嚴重的問題就是在這裡。

七、帝制式儒學的特徵

五倫、三綱隱含了一個嚴重的「道的錯置」的問題，也就是說，原先我們稱國君為天子，只說了天之子，如《尚書》提到的「天聽自我民聽，天視自我民視」，天與人歸，天子必須要依循於天道、天理來行事。結果變動以後變成，凡是我作為天子、作為國君的，我所行的就是天理、就是天道了。這個專制的絕對者在人間變成一個絕對的力量，而且他既是神聖的又是威權的、必然的、無所逃的。在這種狀況下，道形成了一個嚴重的禁錮性，就是所謂道的錯置的問題。這時我們可以發現，原來父親這個親情慢慢不見了，只剩下父權。原來父親引來了父道，你慢慢只能以父權做主導，以權講道，整個君臣是個權力的控御關係，其他的相關關係都放到權力這個控御關係底下，而把原來人的情感也放在主奴式的控御底下了，原來人與人之間應該有的道義也放在這個底下了，這就形成一個嚴重的道的錯置的問題。本來，人間之道的這個道應該高於權之上的，但現在權力變成至上了，經過二千年的發展之後，它對整個儒學的倫理造成了一個嚴重傷害，並形成帝制式的儒學。我們通過一個類型的區分把儒學分成三個不同的樣態：一個是帝制式的儒學，一個是生活化的儒學，另外一個就是批判性的儒學。

帝王專制性的儒學還有一個說法就是被法家化的儒學，這個說法還不夠清楚，因為這裡頭還有很複雜的關係。生活化的儒學其實就是我們一般的孝悌人倫，納稅、交糧、過日子，但重要的還是孝悌人倫之道。至於批判性儒學，就是在《孟子》書裡所謂：「君視臣如草芥，臣視君如寇讎。」君和臣之間是一個相對待的關係，國君如果把臣子當草芥一樣，可以想怎麼砍就怎麼砍，想怎麼做就怎麼做，那麼臣子就可以把國君當寇仇一樣對待，所以君臣之間是以義合，合則留，不合則以義去，這就是批判性的儒學。我們就可以想像，在一個帝王專制化儒學的高壓狀況底下，生活化的儒學會慢慢變化，也就是原來那個非常帶有情感的、親情的關係，由親情發展到社會的仁義忠信之德，慢慢會轉成一種帶有主奴式的、隸屬性的關係，在那種狀況底下再來看儒學的仁義忠信，就完全變樣了。

但是即使變樣了，仍然保留了一些，在台灣常常看到的一幅對聯就寫著：「一等人，忠臣孝子；二件事，讀書耕田。」這就是耕讀的傳統、忠臣孝子的傳統。忠臣孝子的傳統雖然仍然免不了帝制式儒學的壓迫，但它重要的還是生活化的儒學，人倫孝悌，從人倫場域下工夫去努力。但問題就是在帝制式儒學的高壓底下，生活化的儒學其實也被禁錮了。孔子可以作為我們中華民族道德理想人格的一個典型，而魯迅筆下的阿Q也應該被視為中國民族的一個不好的典型，但他也是作為中華民族的一種人格形象，至少魯迅在寫的時候，中華民族的人格形象有那種類型，這類型是從那樣的文化心靈機制長養出來的。

我們接下去可以問一個很有趣的問題，孔子與阿Q有沒有關係？我寫過一篇文章叫〈孔子與阿Q：一個精神病理式的理解與詮釋〉，對中國道德哲學做過一個病理學式的分析，文章裡是這麼提的：原先孔子開啟的儒學強調的是道德的社會實踐意識，但顯然世代並未真的從中國封建帝皇專制中解放出來，因而在這兩面的糾葛之下，也就是在中華封建和帝皇專制的糾葛之下，道德的社會實踐意識無法順暢地發展，於是發展為道德的自我修養意識。

原先轉為道德的自我修養意識，為的是要歸返到生命的自身，進而再度開啟社會實踐意識，也就是說，從原來的道德社會實踐意識現在退回到道德的自我修養意識，為的是要先求心境修養，然後再開啟社會實踐意識，也就是由內聖通向外王所指的大概就是這個。問題是，內聖通不出去外王就反折回來，又使得那個道德的自我修養意識再一次異化為道德自我境界的追求。本來是內修，但實踐推不出去，就又變成道德自我境界的追求，這時道德的實踐就變成一種境界形態的東西了，不再是實理、實事，這就是為什麼後來宋明理學家被說「虛懸而蕩、情識而肆」。

八、道德精神境界的追求與自我矇蔽

原先道德精神境界的追求，為的是自我治療和康復，希望能開啟道德自我修養的可能，但在世衰道微的情況下，道德精神境界也變成一個虛假而短暫的境界，就再度往下異化成為一種自我的矯飾或自欺之中，墮入萬劫不復的魔夜裡面了，魂魄既喪，遊走無方，來去無索，這失魂症的病人也只能以一個道德的精神勝利法自我欺騙，這就是魯迅筆下的阿Q。

魯迅筆下阿Q是什麼樣的人呢？就是一個自我認知完全解體的人，《阿Q正傳》的開頭是說不知道他姓什麼，也不知道他叫什麼？只是拖著一個長長的辮子隨意走，這意思就是說，這個人是沒有實存居所的人，生命是沒有定在、沒有必然性的，連名字也沒有，只拖著長長的辮子，這是傳統的一個象徵，而傳統已經變成一個軀殼了，所以魯迅《阿Q正傳》是非常深刻地指出整個中國傳統病態發展的極致，指出事態的嚴重性。

其實這幾年在談問題談到魯迅的阿Q時，我常常提到另外一個人，陶淵明，他的〈五柳先生傳〉其實跟魯迅的《阿Q正傳》開頭有點像，「先生不知何許人也，亦不詳其姓氏」，其實這隱含了一個意義的危機，一種存在的失落，一種形而上的迷失。但〈五柳先生傳〉最後他是歸返於田園，一個歷史的田園，一個形而上的田園，一個心靈的田園，回到那裡而獲得一種治療，進而能安頓下來，所以說，從〈五柳先生傳〉可以看到，中國魏晉年代雖處亂世，但他們的文化生命力還沒有斷，還有調節力。但魯迅筆下的《阿Q正傳》是不行了。魯迅筆下的阿Q到最後是上了斷頭台，別人鬧革命他也跟著鬧革命，可是他不是跟著革命，他只是跟著鬧，結果鬧到上了斷頭台。當然，有人說這只是因為魯迅寫一寫，他要到別的地方去，要趕快收尾，所以趕快結束掉。但我覺得文學有時候是很有趣的，它隨著歷史的發展，偶然中就隱含了一個必然的隱喻。所以從魯迅筆下阿Q可以看到，整個中國當代面臨的問題比魏晉南北朝那個年代還艱難，比文化土壤重新再造還艱難。

我們談這個問題其實是要闡述在中國傳統社會裡，在一個帝皇專制的血緣性的縱貫軸這個傳統裡，儒學怎樣走向內聖之學而忽略外王之業，並導致一個很嚴重的問題。我們接下來要進一步去想還有什麼重生的可能。我之所以把孔子跟阿Q做精神病理史的關連性的理解，並不是要說當代中國族群作為阿Q是可以接受的，而是要藉由這樣的理解與詮釋，達到一個治療的作用，進一步瓦解這個奇怪的、吊詭的、糾結在一塊的東西，讓中國文化和在這裡長養的人們有一個重生的可能，這是文化心靈意識的深層分析，這一點是我們需要的。

九、「道的錯置」的複雜性

從這裡可以看出，所謂的「道的錯置」的中國倫理，或者說對於儒家倫理的批評應該放在哪一層？儒家被批評之處非常多，但當你說儒家倫理不好的時候，應該去理解它是怎樣一層一層往下掉落的，這一點我非常強調。我常常想到一個非常有趣而麻煩的問題，也就是良知乃至天理，居然跟個人的私情私意可以糾結在一塊，可以跟專制糾結在一塊，變成我所謂的良知專制私意再形成的一個整體、共同體。你怎麼樣去解開它呢？什麼叫良知專制私意的整體呢？就是你把專制跟良知連在一塊，把良知跟私情私意連在一塊，到最後私情思意蓋過良知了，到最後專制蓋過良知了，良知變成為專制服務了，這就很嚴重了。

天理變成專制之用，就變成以理殺人了，中國兩千年甚至到目前為止，都可能是這樣的，私情私意錯當良知天理，回過頭來，把世故顢頇當作道德修行，這種情形其實在中國歷史上二千年來一直都有，但不能說儒家的倫理就是教你世故顢頇，儒家的倫理就是教你私情私意，儒家倫理還是要強調道德良知天理，儒家還是強調道德修行，但這個複雜的關係要把它解開，這一點特別是從事中國哲學、倫理學的研究時，很有趣而值得去探索的問題。

前面把孔子跟阿Q做一個精神病理式的研究放在一塊理解，做出了以上的闡析。接下來，回到道的錯置的問題，這是一個非常麻煩的問題，因為它既涉及到存在的問題，涉及到知識的問題，也涉及到實踐各種向度的問題。剛剛是拿兩個人格圖像做一個對比，現在回到哲學上再做一些深入的探討。在整個中國哲學，因為這樣一種帝皇專制化的血緣性縱貫軸的禁錮性，這種主奴式的絕對專制的禁錮，造成了整個中國不管是對形而上學、對存在的問題、對知識的問題、知識論的問題、對道德實踐的問題，都造成嚴重的扭曲、異化，我想這一點我們必須要去正視它。大體來講，知識的構造原是強調一種客觀性，但現在對中國文化的圖像有一種錯誤的理解我們必須要釐清，比如說中國是一個不注重知識的傳統，中國只注重修養、注重境界的追求，這個說法是錯的。

這個說法在中國歷史只適用在某個階段、某個階層，或者到了宋明才是，其實宋明以後也未必。說中國不注重知識的客觀構造，並不意味我們真的不注重知識的客觀構造，而是我們要問，為何中國人不注重知識的客觀構造？這問題就牽涉到剛剛講的，在一個絕對專制的主奴式的異化扭曲下，原來的知識構造的客觀性轉變成刻板的教條性，知識的客觀構造背後必須面臨到的實驗精神以及其他種種，被教條化、規範化了，最後變成一種工藝技術而已，而對於整個學問的探求動力就減弱了。這的確是值得我們去反省的問題。

十、中國知識學的玄學化

原來知識強調的是主體的對象化活動，但這個主體的對象化活動經過主奴式的、絕對隸屬的帝皇專制壓抑下，慢慢疏離和異化了，而以一種接近於玄學的教條構成知識。這個部分其實我們可以看到，從春秋戰國一直到漢朝，在理解這個世界的時候是用一套很固定的模式去理解，用一種形而上的模式去理解。我們很多的理論其實原來都帶有實驗性質，但當它成長到某個地步，如果把它形而上化、教條化，以一個模式的方式去禁錮它，就會形成封閉性的系統。

也就是說，整個中國知識學的傳統由封閉性、專制性而慢慢玄學化了，在這種狀況底下，我們知識的整個發展因封建和專制變得有所限制。其實，也並不是完全限制，為什麼呢？因為中國地方太大了，中國的有些科學發展，並不是在官方，而是在民間。所以要研究中國科學史，必須對地方誌很了解，有很多很重要的紀錄就在地方誌裡，而在主流傳統裡卻很少。

這個問題就是說，整個中國的知識學傳統變弱了，後來經過與西方近代文化的對比，特別是西方的船堅炮利攻打我們之後，我們失去信心，於是開始自我汙名化、自我抹黑，說我們是一個不注重知識構造的民族，其實這是錯的。現在有很多文獻可以證明，我們非常注重知識構造，只是我們要問，我們的知識構造在整個中國歷史上，是什麼原因使它越來越走向封閉、禁錮而後衰落。

十一、中國人對於存在的詮釋

關於存在的問題，《中庸》、《易經》談論了很多，當時提出的存在的問題與詮釋是非常豐富的，而存在的詮釋本身就隱含一種實存性，一種創造力，非常強旺。結果在帝王專制的壓迫底下，後來慢慢變成一種玄學化的空洞，儘管話語系統說得天花亂墜的，但骨子裡的東西已經不見了。

這個部分其實牽涉到一個很有趣的問題，這個問題就是，我們的哲學常常談心性主體，談心跟天的關係、人跟天的關係，本來一方面講天人不二、天人合德，其實它同時也講人跟天、地並列為三，人要參天地的造化。這裡並不是不注重張力關係，但後來居然不注重它的張力，而強調它的合一性，並且認定當下是合一的，說「此心即是天」，這樣一個提法原先也有一個道德實踐的意義，也有它存有學上的重要意義，不過慢慢地人的心性主體被那個道體吞沒掉了，這時，因為心性主體被吞沒而處於迷失狀態，所以有關存在的詮釋，它的實存性也就慢慢空洞化了，被空洞化了以後當然我們就會覺得，我們並沒有一個堅固的、非常好的、非常嚴密的形而上學傳統，我們的形而上學好像都是一些虛虛玄玄、隨便說說的東西。

其實不是的，這個問題牽涉到非常複雜的因素，必須要把它釐清。談知識的問題，談存在的問題，都不能避免談到實踐的問題。在整個中國儒學裡頭，原先最強調的是一個實踐動力的創生性，所謂生生之德，盡心知性以知天。比如在陽明學裡，也強調一種「一體之仁」，陽明學很清楚知道要怎樣從原來很不好的體制裡脫出，但仍然受到很大的限制。

實踐動力的創生性，後來到宋明理學我們可以看到，包括像陸王學的末流就變成心性化的虛玄而蕩，我名之曰「虛蕩性」。這心性化的虛蕩性跟原來道德實踐的一種創生性、孔老夫子強調的「仁」已經不同了。前面講孔子和阿Q的分析裡已經看得到這樣一個嚴重的問題。主體被道體吞沒了，像「心即理」的學說到後來就有這樣一個末流。在強調「性即理」的程朱學說裡，後來也轉化成一個超越的形式性原則的專制性，程朱理學經過了清代康熙一直到雍正、到乾隆的時候，形成了專制的意識形態，讓戴震發出了反叛的呼聲，因為當時已經造成了「以理殺人」的情形了。這些問題都必須放到帝皇專制、血緣性的縱貫軸、道的錯置的深層分析裡頭，做一個恰當的理解。

做這樣的理解之後有什麼用呢？它會解決我們的一些問題，特別是我們不能片面認為儒學就是好，或片面認為儒學就是壞。孔子這個道德理想人格在中國歷史上，跟魯迅筆下的阿Q這個具體形象，都是很真實的，只是在孔子跟阿Q之間必須要先做一個精神病理學式的闡釋和分析，分析了以後才能釐清。

十二、咒術性的思考

釐清以後就可以發現到，原來孔老夫子強調「仁」這個概念，所形成的仁學的脈絡系統，在整個帝皇專制「道的錯置」脈絡底下，轉為一種獨斷、虛蕩的良知學，或一種獨斷而專制的所謂「性即理」的一個學問，這樣的學問在整個發展過程慢慢變成既封閉又專制。面對絕對的專制，被壓抑的一直充滿不安，而實踐的動力想發又發不出來。這個問題在我們釐清以後，就會知道該當如何解開，解開以後就有重建的可能。

這種帶有專制性的良知，其實背後隱藏了一種咒術性，也就是中國古老傳統宗教咒術的傳統，這個傳統認為，當我真正去觸動一個神祕的動源，就能引發天地旋乾轉坤的變化。這樣的思考其實儒學裡面有，從儒學跨出來的其他領域也有，它也潛藏在我們中國人的心靈裡，而且在一個非常糾結的狀況底下，使我們一直盼望著真命天子，認為一個絕對的、超越的、偉大的、唯一的人格可以為整個中華民族做出偉大的貢獻，然而卻往往忽略了制度的、結構的、客觀的、條理的分析和建構，這是咒術性的傳統跟專制性的傳統結合在一塊，或它跟儒學的良知學結合在一塊的後果。

明朝快滅亡的時候，崇禎皇帝心很不安，於是就問劉宗周說，天下如此不安該當如何呢？劉宗周居然告訴他：「陛下，你心安天下就安了。」這話也不完全錯，因為這話也有它現實的道理，但這話不完全對。這話對，對在哪呢？因為崇禎皇帝是因為多疑，很多猜忌，聽了很多讒言，所以把不該殺的都殺了，把袁崇煥殺了，因此導致明朝更容易滅亡。但總體來講，並不是「陛下心安則天下安」，而居然會歸結出「陛下心安則天下安」，就是一種我所謂的咒術性的、良知的、專制性的連結在一塊的奇特思考，是「道的錯置」下的一種思考。

我們現在動不動會這樣講，只要誰安天下就沒事了，這可能是恭維的話，但有時候這樣的話也不是恭維的話，而是打從心裡講的。為什麼說打從心裡講的？就是我們把原先孔老夫子所提的「聖」，也就是孔老夫子對道德理想的人格標舉得非常高，他說：「若聖與仁，則吾豈敢？」要我成為道德理想人格，要我成為仁人，我怎麼敢當呢？我只不過學不厭、教不倦罷了，所以孔老夫子在談這問題的時候，並不是在帝皇專制高壓底下的狀態下說的，他其實是強調人要在實際學習、教養過程裡面，去面對世間種種事物，一個一個去處理。我們現在談問題的時候，要把原來道的錯置的內部結構一一解開，解開以後，知識構造的客觀性會慢慢呈現出來，實踐原本的創生性也會慢慢呈現出來。

十三、由「隸屬關係」到「平等關係」的轉變

在這種狀況下專制性就會慢慢褪去，原來的咒術性也會慢慢轉出。我認為，儒學所強調的以仁為主的這樣的倫理，是一種關懷的倫理，而不是以法則為主的倫理，它應該有新的發展可能。這樣新的發展放在現代社會裡，還要面臨很多調整，並不是說它就已經夠了。

但是我們怎樣去清理整個中國傳統這些問題？前面所說大概主要是對於這個問題做一個文化心靈意識的深層分析，這樣的分析就是把一般認為兩端，好像對立的問題，我們把它拉在一塊，說它是一個非常獨特、非常奇怪的整體。在這種狀況底下，我們就能從原來在專制傳統底下被壓抑的「以心控身」這樣的傳統，轉成一個「身心一如」的原先儒學的理想。如果以《易經》的乾坤兩卦來說，是以乾統坤而轉成乾坤並建；放在男女來說，以前是男性中心，現在變成男女平權；以前是父權中心，現在應該是父子有真正恰當的親情關係；而君臣當然必須以社會正義的觀念來結合在一塊；夫婦當然要有愛情而上升為人倫之情而結合在一塊。最重要的就是，我們要擺脫上下的絕對的隸屬性，放下絕對的主奴式的關係，轉換成「我與你」這樣的關係。

我這幾年來談另外一個問題的時候，一直強調陽明的「一體之仁」，陽明在他的〈大學問〉裡提到一體之仁，這是一篇很長很重要的文章，強調人跟人、跟物、跟天下任何存在的

東西、跟冥冥中不可知的東西都必須有一個真實的、真存實感的關係，就叫仁，怵惕惻隱之仁，並且關連成一個不可分的整體。所以男女平權並不是女跟男爭權，是男女一起學習，並不是女權主義，而是女性主義。女權主義跟女性主義有什麼不同呢？女權主義就是女人跟男人爭權，女性主義是男性學習女性。男性怎樣學習女性？做一個很形象的比喻，女權主義是女人要求走出廚房，但女性主義是要求男人也要走入廚房，就是這樣子。在以上談道的錯置跟相關問題之後，也就是在做文化心靈意識深層的解析之後，我們就可以把這些問題解開並有新發展的可能。

十四、讓中國傳統與現代生活接軌

我在這幾天的講座裡碰到一些年輕朋友，他們問問題很深入、很敏感，但提問題的時候也蠻尖銳的，我當時就請他們按捺住，意思就是說，提問題的時候就會告訴你問題的關鍵點在哪裡，問題的關鍵點是在複雜的問題裡面。所以我們可以發現到，現在很多批判儒學的人，他們批判只是判，但是沒有批，判就判死了。批是要有所倒，判是要有所明，但是他們批而不倒，判了又未明，這不行。

人文學很重要的一個目的就是帶領更多人深入了解我們自己。我們了解這麼多中國古代的傳統是什麼，目的就是了解我們自己。旁人常說你們研究人文、研究社會科學幹什麼呢？特別是研究人文學、研究哲學做什麼呢？我認為研究哲學的目的是理解世間之理，理解世間之理最重要的是要理解自己。當然我所提的並不足以作為你理解自己的依據，但至少可以作為其中一個參照的系統。我想，在有參照系統之下，在我們越了解自己的狀況底下，對於社會的轉化、發展是會比較好的。

整個中國這十幾年來富了、發展起來了，經濟發展起來很好，但是也不是那麼好，因為經濟發展起來問題大了、問題多了。但你不能說，那經濟不要發展了，問題就會少一點，那是不可能的。經濟不發達還是有問題，只要有人類存在就有人的問題。不然人文學的科目要做些什麼？人文學就是要處理這個問題。而且我們現在發揚中國傳統文化，必須考慮整個當前的歷史社會結構，做一個真正的總體思考，並將中國傳統經典的智慧參與到整個話語的辯論裡，才會有一些新的發展。

這個新發展包括什麼呢？包括整個制度層面的重新理解與構造，這個問題非常難，然而中國為了發展是必然要面臨這樣的問題，無可懷疑。經濟生產力變了，生產關係整個都變化了，社會結構也在變化中，你心靈意識結構也在變化中，那政治權力組織結構怎麼可能不變呢？它當然要變。我想，當我們在為中國傳統文化做一些梳理的時候，是在讓中國傳統文化的一些可貴苗芽能繼續生長，生長在新的社會裡、新的文化土壤裡。當然，這新的文化土壤跟舊的文化土壤是不可分的，它們一直是在翻耕、翻新中，苟日新，日日新，又日新。我們就是在這個發展過程裡面。

【現場聽眾提問】

問：前幾天，我們學校看了《滄浪之水》這本書，書中描述了一位老師逐漸走向世俗化的過程。這位老師也想像別人一樣渴望漲工資啊、當官啊，但按照他那種方法一直都沒能升上去，最後他沒有按照傳統的方法來行事，結果他得到了他所想要的車子、房子、票子，小說最後的結局就是他燒掉了父母留下的東西，就是那些傳統文化的書籍。最後書中得出了一個結論，就是說這不是個人的卑鄙，而是整個社會的卑鄙。對聖賢的追求走向了世俗化，那麼我們怎樣用儒家文化對他做一個分析？

答：我覺得這個問題問得很好，這本書我沒看過，但就你剛才的描述我就感覺有點像《阿Q正傳》，有一點類似，當然也有不一樣，就他那個意境，就是說傳統文化變成一種束縛，我想這樣一本書很值得做深層的詮釋和分析。你說為什麼傳統文化變成嚴重的束縛？這個我想我今天就做了這樣一個闡釋，就是說傳統文化如果在帝皇專制的禁錮跟壓抑底下已經形成一個歷史的習氣，形成我們心靈意識結構，用佛教的話講就是業力，一種不可自已的力量，這種力量使我們本來想怎麼做，但又退回來，遲疑不進，或變得非常麻煩，所以現實的能力變得很弱。

這本小說其實是告訴我們，我們必須深入釐清整個中國文化傳統，釐清以後就有一些新發現。我想其他包括各個多元的活動，現在在大陸也在推展兒童讀經活動，或我們現在在傳揚不管儒家、道家還是佛教還是其他，而整個經濟也在發展，說不定過一段時間就會出現另外一本小說，可能寫某個人以前一直追求現實，但他一直什麼都追求不到，最後讀孟子讀到「天將降大任於斯人也，必先苦其心志，勞其筋骨，餓其體膚，空乏其身，行拂亂其所為，所以動心忍性，增益其所不能」時，結果他就一步一步努力，突破所有困難，有所成就。也許另外一部小說會這樣寫。

這表示什麼呢？這就表示中國傳統文化的業力已經經過一代人的努力慢慢洗脫掉了，慢慢用新的方式換掉了，惡念慢慢被出離了，善念已經慢慢被累積起來了，所以我是這麼看東西的。就是說，我們看一個東西，把它看成一個生老病死、成住壞空的過程，這是歷史的發展過程，這樣一部書其實也是時代的產物。所以我想我們讀一本書的時候要有很多讀法，我不喜歡把一本書說好還是不好，或對還是錯，因為好有好的道理，但是錯也有錯的道理。錯的道理如果引發很多人相信，也一定要去了解它。把孔老夫子罵成那個樣子，居然好多人相信那是真的，這毫無道理對嗎？這裡頭的道理很奇怪，不應該那樣的居然是那個樣子，文化大革命，你們現在想一想，根本毫無道理嘛，我想在座的朋友跟我一樣的或是比我大的，經過那浩劫的都深深體會過，那根本毫無道理，這毫無道理的事居然大家都相信。我覺得人文學就要好好去面對這個問題，人文學可以研究出很多好的成果。

問：儒學如果繼續發展，會成為一門獨立的學術發展還是成為政治的犧牲品？

答：你問儒學在未來會不會被政治所利用嗎？其實只要是政治就會利用，問題在於人文學裡頭，真正深入的闡析多了，我們的教養足了，利用就會傾向較好的一面，或說彼此利用。你如果把這個利用變成唯一的、成為他當主你當奴這種利用就不好了，互為主的利用就沒關係。所以不必擔心被利用或是不被利用。以前我們非常擔心被利用，因為一被利用就變成奴，現在我們把這個問題解開之後，就不存在這個問題了。

問：一體之仁與現在的平等思想有何關係？

答：一體之仁的思想如果想跟現在的平等思想聯繫在一塊，還必須做很多溝通，不是那麼簡單。順便我想跟大家提一下，我想學問的進程是一步一步的，以前我們有個階段常常會提我們的哪些傳統思想跟哪些可以關連在一塊？我想未來大概進一步要談，它的關連是怎樣關連？以前會問它有沒有關連，現在則進一步問它怎麼關連？

〔本文原應湖南中南大學哲學系之邀，以「儒家倫理與社會正義」為題發表之系列演講第三講，講於二〇〇二年十一月十四日，全文由研究生記錄，再經台灣中興大學中研所碩士生胡薇倫整理，最後講者再潤飾修訂而成。〕

第四章

儒家在公民社會中扮演的角色

本章旨在闡述儒家倫理在公民社會建立過程中可能扮演的角色。值得注意的是，我們須正視社會的實體性，打破從內聖開出外王的思考。如此一來，一方面正視了儒學人性論，並清楚指出其轉出的可能。再者，我們進一步指出道德倫理必須以「社會性」和「歷史性」為基礎，這又得正視「個體性」，指出其獨立的優位性，進而落實於「縱貫的創生」，再進一步轉成「橫拓的展開」。個體性與群體性的關係，必須隨著歷史社會總體的發展與時俱進。

儒家的道德倫理必須放在理想的「公民社會」的構成中來思考。新時代的心性修養，必須以良好的制度結構為基礎，且社會正義不能只隸屬於原來的家庭倫理。我們應將儒學放在公民社會，重視個體性與群體性之間的張力關係。或者，我們可以從西方社會契約論的三個側面，重新審視儒學對於人的理解，藉此跳脫原先本「內聖」以開「外王」的傳統思考，從「新外王」的學習過程裡，重新調節「新內聖」，當然「內聖、外王」是「互藏以為宅，交發以為用」的。

一、在公民社會的建立過程中，儒家倫理應扮演的角色

這是「儒家倫理和社會正義」講座的第四講，大體來說，我們這一講座分四個部分，第一個部分我們詮釋了儒家倫理；第二講我們談儒家對中國政治哲學的效用及其限制；第三講

談道的錯置及其相關的問題，本章則談在公民社會中，正義倫理發展的可能性問題。

前一講我們就「道的錯置」做了學理上的闡述，並進一步分析傳統專制主義的控制所造成的人的疏離和異化，造成儒家倫理的迷失。我們也分析了中國道德理想人格的典型孔子和魯迅筆下的阿Q二者內在的一種奇特聯繫，我名之曰「精神病理學」的一種分析。之後，我們又對於道的錯置的這個政治社會總體的現象，談它對知識、存在、實踐各向度的影響。然後我們又談儒家強調的良知學，在什麼樣的狀況下有咒術性和專制性，談儒學的良知學在整個專制傳統中如何調適，又如何突破而有一個新的瓦解和重建的可能。本章我們再進一步往下談。

中國在經濟發展取得了相當高的成就，也可以說近一百年來，中國在列強侵略中逐漸站起來，到現在可以說已經在國際上揚眉吐氣了。中國大陸和香港、澳門、台灣加起來的經濟總實力，在當今世界可以排在最前面。我們未來將要面對的比較大的任務是，公民社會中的正義倫理建立該當如何的問題。在未來公民社會的建立過程中，儒家思想能扮演什麼樣的角色，將有什麼樣的發展可能？

二、從「血緣性的自然連結」到「委託性的政治連結」

承襲前三講提出的相關分析，我們今天進一步展開論述。前三講中提到，儒學是在一個名之為「血緣性的縱貫軸」這樣的一個文化土壤裡頭生長出來的。這個詞其實可以包括「血緣性的自然連結」、「人格性的道德連結」和「宰制性的政治連結」。在前幾講裡，我們大體講了血緣性的自然連結的最高頂點是由「父權」的「父」來代表；人格性的道德連結的最高頂點由「聖」這個字眼來替代；而宰制性的政治連結是由「君」這個字眼去說它。然而這裡卻形成一個錯置的狀況。由聖君、君父這個傳統，也就是以宰制性的政治連結作為一個絕對的、唯一的頂點，它收攝了整個聖人、聖學、聖道的傳統，而把血緣性自然連結——父母、子女、親情這個傳統也完全收攝進去了，所以形成一個非常難以打開的專制政治。前幾章我們花了很多時間分析這個問題，也提到在未來可能的發展裡，我們要跨過「血緣性的自然連結」而強調一個「契約性的社會連結」，由這個契約性的社會連結生出一個「委託性的政治連結」。

從辛亥革命起，兩千年由帝皇專制宰制的政治連結已經結束。但是，歷史的業力習氣並非馬上可以完全改變，它必須要有一個發展的過程。我們現在談的一個問題就是，首先，在未來的走向裡，我們仍應正視「血緣性的自然連結」作為最基礎性的土壤，而以「人格性的道德連結」作為道德理想的一個目標。進一步，我們強調公民社會的建立，也就是「契約性的社會連結」，而形成一個「委託性的政治連結」，也就是依據社會契約連結而建立起來的一個能維護生命財產安全的政體。這樣的發展過程裡，儒家能做些什麼？它能有什麼發展的可能？又有什麼樣的限制？在社會歷史發展裡面，我們有機會重新反省原來儒家倫理的限制，而且也因此應該能發現儒家倫理有些什麼可貴的、恒久的精神或思維脈絡。我們進一步再去面對公民社會中的正義和倫理問題，這是我們在第一講所談的儒家倫理和社會正義的問題。大體來講是這樣一個論述的脈絡。

三、正視社會的實體性，打破從內聖開出外王的思考

交待了這個脈絡以後，我們這一章要談的就是在建立公民社會的過程中，儒家倫理還能扮演一個什麼樣的角色。我現在談的方式和前人有些不同，過去談儒學的先生們可能非常關切如何從儒家倫理去開出所謂的民主政治，或者說，從儒家的道德哲學如何開出民主與科學，以與現代化接軌。

我們現在則是從另外一個向度去說，也就是說，要在現代化的發展中回過頭去，重新正視儒家哲學到底該當如何理解，又有一些什麼發展的可能。從這個分析結構裡，我們說，不

能停留在血緣性的自然連結裡，必須要從這裡跨出而有一個契約性的社會連結，不能夠停留在兩千年帝王專制裡頭的宰制性政治連結，必須把它破解開來，建立一個委託性的政治連結。這個歷程其實已經展開將近百年了，從清朝末年民國初年一直到現在，包括中國大陸改革開放這二十年，它整個是一個實踐的過程。從這一個分析架構裡，我們可以看到，對於人格性的道德連結，我們似乎並沒有說它應該如何調整，但這並不意味著它不需要調整。人格性的道德連結在理上來說，講良知之說、講聖人之學，講天道性命相貫通的傳統，就理上來說，它是恒久的，但這是一個恒久的理，這個恒久的理必須落實在歷史社會總體中。這也就是說我們在思考這個問題時，要正視如王船山所說的，「無其器則無其道」。船山哲學有一個重要的概括，這個概括就是談道器合一論，談到道器合一論的時候，他非常強調器在先、道在後；但是另一方面又強調道隱含於前，而器因隱含於前的道而生長出來。這說起來好像有點矛盾，其實不是，它是很清楚地告訴我們，任何一個所謂的道、理，它必須通過一個具體的實存的生活事件、歷史社會總體、制度結構把它實現出來。如果沒有制度結構、歷史社會總體，你這個道根本沒辦法實現出來。任何一個所謂道理，它落實在人間世實現的時候，必須正視它的實存性與具體性，進一步你可以正視它的社會性和歷史性。

這樣的一個思考方式對我很有啟發，也就是說，當我們去談儒家的人性論的時候，不是抽象地把儒家人性論提得很高，然後從儒家人性論落實而去說應當如何。我們應具體地了解到，在一個實際發生的過程裡面，人格性的道德連結本身要做些什麼樣的調整？這樣的一個思考，我在這幾年也提過幾篇相關的論文，最主要是要打破從內聖開出外王的思考。新儒學有一個很重要的思考，就是如何從內聖開出外王的問題。我這個提法就不從這裡提，我的提法是，我們就在一個新外王的過程裡，重新理解何者為內聖？而內聖又該當如何？也就是說，心性修養未必是作為社會正義的必然而唯一的直接基礎。這意思是說，我們應該正視社會的實體性，不能把社會正義全部繫屬於心性論，以心性主體的修養去涵蓋社會正義展現的可能。因為如果從《大學》裡所說的「格物、致知、誠意、正心、修身、齊家、治國、平天下」這樣數下來的話，內聖是作為外王的基礎，心性修養是作為社會實踐的基礎，那麼無形中進一步就要去想，公民社會裡頭的社會正義也必須要以心性修養作為基礎，而它講的基礎不只是理論的基礎，而且還是實踐的基礎。接下來我將提到理論基礎與實踐基礎意義上的不同，以及理論次序和實踐次序上的不同。

我們把這些議題搬上來以後，就要正視儒學強調的人格性道德連結必須要有什麼樣的調節。從這樣的分析架構裡，我們也可以發現，其實儒家的仁義之道是要有一個發展，而不是把仁義之道取消掉，這個意思是說，在一個現代化發展的過程中，儒家的仁義之道並不會回過頭來妨礙現代化，它反而會起一個恰當的作用。當我們說它會起一個恰當的作用的時候，必須深入分解它內部複雜的糾結的問題。所以，我們這幾講花了很大氣力在談它。

四、儒學人性論中的優越性以及轉出的可能

現在我們必須重新來正視，儒學裡頭強調人格性的道德連結這樣一個文化積澱，在中國文化傳統的優越性。我們要釐清它的限制，並討論它如何轉出的可能。首先，我們必須正視儒學「仁」這個概念，而且必須落實到人這個概念來說。「仁者人也」，仁是「人之安宅也」，「我欲仁，斯仁至矣」。大體來講，儒學正視人性本善，這個論斷是把人提到一個應然的、價值的這個層面去說的人，或者說，是把人視為一個道德的存有（moral being）而說的人。儒學強調的人是這樣一個道德的存有，它太強調了這一邊，而這個人放在哪裡？放在我們前面說的血緣縱貫軸的總體裡面。因此一談到人，就放在家、放在族、放在血緣性的縱貫軸這樣的結構裡面，而在這樣的結構裡面，儒學自然而然地重視集體性而忽略個體性，它有這樣一個傾向。

可是儒學又非常強調「我欲仁斯仁至矣」。可見，儒學注重集體性並不是忽略它的主體性。有一個觀念我們必須要釐清，就是儒學所強調的這個主體性，它是一個道德的主體性，而這個道德的主體性跟作為一個個別性的個人下的主體性，意義是不太一樣的。因此，我們必須正視原來在儒學裡所說的那個「自我」、那個「人」這一概念，它其實是帶有集體性意味下的道德主體性，而不是一個個體性意味下的道德主體性，這點非常關鍵。這也就是儒學

發展到陽明後學，也就是所謂陽明學的左派時，留意到了這種個體性的道德主體性的傾向，所以陽明學的後學分左右兩派，左派正視個體性，右派回溯到那個形而上的根源性。

等一下我會提，儒學在整個歷史的發展裡，集體性的意味重、形而上的意味重，而社會性、歷史性經由宋明發展以後，反而被輕忽了，個體性也被輕忽了，因為它的主體被道體吞沒了，而把道體和主體連在一塊強調那樣一個主體性的時候，變成一個集體性意味下的道德主體性。這樣的集體性意味下的道德主體性，它又被一種形而上的道體吞沒以後，形成了一種空洞性。

五、正視人是道德的存有之前，必須正視人是自然的存在

這個問題很複雜、很麻煩，然而隨著歷史的發展，讓我們有機會在歷史的對比裡面回過頭來，對儒學的一些麻煩的問題深入闡述出來。就這一點來講，生活在現代的知識份子比以前的知識份子幸運一些。所以我們有時候批評以前的知識份子對哪些問題沒看清楚，其實我們應該回過頭來用一種慈悲的心情說，幸虧他們花了這麼大的氣力，到現在為止，我們真的才慢慢清楚起來。這樣看來，我們就知道，我們僅僅強調必須由良知，即由良知這個道德的主體要開出一種個體性的主體，這當然是一個該當如此的事，但問題是，該當如何？這就是

我們必須正視作為一個道德的存有的人之前，必須正視人是作為一個自然的存在。這一自然的存在是有它的自然性和個別性，它是有血有肉、有情感、有欲望、有私利的。

正視這個之後，你可以了解到自然的存有放到社會裡以後，這個社會當然是有各種類型的社會，比如說以前是一個血緣性的縱貫軸所形成的社會，而現在我們的社會是一個公民的社會，公民的社會是具有公民意志、由普遍的意志所形成的這樣一個社會，這個社會有別於以前的血緣性的縱貫軸的「親親仁民、仁民愛物」的社會，或者用費孝通先生的話來說，我們不再是由一個波紋型的社會，而是一個捆柴型的社會；我們不再是一個禮俗的社會，而是一個法制的社會。費孝通先生是非常有洞見的，在幾十年前寫的《鄉土中國》雖然是用筆記的形式一篇一篇小文章寫出來，但是字字珠璣。這個「波紋型結構」是用來說明我們中國傳統的社會結構方式，這就是我說的血緣性縱貫軸的結構方式，從家到家族，到宗族，到整個社會，到天下，而你那個個人就在這樣波紋型結構裡消融於其中。而在一個公民社會中，每一個公民是具有獨立性的個別的主體，它如一根柴一樣，這麼眾多的柴一根一根地獨立，它必須通過一個法律，如一根繩子把它捆在一塊，所以叫「捆柴型的結構」。

六、道德倫理必須以其社會性和歷史性為基礎

我們正視這個問題的時候，是想要進一步反省，我們讀孔、孟、荀以及程朱陸王的書時，是在一個血緣性的縱貫軸與波紋型社會下而長出來的一套思想，這套思想有它現實上的限制。不過，它不會停留在現實上的限制，它也上升到一個具有普遍的理想意義的倫理。但是我們還是要回過頭去檢討，在孔孟荀程朱陸王的語句裡所說的人那個概念應該如何重新分理，重新去理解，然後看儒學怎麼發展它。也就是說，原先的宋明理學直接將人作為一個道德存有，或者道德的存在去思考，說人跟社會跟國家跟天地萬物一切的關係是通而為一，「大人者，與天地合其德，與日月合其明，與四時合其序，與鬼神合其吉凶」，好像通起來就沒有問題。現在我們重新去看的時候，會發現到，其實並不是那麼簡單。

不簡單在哪裡？因為當我們說，所謂道德、道德性這個詞的時候，是將人作為一個自然存在下的個體放到了社群裡面，構成了一個社群，組成了一個社會，人有他的社會性之後，我們才說，這時候他的道德性是如何。也就是說，我們必須去正視，我們談到的所謂道德或倫理這個字眼時，是必須有它的社會性和歷史性作為基礎的，我們正視社會性和歷史性的基礎，回過頭去，我們才真正能了解儒學確切的意義是什麼？它以前的可貴在哪裡，它的限制在哪裡？現在又如何在這裡作一個嶄新的詮釋？

所以我並不贊成只是順著宋明理學家，形而上學地、理論地去談人能達到多高的境界。人作為一個道德理想的存在，在世間哪有什麼問題。當宋明理學提到它心性修養論的時候，強調此心即是天，強調當下「一念警策，便覺與天地相似」，強調「吾心即是宇宙、宇宙即是吾心」，強調「陛下心安則天下安矣」，就忽略了很多必要的分析。因為它長久以來放在血緣性縱貫軸這樣一個波紋型的結構裡，他思考這個問題時，結論當然如此。「人人親其親長其長而天下平」，這哪裡是問題呢？

七、個體性有獨立的優位性

我們正視了這個之後，談人格性的道德連結，這個道德性我們要怎樣重新理清它，意義又何在？這樣的道德的理想人格，這個人格性跟個體性的關係又如何？我們要順便強調，個體性有它獨立的優位性，在歷史發生上，任何個體性都必須受到重視。從這個地方出發，再去思考其他問題，就會有很大的不同。

我們剛剛這樣說的時候，其實是在想一個很有趣的問題，就是傳統的儒學特別是宋明理學之後，包括宋明理學本身就是往往忽略了它的社會性和歷史性。這時候，我們正視它的社會性和歷史性，重新強調道德主體性，就必須建立在以個體存在那樣的主體性為基礎，而且你必須把這樣一個主體放到社會中作為社會存在的主體性，這時候道德主體性才是真正落實。

所以我們必須依循各個不同社會的性質，展開深入的理解之後，回過頭來調適儒學，而儒學本身的內聖之學也因此要有所調適。我們這個提法不再是如何從內聖開出新外王的問題，這裡面有一個交融調適的方式。

因此，一方面我們強調，我們仍然同意在原來我們這個文化傳統裡強調的一種「存有的連續觀」，強調天人、物我、人己通而為一，關於這點我們前面做中西文化背景比較的時候說了很多，現在不再說它。我們還是承認原來儒學強調的天道性命相貫通的傳統，我們肯定它的重要性。但是我們要留意，不要困於一種形而上的迷失，認為我的心體直通道體，此心即是天。不要困於我自己當下這個個體直接就融入宇宙總體之根源，我們先要正視我們個體性的限制，這樣我們才能真正上通於道體，下貫於個體。也就是說，天道性命相貫通，這個道德的理想必須落實到具體的個體上去，進一步才能放到全面展開的整個社會群體裡面。

八、從縱貫的創生到橫拓的展開

如果我們借用形象的比喻，就是從原來縱貫的創生脈絡，變成一個橫拓的展開，這個過程很重要。而且，我們要進一步理解，以前我們強調的縱貫創生本身是在什麼樣的脈絡下形成的，它是在所謂的血緣性縱貫軸的社會歷史結構裡誕生出來的理論系統脈絡。回過頭去我們可以了解到，其實原來它都是放在一個上下、長幼、尊卑這種脈絡裡頭。這個思維大體來講，到戰國末期已經完全穩定。到戰國末期的時候，已經慢慢逼向大統一的格局。原來是大一統，大一統是多元的，所謂春秋大一統，但大統一卻是單元的，所以戰國各諸候國時時攻戰，希望吞併對方，要擴張其生產力並擴張其市場，擴張它整個國家和領土、人民等各個方面。這個思考在《易傳》裡很清楚，因為《易傳》是在戰國才被整理的，才寫得那麼清楚，它中間也可能是有它的淵源又經過了很多改寫，像「天尊地卑，乾坤定矣」，就是把天地、上下、長幼、尊卑這樣的關係通過縱貫的方式整個籠住了，籠住了就形成了隸屬的格局。我們前面幾章用了很多時間去分析君為臣綱、父為子綱、夫為婦綱，雖然這到了漢代才成立起來，但它的思想卻是在戰國就已經隱然成型了。

我們這樣看待一個問題，就能發現到，儒學談了道德的主體性，其實兩千多年來它並沒有具體開解出來，因為沒有真正正視你的個體性。你這個個體放到血緣性的縱貫軸和波紋性的社會格局裡，收容進去了，然後吞沒在裡面，或者說，你從那裡開顯出來的時候，其實你並沒有正視到每一個人存在的個體性，正如儒學強調了兩千多年的仁，強調人與人之間存在的道德真實感，強調必須從政治社會總體的場域脫離開來，強調人文場域的建立。而居然兩千年這麼大的問題還在，仍然必須遭受批評，原因就在這裡。

九、個體性與群體性的關係，必須隨歷史社會總體的發展與時俱進

這部分如果不經過一個梳理過程，我們難以真正確切地把握，所以我們必須用很大的力氣去做一件很重要的事，就是正視個體性本身的優先性。但是正視個體性本身的優先性並不是不要重視群體性。這個地方是非常複雜麻煩的問題。以台灣為例，台灣很注重個體性，個體性的注重在台灣形成一個非常嚴重和麻煩的問題，說起來還是社會構造的問題。

舉一個很有趣的例子，比如說，我們今天要舉行一個考試，我是監考老師，考卷做完了，你們是怎樣交卷？你們會很清楚地放在上面，還是會把別人的拿起來再放下去？是不是大部分的人會習慣地拿起來再把自己的放下去？我以前教書的時候，我每年問學生這個問題，我教書教了二十三年，最近這十年才變化，以前都是把別人的拿起來再放自己的，最近這十年，才有好多學生漸漸直接把自己的試卷放上去。我們過去百分之八、九十都是這樣放的，就是說，把你的個體放在群體裡頭，混沒於群體之中。那現在很清楚地擺在上面，是不是很清楚地注重個體呢？這是一個很有趣的問題。你想，現在我們應該很高興呀，因為能夠重視個體。未必，那只是從原來那個解放出來，但未必能真正正視個體。

現在中華民族已經不再是用天地、萬物、人我通而為一的、渾然於其中的方式來思考問題，我們必須要正視個體，但我們沒有百分之百的能力來正視個體，我們畢竟還是在發展的過程裡面。海峽兩岸都在這個過程裡。台灣因為經濟發展走在前面，但它也面臨很大的問題。我前陣子思考了一個很有趣的問題，然後用了一個很有趣的比喻：夏天台灣很熱，人們吃西瓜，張三、李四、王五一起買了一個西瓜，共同出了錢。現在這個西瓜怎麼切才公平？那要推一個人來切嘛，張三要切，李四說不行，要一起切，但是三個人一起切，只有一把刀，還要再買兩把刀。每個人各拿一把刀，然後一起切，要切成很平均的三塊，很難。結果三個人就想盡了各種辦法應該怎麼樣下刀，結果發現刀片的厚度不一樣，又吵得口渴不堪了，就說算了吧，我們還是切了。我說完以後，馬上有學生說，你說的三個人一個叫國民黨、一個叫民進黨、一個叫親民黨吧？很會聯想。我說我並沒有這樣想，你的聯想表示你很會思考，這很有趣。

什麼叫做尊重個體性？你能真正正視個體性，說明你能真正正視個體與群體之間的關係，你能真正了解什麼叫群體性。而至於個體性與群體性的關係該當如何，我認為它應該隨著經濟的發展，隨著歷史社會總體的發展與時俱進，並不是用一個唯一的理論說該當如何。但不可以沒有限制地擴張你的個體，不能很幼稚地認為每一個個體放出來爭奪權力就會產生理性。每個個體都極力爭奪權利、利益，為了個人的生存欲望等各方面全部自由地放出來，並不會因此產生恰當和客觀的法則性，絕對不可能。有人誤認為亞當．斯密的思想就是說，每一個個體如果徹徹底底追逐個人的私利，就會產生恰當的客觀法則。不，即使有，也是由於背後另外的精神資源作為支援才可能誕生出來。這點要留意。因為我覺得有太多對於自由主義的傳達、對於功利主義的傳達太過頭了，那個理解上是有問題的。

十、儒家的道德倫理，必須放在理想的「公民社會」的構成中來思考

要了解西方個人主義、自由主義、功利主義的傳統它後頭是在什麼樣的文化土壤生長出來的，這很重要。在不同的文化土壤中栽種一樣的東西，它的生長也會有所不同，所謂「橘逾淮為枳」。胡適提倡實用主義，實用主義到當時的中國來就不成樣子，鄧小平說的也是實用主義，鄧小平說的實用主義種的時候那個土壤就不太一樣，現在我看中國說的仍然是實用主義，但這土壤在變遷，要如何調適？因為它不會只是其中一個，它應該是多元的互動融通其中的一支。不管在大陸還是在台灣，台灣個人主義的思潮是非常強的，功利主義的思潮非常強的，但是台灣強調自由主義、個人主義、功利主義，其實是因為後頭還有佛、道、儒這樣的文化土壤、文化心靈的機制做調節，所以它很多東西經過調節以後，所調適出來的我覺得雖不中亦不遠矣。雖然還有很多問題，但這個問題還不算太嚴重。其實我這樣說，是要對

比一下大陸，我的意思是說，大陸經過文化大革命十年浩劫之後，到現在改革開放，經濟發展了，如果有個人主義、自由主義、功利主義的追求，而少了儒、道、佛這個文化土壤心靈機制的調節，或者這個文化土壤的調節力有一些，但是不夠，正如所謂畫虎不成，它將很難有所中，甚至差之遠矣。這是一個很有趣的問題，我們也必須去正視它。

所以當我們談任何一個思潮、任何一個觀念系統，必須正視它後頭的整個脈絡，必須正視它的經濟、社會、歷史這個總體所形成的一個背景、脈絡，否則不能準確地了解它。儒學在宋明理學的時候，可以用這樣一個心性修養方式去成就一個偉大的人格，但是現在卻不可能，因為整個歷史社會的脈絡不一樣，你也做不到，你那樣做會垮掉。這就是問題。所以我們在理解的時候要知道，如果我們現在談儒家的道德倫理、心性修養，必須把它放在一個理想的公民社會的構成中來思考，這時候我作為一個人，儒家所說的仁愛這個仁字，它能夠用什麼樣的方式呈現出來？譬如說權利和義務的問題。你怎麼樣才算一個孔夫子所說的人，或者說克己復禮為仁，怎樣去實踐仁義之道？

舉個例子，你在一個群體裡面專門集合經費，怎麼處理呢？以前的話，你會怎麼處理？你的好朋友是專門管帳的，你現在是集合他所管的帳。你領著一群人，然後他把帳做出來了送到你那邊，你怎麼處理？他是你好朋友，你當然相信他，那不用看了，簽名好了。這就違反了我們所說的公民社會中的處事原則。我們真正好好要正視一件事，作為一個客觀的事，我們應該要很清楚地從一個隸屬之局脫離開來，而成為對立之格局，而正視一個事物的客觀性。我們以前覺得不好意思，張三是我的好朋友，我相信他的人格，所以他所做的帳我當然相信了，而且你會覺得，當你看到這個帳的時候會羞愧，好像對自己的好朋友不信任就很不好意思，就不是儒者風範，好像儒者風範就是將他做的帳放在我這兒，我就應該簽名。不是，這不合乎正義。那應該怎麼辦？如果帳來了，他會用舊有的習氣問：「你為什麼不相信我呢？我做的有什麼錯呢？你為什麼還要看呢？」你會怎樣告訴他？你應該說：「我是因為非常重視你所做的這份工作的客觀性跟它的可貴，所以我現在做這個工作，有我的責任，我必須要如你所做的好好把它看完，之後我做我該做的事情。」這樣才是一種忠於職守，這樣才是一個責任倫理的概念。

十一、新時代的心性修養，必須以良好的制度結構為基礎

《論語》裡頭也有責任倫理這個概念，只是後來在帝王專制的傳統裡，這個責任倫理的概念從忠於其事、忠於其親，後來變為忠君了，已經完全收攝到歷史的格局裡了，忽略了對事情客觀地正視。這工作要做，要提倡每個人去做，而做到某個地步就會慢慢變化。

台灣這些年來在整個政治公務系統進步很多，我以前到戶政事務所去辦戶口的遷移，中

國人特別注重戶口政策，這一點海峽兩岸是一樣的。辦戶口這件事非常麻煩，排隊排了那麼長時間，終於輪到了，辦事人員說：「你少了什麼東西。」我就很客氣地對他說：「請問我還有沒有少別的東西？」他就說：「再說吧，不知道。」我說：「我專門請假辦這件事，你一定要告訴我還要什麼東西，我今天要辦完。」但他自己也不知道，因為它還沒有達到科學化管理。他就說：「你這人怎麼那麼煩哪？」我就說：「你搞錯了，我其實就是要讓你不會煩，因為如果你很清楚我們要帶什麼東西來，你的工作量就會減少，所以我建議你，大概要什麼東西就列出來寫在那裡，大家可以檢查清楚。」我很客氣地跟他講了。他說好，我想一想，我就又問他：「我到底還缺什麼？」這時候他就不生氣了，他說不缺什麼了，我就叫他記一記。我這裡講的大概是十七年前的事了，現在已經完全不是這樣了。

這工作一定得做，這就是做功德，因為你促使整個社會進步就從這裡開始的。每個公民有公民義務，每一個公民有他自己的公民意識。我應該有的權利和義務是什麼東西？它從那裡開始，真正把你的權利和義務實現開來，那就是仁。我覺得這非常有意思，它這慢慢地就變了，不會只有一個人做，會有很多人做，而引發了這個思考後，其他人也跟著做，慢慢地用另外一種方法來處理了。後來就會考慮改善了，從制度上來處理了，從結構上處理了，制度結構上的程式處理得差不多了，很多事就好處理了。你原來道德良知的自覺的負擔就減輕了，不要一天到晚都在那裡自覺。大家自覺，又要有良知，又要天理，又要怎麼樣，每天都在挑戰，那受不了。

我再舉個例子，這個例子是我常舉的，你去銀行辦事，裡面有A、B、C、D、E五個櫃台，大家排隊等候，就這兒排一列，那兒排一列。中國人最習慣這樣子，這是不對的，因為你這樣的話，心裡就會不安。為什麼？我排第三的，我好不容易輪到第二個，不錯，但第一個帶了六件，我就排第七了，心裡就很不高興。你那時候是不是要花很多氣力做心性修養？那是一個不好的制度，要你做一個內在心性修養只調適自己而耗費自己的能量。這個新的時代心性修養要怎樣呢？這就要去處理一個問題，原來道德的實踐不是內在心靈主體如何處理問題，而應該是整個制度、結構、場域安排的問題。怎麼安排呢？這樣安排就好了：如果排一列就很簡單。我是在什麼時候才知道？所以人有時候要有一點國外經驗知識。一九九三年的八月，我到威斯康辛大學（University of Wisconsin-Madison）去訪問，第一件事當然是去銀行開一個帳戶，那兒有一個長條形的桌子，你就安心地往前走。在這裡面的人身心是不是比較安頓？這就是我說的，在一個良好的公民社會底下，你要做儒學修養是比以前要簡單多了。以前在一個血緣性的縱貫軸下面，在一個專制政體底下，儒學強調的心性修養耗散了很多氣力在不必要的人際關係，在不必要的情境的揣摩裡面，在不必要的壓抑裡面。其實可以大白其情的，可以將問題處理清楚，不必疑神疑鬼，不必痛苦萬端，不必猜疑。

還有，美國人排廁所和我們的排法不同，廁所裡面有很多人，廁所裡面再乾淨也有味道使人不舒服，廁所裡人滿了就應該排隊排在門外嘛，不像中國都擠在廁所裡面站著，這是個習慣。這是非常有趣的，我要強調的是，我們在處理儒家的道德心性論的時候，你強調人格性的道德連結它有什麼優越性，而現在要如何展開、如何落實？注重個體性，每個個體都要真正的舒適，他的身心安頓你必須重視。這個處理就有很大的不同。台灣現在在這方面的確有很大的進步，比如說，我剛才講的戶政事務所，台北市的進步讓人難以想像，已經改變很多年了。怎麼個好法？你一進去，如果你是老太婆或老頭，馬上就會有人幫你填，如果我們去，會給你一個電腦號碼排隊，請你坐下，還請你喝茶，等輪到你的時候，會在擴音器裡面叫你的號碼。這個改進受到了很多人的稱讚，這是近二十年的轉變。原先是衙門一樣的，就像我前面說的那個樣子，現在變了，這一點是一個很大的進步。

十二、社會正義不能隸屬於原來的家庭倫理

原來我們人的互助合作，多半是和血緣關係密切的人，像我的父母輩最重要的朋友都是親戚，而我最重要的朋友不是親戚，朋友這一倫變得很重要，公民社會建立起來了。這個過程是很艱難的，但是我們在這裡很清楚，要正視血緣性自然連結的限制，要開啟一個契約性的社會連結。但是，這並不意味著血緣性自然連結的家庭不要了，孝道不要了，孝悌之道其

為人之本。因為父母、兄弟、子女是自然的血緣關係，是愛的一種資源，人的愛的資源必須在這裡生長和培育。而經過這樣的愛的資源的生長和培育，才能作為比較高尚的人格性的道德連結的一個落實的可能性。也就是說，人格性的道德連結必須以血緣性的自然連結作為它的自然基礎。「人人親其親，長其長而天下平。」「『孝乎惟孝，友於兄弟，施於有政。』是亦為政，奚其為為政？」這是孔子說的。但是契約性的社會連結是現在這公民社會必須的，社會正義是依存於這個社會性的契約連結生長出來的，所以社會正義不能夠把它隸屬於原來的家庭倫理裡頭。

其實儒學早就意識到相關問題，只是後來帝王專制以後全部被收攏進去了，就是我們前面幾章做了很多分析從五倫到三綱，到最後以君臣為核心全部收攏進去，被忽略掉了。以君權為核心的那樣一種人格性的道德連結已經被宰制性的政治連結框進去了，這時候人格性的道德修養都已經是主奴式的修養，那問題很嚴重。而現在我們正視這個問題的時候，我們知道它有新的可能，真正的社會正義其實是在契約性的社會連結才有可能。之前有談到，曾子和有子提倡的不同，有子曰：「其為人也孝悌，而好犯上者，鮮矣。不好犯上而好作亂者，未之有也。君子務本，本立而道生，孝悌也者，其為仁之本與？」他把孝悌視為最重要，而且把孝悌與上下聯繫在一塊，這是有子一派。曾子不是，曾子曰：「吾日三省吾身：為人謀而不忠乎？與朋友交而不信乎？傳不習乎？」強調責任、強調信諾、強調人和人之間的確定性和責任的確定性、強調文化教養。所以後來曾子和有子爭繼承權的時候，曾子不讓給有子是有原因的，後來他們相持不下，弟子散盡，孔子歿後儒分為八大門派。到了漢代，儒學的「忠於其事、忠於其親」的觀念完全轉到忠君了，不止如此，還把孝悌、孝道、孝親也和忠君連在一塊，這就有句話，叫「忠臣必出於孝子之門」。

十三、公民社會的儒學，須重視個體性與群體性之間的張力關係

所以，我們要了解社會正義，它雖然和我們人生命存在的愛的資源之生長和培養有密切的關係，但是人的生命存在、愛的資源生長和培育不能只放在原生的苗圃裡，它的原生苗圃就是家庭。它必須要遷移到社會的一個次生的苗圃裡，或者說一個培養的苗圃。我不知道大家知不知道植物的種植有原生苗圃和培育苗圃，需要有一個原生苗圃到培育苗圃的過程。這個原生苗圃裡的樹苗和培育苗圃裡的樹苗哪個生命力強？當然是培育苗圃裡的樹苗生命力比較強，因為它經過遷移，它的生命力就變強了。遷移一下，生命重新適應了，適應不了就完了。我們讀書也是一樣，從本科到博士，換幾個專業、換幾個學校比較好。

現在很重要的是，我們現在談儒學，不能只靠原先的血緣性自然連結為基礎，你放在這個地方去培育你生命存在的愛的資源，你認為那就夠了，這不夠。你必須從這裡轉到一個培

育的苗圃，那就是公民社會這個苗圃。這公民社會的苗圃你必須重視什麼呢？必須重視個體性與群體性之間的張力關係，你必須重視你作為一個個體，你的自我保存的可能和你生命理想之間的張力和統一。

因為儒學原來放在血緣性的縱貫軸波紋型結構裡考慮問題，想當然認為統統不成問題。現在你必須把它放在新的公民社會裡，所以捆柴型的結構和你個體與群體的張力關係是很麻煩的，你的自我保存是一個問題。但是人不能只停留在生命的自我保存，人還有生命的意義和生命的理想的問題，而生命意義和生命理想不是你個體性的問題，而是一個群體的問題，一個人喪失了群體就無所謂道德理想和生命理想。離群索居一個人無所謂生命的理想，如魯賓遜在一個荒島上就沒有道德的問題，也沒有道德的理想，只有能不能活下去的問題。意義是在一群體人的共同認可下才有意義，道德是在群體裡生長出來的，這點很重要。

十四、從西方社會契約論的三個側面，重新審視儒學對於人的理解

這樣來看我們就可以了解，現在要談儒學進一步發展，真的是要正視這樣一個問題，即我們是從波紋型的結構進到捆柴型的結構，從原來的禮俗社會進到公民社會，這個公民社會的個體和群體之間的張力關係和結構關係與以前是不一樣的。這樣，你就可以重新理解，以

前有哪些是可貴的，有哪些是糟粕？另外我必須再呼籲，當我們在談契約性的社會連結，它其實是作為人格性道德連結實踐的社會基礎。也就是說，現在儒家所強調的人，它必須落在公民社會裡頭來實現。而這個公民社會它是怎樣構成的，我用西方社會契約論的三個最重要的向度簡單說一下，西方社會契約論的三個不同的論點，代表不同的側面，但它都是西方社會契約論構成的主要因素之一。比如洛克在《政府論》第二講裡，強調的是人應該具有自然的理性，人依循自然理性而遵循自然的法則，在他們要構成一個群體、構成社會的時候，他會依循自然法則去構造一個社會的契約，大家依循這個共同的社會契約而去保障生命財產自由安全，這是強調社會契約論理性的側面。法國的盧梭則強調，人自然而然有一個自由的渴求，在自然的狀態裡，人要求回到沒有束縛的狀態，這是一種消極性的自由。但是，人是必須群居的，必須放在一個社會裡面，所以積極性的自由是人依循他的自由意志，這個自由意志也就是社會的普遍意志，而放入社會這個構造裡面，形成了社會的契約，它就在社會契約的規則底下去展開他實踐的活動，這叫做自由。所以自由和社會的普遍意志是有密切關係的，與社會普遍意志所訂立的法則是有密切關係的。後來這樣的思想影響到康德的哲學。康得強調，人依循自由意志所訂立的法則展開道德實踐活動，其實是從盧梭的社會普遍意志轉成了人的主體的自由意志。這也是發展的過程，盧梭在《社會契約論》裡強調作為一個社會的存在的自由的側面；而霍布斯則強調權力的側面。雖然他們對於一個政體如何組織結構有所不同，但是，這三個契約論者，一個強調理性的側面，一個強調自由的側面，一個強調權力的側面，如霍布斯和馬基維利，讓我們正視你作為一個人放在現代社會裡，必須擁有這些側面。你必須通過這些側面重新審視儒學對於人的理解，儒學的人學必須重新理解這些概念有什麼可能性，有什麼樣的限制。沒有一套思想在兩千多年裡從來不需要重新轉化就可以用的，它是在不斷理解、詮釋的發展過程中的。

十五、歷史的發生秩序、理論的邏輯秩序、實踐的學習秩序

談儒學不能拿聖賢的偉大話語構成一個非常玄的形而上的理論，或者循著宋明理學的心性修養體會連在一塊，就認為我所說的問題就可以解決了。我們其實應該要去面臨一些很麻煩的問題。之所以這麼說，其實是想在方法論上擺脫一種本質主義的思考。也就是，我不認為儒學有一個恒定不變的本質，它可以作為一切的基礎，我不是儒學中心論者，也不是儒學本質論者。我們應該在多元互動融通中，用王夫之的話說就是「習與性成」地往前發展。在這個發展裡，我們必須區分三個不同的秩序：歷史的發生秩序、理論的邏輯秩序、實踐的學習秩序。

這個問題我覺得是整個中國當代發展到目前為止，我們有機會去重新理解。比如，在社

會現代化發展進程，我們該怎麼辦？我們常常去問，儒學是不是可以開拓出民主與科學？這個問題常常被問，或者說中國文化傳統能否開出現代化？在這個問題的提法裡，有的人就說，我們應該去了解西方的現代化發展進程，它們以前是怎麼發生的，而我們應該學習依著他發生的模式重新來一遍。我覺得這種說法沒有道理，因為歷史的發展並不意味著重新學習重來一遍，歷史的發生原因和當下的實踐學習秩序是兩回事。

比如說，造一台電視機是非常複雜的過程，在歷史的發展進程裡它必須經過無數的嘗試。或說電腦，現在手提電腦很小，以前的電腦有幾間房那麼大，請問，你必須重新從那裡發展嗎？沒那回事。但有的人認為可以那樣，這是不對的。還有的人回過頭去想，去做一個理論的邏輯理清，做一個詮釋，做一個歷史的解釋來構成一套理論的邏輯秩序。比如說，認為西方因為有基督教新教倫理所以資本主義精神伴隨而生。韋伯寫了一本《基督新教倫理與資本主義精神》，於是就有人說，因為我們少了基督新教倫理，所以發展不出資本主義精神，發展不出現代化精神，所以我們要去強調新教倫理。哪有那回事！西方並不是完全由基督新教倫理發展出資本主義精神，它其實是在很多元的條件下才發展出資本主義這個東西，而發展出所謂現代化。資本主義未必就等同於現代化，資本主義精神未必最好，而現代化也有多種樣態，我們也在尋求新的樣態嘛。還有另外一種說法，即我們儒學的傳統能否轉出民主與科學？儒學最後的本質，最高的是強調良知，你這個良知應該是理論的一個構造，而我現在必須用什麼樣的方式讓它出現民主與科學呢？於是出現一個非常巧妙而又精致的曲折的理論，就是所謂良知的自我坎陷開出智性主體，用以開啟民主與科學。

這個說法其實就是作一個形而上的追溯，一個理論的邏輯秩序的安排，而從這個理論邏輯秩序的安排，強調你的實踐的秩序就會等同你的理論的秩序。這是不對的。中國人從儒學詮釋裡面，作為一個理想層面你可以把它提到道德的人，道德的理想存在這個角度去理解，但是你不能把所有的人設想到，從這個角度而去說人作為良知之體，而這個良知是沒有對立性的，所以自我坎陷才能有對立性，才有民主與科學。這個提法太曲折，而且不符合實踐學習秩序的過程。這個意思就是說，當我展開實踐的學習秩序的時候，其實不一定要按照原來的歷史重新發生一遍，不一定是可以從你做一個詮釋性的理論的邏輯秩序的追溯裡導引出來。而必須真正正視實際的現象，一五一十地逐步修正，在這個修正的過程裡面，去留意歷史社會總體在什麼樣的發展進程裡面一步一步向前發展。這也就是說，我們歷來問的一個問題：傳統文化是否妨礙現代化的發展？這個問題是沒道理的，是不用問的。其實應該就是在現代化的發展過程裡面，慢慢調適我們的傳統文化。而現代化的發展過程其實是一個實踐的學習過程，這個實踐的學習過程需要有更多的資源，必須做一個在詮釋學上理論的邏輯秩序的理清，也必須做一個歷史發生原因的考察。

十六、內聖與外王「互藏以為宅，交發以為用」

但是，並不是歷史發生原因的考察就能決定實踐的學習秩序，不是以詮釋學上理論上的邏輯秩序就可以決定實踐的學習秩序。它只是讓我們有機會對於實際的現況有深入了解的可能而已。所以這麼說的時候，就已經指出，原來很多先生們在談儒學時強調如何從內聖開出新外王的問題，它其實應該是內聖外王「互藏以為宅，交發以為用」，這裡借用王船山的話。也就是說，心性之學、內聖學是作為外王學的心性基礎；而外王學是作為內聖學落實到公民社會實踐的基礎，互為基礎。「互藏以為宅，交發以為用」，內聖學必須通過外王的實踐活動而讓它有用，而外王學必須通過內聖學的實踐修養而讓它有一個真正的基礎點。這個基礎點是我們每一個人仍然要做內在修養。所以在公民社會中，道德修養仍然很重要，誰說不要道德修養，當然要把道德修養實踐出來！這是王夫之所說的「兩端而一致」思考，在形而上有個追溯必須回到那個本體，落實到實踐來講，要注重它發生的立場。

在王夫之的理論裡非常強調「道器不二」：一方面強調無其器則無其道；一方面強調當器還沒出現以前，有一個形而上隱然未現之則。要注重對歷史發生原因的考查，不能只注重形而上理由的追溯。把這兩個連在一塊，連在一塊以後，就可以發現到，我們可以擺脫現在強調的傳統到現代、傳統如何開出現代化的很多錯誤的論述，很多過時的論述。因為他們問問題的方式不周全。也就是說要擺脫本質主義的思考方式，而在多元互動融通底下重新調節一個新內聖的可能，這樣我們關於實際的五倫秩序就有一個新的調整了。三綱思想：君為臣綱、父為子綱、夫為婦綱，五倫思想：父子有親、君臣有義、夫婦有別、長幼有序、朋友有信。而現在這五倫的德目其實應該調整：夫婦有愛、父子有親、長幼有序、朋友有信、社會有義，這時候的社會就不是原先的君臣關係，不是主奴關係下的上下尊卑的社會，而是一個公民的社會，公民的社會並不意味著沒有上下、長幼、尊卑，而是上下、長幼、尊卑各有其份，你不能從這邊跨到那邊，一個民主的社會不是不需要有權威，而是不能有權威的誤用。籃球國手最好談籃球不要談政治，歌星最好談他唱歌的方法不要談政治，更不要談教育，因為他不懂。

十七、結語：重新理解儒家倫理，締造理想的公民社會

一個公民社會，一個民主自由的社會不是說不要有權威，而是要有恰當的、制度的權威。這時候我們面對這五倫秩序的重新調整，其實就是要正視儒學最強調的仁這個概念。仁這個概念就是「我與您」的關係，我很喜歡用馬丁・布伯所說的「I and Thou」，重新體現王陽明所說的「一體之仁」，也就是人跟人之間真實的互動感通形成的那樣一個總體，而它

是兩端一致的，並不是主體被收到道體中，並不是主體通過心性修養然後就往上升，升到形而上的道裡面就渾然不見了。這跟道教的內丹學連在一塊，這很嚴重。強調心性修養，但不強調社會正義。修得好脾氣但道德很差，脾氣好的人可能道德很差，脾氣好不好是秉性的問題，是修養的問題，道德的意識是放在社會的群體裡面有沒有社會正義的問題，一個脾氣不好的人說不定很講究社會正義，遵守社會契約、社會法則。我們不能將私情恩義錯當天理。我們常誤認為脾氣好的人就是好人，其實脾氣好的人可能很壞。所以，在一個公民社會新的狀態下，我們強調社會正義、儒家倫理的時候，它有更直接的、明白的、完全能把自己的個性恰當表露出來的方式。這是一個新的時代，我們必須再往前去追溯。

這種狀況底下，最後我還是要強調一下，儒學原來所強調的，人作為一個人，他其實最應該強調的是愛的資源的生長、傳達、教養，這是最優先的。它必須要從政治權力和利益這樣一個場域裡頭脫離出來，而恰當地培植，使人們在這裡有一個安身立命之所，這一點是可貴的。但是，這並不意味著我們可以擺脫現實的政治社會，我們不可能擺脫現實的政治社會總體。所以當我們強調儒學的仁，生命存在、愛的資源如何能生長、培育，但這並不意味著我們可以不去正視公民社會中客觀的道德法則該當如何成就的問題。

我們講了很多，主要是談整個儒家倫理在社會正義的落實過程中，我們可以做些什麼調整，可以有些什麼發展的可能，而它本身又該如何調整，又可如何長進？我思考這些問題，是建立在我們很多前輩先生們做的思考之上。雖然他們的思考現在看來好像不周全，我現在思考這個問題似乎看起來比他們周全一些，之所以周全是因為前人走了很多路，我們站在前人做了很多的研究底下，才看到種種思考的限制，而我們現在又因為歷史的發展讓我們整個社會現代化學習已經到一個相當的程度，我們將有更多的機會反省這個問題。我希望，經過我做了這麼一個哲學的詮釋和闡析以後，大家能進一步對這個問題認識得更清楚，對於我們關於整個公民社會的締造有一個正面的良善的幫助，對於儒家倫理未來的發展，對於儒家的原典文獻又該當如何恰當地理解與詮釋。我希望因為我做了這個工作，使將來做這項工作成為比較輕易、比較可行，使大家對這個問題有更好的了解。

【現場聽眾提問】

問：請問您是怎樣看待傳統文化與現代的結合的？請談談如何做學問？

答：很多朋友都問過我這個問題，我是這樣想的：應該把傳統文化和現代結合起來去思考。學問是累積性的東西，此外別無它法，所謂「真積力久則入」。但是做學問也要能得其法，得其法才能入。這裡很難用三言兩語說完。像我自己做學問是比較喜歡挑難的東西，比如王夫之就很難。國內現在研究王夫之的人變少了，我很難過。十八年前，我開始閱讀王夫之的原作以及相關著作，我認為王夫之的學問絕對超過朱熹，朱熹也很了不起，像朱熹這樣的大學者不是隨便就可以有的。但其實是王船山啟動了我對整個歷史的重視。馬克思主義非常注重下層建築經濟基礎，從我的理解來說，我談問題也注重歷史總體，我覺得人是社會歷史總體下的人，你不能把人孤立來看，這一點和我的朋友、老師們有所不同。這也是我與新儒家的不同之處。我非常注重人作為社會的存在和歷史的存在。不單單是在方法論的學習過程裡面，我對歷史哲學也一向很有興趣，對文化哲學、社會哲學也很有興趣。在這個過程裡面慢慢學習。

我讀高中時對中國古文化就很有興趣，其實本來我對數學也很有興趣，只是後來我的國文老師教中國傳統文化基本教材，就念《論語》、《孟子》、《大學》、《中庸》，確實她講得太好了，我就是受她吸引而轉向文科。我以前考中學、考大學分數最好的幾乎就是數學，後來最終走向文科，我覺得這是我一生中最大的反叛。以前我念台中一中，這是台灣中部最好的中學，認為最好的就是念理工，和大陸一樣。我想到每個同學都念理工就覺得煩，而且有一種說法是男生應該念理工，女生應該念文史，這點我不能接受，因為文史應該是很重要的，不能用男生女生做這種區隔。台灣是比較重男輕女的，所以念理工比較高，念文史比較低，我當時非要讀文科，於是受到很大的壓力，我覺得這是一種反叛，但也有種快感。

讀書是一件很快樂的事情，因為讀書完全和現實利益無關，它完全是對知識的深入理解、真理的切入，內心會有一種很奇特的感受。讀書一定要識其大體，速度不能太慢。我講過宏觀和微觀，沒有微觀的宏觀是空洞的，沒有宏觀的微觀是盲目的，所以宏觀微觀都重要，你怎麼樣得其宏觀的通視呢？就要有老師有朋友，有時候原典不能放過。讀西哲時你必須轉成漢文的思考，才能生長，讀完之後寫一篇報告。

問：您是怎樣看待儒學的政治觀念的？

答：儒家所說的政治觀念其實是一個人倫教化的概念，此中有積極性，亦有不足。這我剛剛也說了，孔老夫子那時候的政治觀念就是道德教化。《論語．為政》說：「道之以政，齊之以刑，民免而無恥；道之以德，齊之以禮，有恥且格。」儒家所說的政治觀念其實是人倫教化的概念，我們這幾講已經點出它的不足之處，但是我們要正視的是，原來的人倫教化概念其實是要從政治權力和利益裡頭把它區隔開來，而強調「人人親其親，長其長，而天下平」。所以我們回過頭去，應該正視儒家所談的一大堆東西有涉及到政治的很可能就是從人倫上說的，一方面我們正視它的積極性，回過頭我們檢討它的限制性。孔子是教育家，他不是政治家。政治家是處理權力和利益的問題，教育家是處理整個文化傳播的問題。所以孔子是點燃了我們中華民族心靈之火的人，「天不生仲尼，萬古如長夜」。自己照亮自己並且照亮別人。從這個角度上來理解很有意思。生活化儒學納入帝王專制儒學就變得很麻煩，所以儒學裡很多東西是要調整的。

〔本文原應湖南中南大學哲學系之邀，以「儒家倫理與社會正義」為題發表之系列演講第四講，由研究生錄音整理，並經呂錫琛教授校正，最後講者再潤飾修訂而成。〕

第五章

道德意識在現代社會的意涵

本章旨在闡明儒家的「道德意識」並指出其在現代社會的可能意涵。首先，從對「道德意識」不由西文之 moral consciousness 起論，而是經由一漢語文式的深層理解，展開詮釋。「道」是總體的根源、「德」是內具的本性、「意」是純粹的指向，「識」是對象的了別。以「道德」而論，它具有兩個向度，一是「生長義、創造義、動力義」，另一是「法則義、規範義、限定義」。此與「存有的連續觀」有密切關連。中國文化道統強調「感通」而上透至本源，西方基督宗教的傳統則以「誡律」落實為客觀的法則。就道德系譜來說，可以老子所論「失道而後德，失德而後仁，失仁而後義，失義而後禮」為序。而不論孔老儒道，都強調人之實存可透到宇宙造化之源的「生生之德」，落實則為「一體之仁」。

時移勢異，在現代化進程裡，中國的道德哲學正在變化中。解開「道的錯置」，才可能開啟新時代的「王道」理想。一方面，我們須得注意「境界形態的修養」容易異化為「阿Q式的精神勝利法」，而我們須得突破「順服的倫理」，正視「慎獨的倫理」，才能開啟「公共的道德」。正視「個體性」，免除「個人中心主義」，才能開啟真正的公民社會。我們必須從「無我的真我」轉而為「有我的真我」，正視個體性，正視道德的創造性、生長性、動力性，從「知恥倫理」轉出「責任倫理」。

一、「道德」：「道」是總體的根源、「德」是內具的本性

這講我們首先從「道德意識」這四個字說起。道德合稱來自華人的文化，老子《道德經》說「道生之，德蓄之」，孔老夫子在《論語》也說「志於道，據於德」。我們就從這個地方開始說。

這些年來我一直在做一件事，就是對於中國傳統哲學給出一個新的詮釋，這個詮釋關連到中國古漢語本身，又關連到整個生活世界，當然也關連到當前整個學術世界。如我們說「道德意識」時，會馬上想到一個英文的詞跟它對應，叫「morality」或「moral consciousness」。我想提醒大家可以先不要這樣，我們不妨先就「道德意識」這四個字來說。「道」是「總體義、根源義」；而「德」是「內具義、本性義」。

「道德」這兩字連到一塊，其實是說回溯到那總體的根源，由那總體的根源之所發、之所顯現，落實到我們每一個人內在的本性，是這樣合著說「道德」。這樣說就符合，比如說老子《道德經》裡說的「道生之，德蓄之」，也合乎《論語》所說的「志於道，據於德」。「志於道，據於德」的意思是說，人有一主體的自覺，這主體的自覺是投向於那個總體的根源，宇宙萬有一切的根源，這根源是理想、價值的根源。人們對這樣的一個理想有一個定向，我們說「志於道」。正因為人們「志於道」，所以「道生之」。「人能弘道，非道弘

人」，正因為人能弘道，人之「志於道」，而使「道生之」，就在這相互的過程裡才有所謂的「道」之彰顯而落實於「德」，落實於人的本性上就是「德」，華人是這樣講道德的。

二、「道德」的兩個向度：「生長、創造、動力」與「法則、規範、限定」

「道德」對華人來講是生長，是創造，它代表一種生命內在的動力。這個生命從個人小我的生命到宇宙大我的生命，它們彼此通而為一。我們這樣定位以後，這裡所說的「道德」，與我們一般所說的譬如說以法則、規定、規範、限定來說的道德，是不同的。道德有它的法則義，有它的規範義，有它的限定義，但是我們剛剛那樣說的道德是以生長義、創造義、動力義為主的。

我們華人文化傳統談道德，其實都必須回溯到總體的根源處，必須落實到人的內在的本性處來說，而不是落實到「客觀的法則、具體的規範或強迫的限定」來說。不過這並不意味在中國文化傳統裡，道德沒有法則義、沒有規範義、沒有限定義；這也就是說，我們法則義、規範義、限定義不是優先的，不是首出的，而是衍生出來的。

這與西方文化傳統剛好形成非常強烈的對比。西方文化傳統的道德是以法則義、規範義、限定義為主的。以基督宗教的文化傳統來說，它最重要的有兩個戒律是：「你必須要愛上帝」、「你必須以同樣的方式愛你的鄰人」。「敬愛上帝」與「愛你的鄰人」，這樣的客觀的法則，給以具體的規範，帶有一種強制性的限定，它是以這樣的方式出現的。跟我們中國古文化傳統經典談到的「仁者愛人，有禮者敬人」、「道生之，德蓄之」、「志於道，據於德」對比起來，有很大很大的不同。

三、中國文化強調「感通」而上透至本源；西方基督教傳統強調「誡律」落實為客觀法則

在傳統文化的對比裡，我們可以從這「神人、物我、人己」這三個根本面向來看，我們講「天人合德」、「物我合一」、「人己不二」，我們把「天人、物我、人己」通而為一。這樣的傳統強調的是「宇宙萬有一切通而為一」，相信後頭有一生命的互動感通，並關連成一個不可分的整體，所以它強調的是人跟人、人跟宇宙、人跟萬有一切的最真實內在的關係，這個關係在儒家用「仁」這個字眼去說。從「仁」這個字眼上說，其實可以把「仁」理解成彼此的真實的感動。「仁」是「彼此的感通」，由此才導生「義」為「客觀的法則」。我們可以發現「道德仁義」這四個字，它是「道」在最先，「德」在其次，「仁」再其次，「義」再其次，如果再加一字就是「禮」。它是這樣一個導生的過程：由道而德，由德而仁，由仁

而義，由義而禮，由「總體的根源」而有「內在的本性」，由內在的本性而有「彼此的感通」，由彼此的感通而有「客觀的法則」，由客觀的法則而有「具體的規範」，它是這樣連在一塊，這個系譜就是這樣。當然你繼續揣摩下去，如果由「禮」再下去就是法家說的「法」了，「法」重在「刑賞二柄」，這就是「強制的限定」，我們的道德哲學就是這樣連在一起的。

西方基督宗教傳統是從「客觀的法則」切進去，因信稱義，從這切進去。你對上帝給出的客觀法則與客觀的紀律而因信稱義，在那裡做一個定點而往下延伸，那就是由客觀的法則到具體的規範，由具體的規範而落實到強制的限定。我們在客觀的法則上頭求一個彼此的感通，而彼此的感通我們說有一個內在的本性，而內在的本性必須回溯到總體的根源，這個對比很重要。這個提法想說的是，我們這個族群所構成的文化傳統跟西方的文化傳統是有很大不同的。包括我們現在使用的方塊文字，在人類的幾個大文明裡頭，圖像性的文字只有我們還在維繫著，大部分的文明都改成了拼音文字。甚至他們有一個謬論，認為我們的圖像性文字只能具體地表象，做一些具體的、形象性的思維，而達不到抽象的層次。

這個說法是錯的。這個說法是因為站在西方人的觀點，他們很難理解為什麼圖像性的文字仍然能表達抽象的層次。因為在他們思考裡面，從具體到抽象，從個別到普遍，這中間是一層一層逐層往上遞進，並且是斷裂的關係；而我們是彼此交融成不可分的總體，是一個連續體，這有很大的不同。這牽涉到我們這個族群怎麼樣去看圖像，怎麼去看一個具體的事物。我想說的是，我們談道德哲學是不能離開存有論（ontology），離不開形而上學（metaphysics），離不開人作為一個主體的人怎樣進入到世界來，怎麼看這個世界，怎麼參贊這個世界。因為你用什麼樣的方式來看這個世界，世界就用什麼樣的方式來迎向你，然後在這個過程裡，你找尋到你該當怎麼辦。

四、道德的系譜：失道而後德，失德而後仁，失仁而後義，失義而後禮

為什麼中國的道德哲學到後來變得這樣虛假呢？中國道德哲學不但沒有如前我們說的回溯到總體的根源，自如其如地生長，就連最根本的彼此的感通，就連具體的規範，常常都是一塌糊塗的。其實，這與我們的生存資源，與我們其他的資源分配等各方面都有很重要的關係，還與我們兩千年來的帝王專制傳統有密切的關係。我記得前幾講曾經花了一些工夫做了一些整理，我們通過「三綱」：君為臣綱、父為子綱、夫為婦綱來處理一些相關問題，處理到整個中國人心靈意識裡非常麻煩的問題。一個是國君，「君為臣綱」；一個是父權的父親，「父為子綱」；一個是男性中心，「夫為婦綱」，這三者造成中國兩千年來一種宰制性的高壓控制，這樣的控制，連著血緣性縱貫軸形成一種密不通風的系統，這系統使得我們原來

的道德學很多可貴的東西不見了。

其實回到《老子》書，第三十八章已經點出了相關的道德系譜。我認為這一章大約是在春秋末、戰國初甚至到戰國中期寫成的，或那個時候重新修改而成的。《老子》書的成書年代是有爭議的。《老子》五千言雖然很短，但它絕非一個人當下就寫成的，它可能是寫了又傳抄，又變化。像這章講的「失道而後德，失德而後仁，失仁而後義，失義而後禮，禮者，忠信之薄而亂之首也」，「道」失去了就強調「德」，德失去了就強調「仁」，仁失去了就強調「義」，義失去了就強調「禮」，這個脈絡與我們前面講的理論邏輯脈絡相同。失去了那個「總體的根源」就強調「內在的本性」，失去了內在的本性就強調「彼此的感通」，失去了彼此的感通能力就強調「客觀的法則」，失去了客觀的法則當然就要強調「具體的規範」，當我們努力強調具體的規範的時候，人們內在的忠信，內在的那個「忠」和「信」已經薄弱了，一切的禍害，一切的亂世就已經開始了。「禮者，忠信之薄，而亂之首也」，其實已經不是禮，而是落到刑賞之法了。「刑賞二柄，人主之具也」，這是《韓非子》說的，「刑」跟「賞」這兩個權柄是人主控制一切的手段，進到帝王專制兩千年，這就不得了。我們現在去談中國文化，一方面要有歷史的深度理解，一方面對我們這個族群原來所開啟的那個哲學原型的發展可能，我們要去了解，這點很重要。

五、透到宇宙造化之源的「生生之德」，落實而為「一體之仁」

回到「道生之，德蓄之」、「志於道，據於德」那個傳統去了解「道德」，並進一步去了解「仁義禮」，這樣的「道德仁義禮」其實是很能彰顯中國道德的哲學特質。徹底地說，中國的「道德」哲學必須回溯到宇宙總體的根源，談到最後，我們重視的是「生生之德」，重視的是「天地之大德曰生」，這是《易傳》裡的話。我們從「生」的源頭，從「生生」的動力來講「德」。這樣講「道德」是生長，是創造，是動力。

王陽明講「一體之仁」，講人跟人彼此有關懷的動力，經由彼此關懷的動力，與外在的任何事物通而為一個不可分的整體。孟子稱「仁義」，講「仁義內在」，「義」之作為客觀的法則，但它的根源是內在的，不是外在的，這是孟子所強調的。道德哲學很深奧，而且涉及一些相當深、相當麻煩的問題。如我剛剛談的，這樣的一種理解方式跟我們怎樣進入到這個世界、彼此怎麼相互影響有著密切的關係。你怎麼看待這個世界，看待時你用什麼樣的方式來表達，這跟整個道德意識、價值意涵是密切相關的。

我們剛才講，圖像性的文字在我們華人文化傳統裡，為什麼到現在為止還一直在使用。這已成為全世界幾個大文明唯一而獨特的現象。除了漢字文明以外，幾乎幾個大的文明用的都是拼音文字，只有我們用的是圖像文字。這牽涉到我們看這個世界時、這個世界向我們顯露時，「象」與「形」何者為優先的差異。

六、中西形而上學的區別：「象在形先」與「形在象先」

在華人文化傳統，「象」是在「形」之先，這很獨特。當我們經由圖像去揭露意義，就不為「形」所限制。這個很重要。一樣，當我們面對某一個客觀法則時，也不太受這個客觀法則的限制。我們在客觀法則後頭，找尋一個更有創意的、原生的、調節的、和諧的氤氳的力量。任何客觀法則我們都要這樣重新來一遍，但因此也會造成很大的麻煩。有的東西是它衍生出來的，有的是它原生的。

引經據典地說，《易傳》裡有這句話：「見（現）乃謂之象，形乃謂之器。」「道」之所顯現的即為「象」，這個總體根源所顯現的「象」，經過具體化的過程、形著的活動，往上追溯，叫做「道」。形著具體化的活動，而下委其實，這叫「形而下」。「上」是上溯，「下」是下委，「委」是轉折而成為一個東西，下委其實，這時候我們說是「器」。上溯其源叫「道」，下委其實叫「器」。這個過程有個重要的中介是「象」，照我們文化傳統，象在形先，而形不在象之先。西方的存在論傳統或形而上學傳統在認識上來說是強調「形在象先」的。這也就是說：我認識一個東西，這是有一個具體的東西擺在那裡，作為我去理解它、把握它的對象。這個東西是之所以為東西，「形」在前，它呈現出來的東西是離形一層的，並不是形之自身，而只是表象。這跟我們在《易傳》裡說的「象在形先」不同。在中國古代典籍裡，不只《易傳》這麼說，老子《道德經》也說「道之為物，惟恍惟惚，恍兮惚兮，其中有象，惚兮恍兮，其中有物」，「象」仍在「物」前面；又說「執大象，天下往」，說「道」是「象帝之先」，說在一切「象」之前，那個根源是「道」。

七、「圖像文字」與「拼音文字」的差異：「散點透視」與「定點透視」

這聽起來很深奧，很難理解，但都是經典裡的。我舉一個很具體的例子你們就了解了。你們覺得我們所畫的畫，中國古代的畫，以山水畫為例，山水畫跟西洋的風景畫有很大的不同。它最大的不同在哪裡？西洋的水彩風景畫是定點透視，從一個定點來看畫家看到的，畫作的遠近合乎物理的比例。而我們中國的山水畫是不合乎物理比例的。如果你拿西方的風景畫，回過頭來說我們的山水畫的畫師沒有物理學的腦袋，不合乎物理比例，這樣的指責就錯了。因為我們不是這樣看這世界的，我們看這世界，不是站在一個定點來凝視這個世界，而是悠遊其中，我們是走進去看，與它關連為一，而不是凝視地看。畫是要走進去畫的，走進去畫而要把它表現在畫上是很困難的一件事，這用的是「散點透視」。它的透視點是移動的，也就說：它所顯的象，不為它的形所拘束，它的「象」已經超過它所要畫的那個「形」了。因為它要通過那個「形」所要顯的那個「象」，而更接近本源。這本源就是我進到裡面悠遊，去遊山玩水那樣的本源，這一點很重要。這在華人文化傳統是非常獨特的。

你會聽到老一輩會告訴你，你看這幅畫的時候要走進這幅畫，好好看這幅畫。這句話你一聽就能聽懂，而且你站在那裡就真的能走進那幅畫。你怎樣走進去，你移形換位，就好像武俠裡的移形換位。因為你的心不為你的身所拘，你的神不為你的形所拘，你的心靈意識活動就這樣飄然進到畫裡去了。這對我們華人來講是很容易理解的，就是如此，我們平常都是以這種方式來思考問題，包括我們看世界都是這樣的。這就是我解釋為什麼到目前為止，我們還是使用圖像文字，而不是用拼音文字。圖像性的文字的學習，它最重要的不是指向一個對象的定執的把握，它其實有生命真實的互動和感通。

語感是很重要的，附帶一提，如果你學習中國的古文，如果你通過語法的把握來寫古文，那你寫不好古文。古文的學習其實很像舞劍，很像唱戲，很像打太極拳。它基本上是一個陰陽開闔、上下跌宕、如其韻律而呈現的過程，這才能「源泉滾滾，沛然莫之能禦」地出來。它是依循著存有的韻律生發出來的，這文化傳統非常獨特。我可以跟各位講，這也是中國文化為何經歷了數千年，到目前為止，很多大的文明系統都已經被斬斷，中國文化傳統卻是綿延不絕，這跟我們剛剛所說的有密切關係。

八、經由文化傳統的理解，對道德哲學理型有恰當的定位，才能有真切的診斷

現在回到道德學上來說，華夏文化傳統它不從客觀的法則直接切進，它告訴我們在這「客觀的法則」上頭有更重要的「生命的感通」，更重要的「內在的本性」，更重要的「總體的根源」。這道理的講明，我們就可以恰當地釐清整個中國哲學有關道德哲學後來所衍生出的種種問題。這種種問題真正的樣相是什麼？比如我們說「道德」總免不了法則義、規範義、限定義，道德落在實際層面，居然發生了「以理殺人」的嚴重後果，這是非常不合理的。道德規範教條落在人間而造成人間煉獄的那種現象不是沒有過的。這樣的症狀後頭所關連的，不是以客觀的法則義、規範義、限定義為主導的模型所引申出來的，而是以生長義、創造義、動力義為主導的原型結構衍生出來的後果。這很值得注意。

在西方一樣有如上所述的嚴重問題，不是只有中國文化傳統才有道德低落的年代，西方也有道德低落的年代。中世紀末，宗教裁判對於異端者的審判，像伽利略、哥白尼，他們遭受迫害，這涉及到的道德哲學問題，其後頭的原型與我們的後頭的道德哲學原型是不同的。釐清原型與原型後面的嚴重後果的不同關係，是必要的，要不然你就無法真正治療這個族群面臨的問題。大家理解我這個意思嗎？這意思是說，這個病症如果診斷錯了，那我們在族群裡整個的改革將會面臨很大的困境，因為你下的藥是錯的。同樣是發燒，它很可能有各種狀

況，腸胃炎發燒，跟感冒發燒都是發燒，但是治療的方式是不同的。不能以為吃了退燒藥就了事。如果是腸胃炎發燒而你用的是感冒藥，那發燒是不會好的，而且可能會更嚴重。

當你看到中國道德低落的狀況，你要怎樣恰當去了解？我認為必須對道德哲學的原型有恰當的把握，對歷史發展的脈絡必須如實理解，對當下的實況到底是怎麼回事你必須深入詮釋、定位。所謂深入的詮釋、定位，必須關連整個傳統的歷程發展，關連到最原初的原型的理解和把握；要不然，你所給出的診斷往往可能是空洞的幾句話，或你給出的藥很具體，但很可能是錯的。比如說我們這個族群沒有西方基督宗教的絕對一神論的傳統，而西方基督宗教的絕對一神論傳統發展出了民主，發展出了法治。這並不意味著我們也要有與西方一神論一樣的傳統，才能發展出民主和法治；而是在我們學習西方民主、法治的過程，我們要了解到西方民主、法治後頭是一神論的傳統。我們現在展開民主法治的時候不是一神論的傳統，我們是多神論，是多元而一體歸溯到「道」的道論傳統，我們應該做些什麼樣的調整才可以使我們的民主和法治有恰當的發展，這一點很重要。

九、未能深入文化傳統底蘊，只從表象病灶就開藥方，不但無益而且有害

有人說，西方因為在基督宗教的文化傳統裡有所謂的「原罪」意識，而引伸出「幽暗」

意識，因為這個「幽暗」意識不是直接的人性本善的肯定，因此比較容易發展出民主和法治。這說法有某種言之成理的因素在，但這並不意味著我們現在要強調人的原罪意識和幽暗意識才能發展出民主和法制。這是兩個不同的樣態。我們應該問自己怎麼樣不失主體性，又能對人類文明的發展維持我們的貢獻。截至目前為止，足以跟西方文化這麼大的傳統作對比，且能跟它展開一種主體際的對話的、真正具有這麼大力量的，就只有中國文化傳統。勉強說印度文化傳統也是，雖然伊斯蘭文化傳統也可以跟它對話，但伊斯蘭文化傳統畢竟也是一神論的傳統。就宗教傳統來說，華人文化傳統是非常非常可貴的。我們要理解，我們不能拿西方文化傳統形成的固定模子作為對比的起點，並且壓倒性認為那就是標準。那是不對的。特別是到了二十一世紀的現在，我們應該仔細了解，千千萬萬不能忽略，因為忽略了，你就不自覺被整個文化霸權機制所滲透、所侵蝕，而你毫無自覺完全接受了它。一旦你誤認為就只有那種方式，反而會造成嚴重的後果。這是很奇詭而值得重視的一個現象。這牽扯到我們華人心靈意識的生存結構，跟西方人廣義的、以西方主流文化為主的心靈意識的生存結構是不同的。

我順便說一個很有趣的例子，「九二一大地震」是在一九九九年秋天，在台灣發生的大地震。那次大地震死了很多人，我老家全垮了。我那天晚上十一點多剛好回到老家，凌晨一點四十七分大地震。家裡只有我跟我媽媽，父親剛好在住院，最先倒塌的是我父親住的主房，算很幸運，逃過一劫。第一回震之後，我背著母親跑出來，第二回震，全都垮了。「九二一大地震」真厲害，地震之後，很多人處在驚慌恐懼之中，我一樣會有的。誰不驚慌？誰不恐懼？什麼叫生死存亡？什麼叫劫後餘生？我出了院子，看到南邊的天整個是紅的，南投酒廠爆炸起火，就好像看到戰爭的可怕，很像在影片中看到戰爭的樣子。大地震之後，多少人處在創傷、恐懼、驚慌裡。台灣很多心理諮商師、精神醫師、輔導老師投入救災，這裡有許多是到美國留學的。起先，他們到災區輔導，效果並不好。因為他們起先用的是洋方法，但沒進到這些災民心靈裡。這些災民是怎麼醫好的？到廟裡去，廟裡有「收驚」的阿嬤，最有名的是台北的行天宮恩主公廟，它是祭祀關聖帝君的。幾個儀式做下來，竟就好了。

我舉這個例子就是說，我們整個心靈機制、心靈土壤是與洋人不同的，輔導學，教育學如果不跟文化土壤結合到一塊，你展開的心理治療活動常常會是事倍而功半。這很嚴重。舉這個例子就是要說明很多理論得要具體經由生活層面的驗證，理論不是那麼理論的，實際不是那麼實際的。實際必須通過理論來進行反思，你才能恰當把握它，理論必須通過實際的反思，才能建構起來。我們再想一想，近一百年來，多少知識份子給自己的國家民族開藥方？依我看，開的藥方常常不是八九不離十，而是八九皆離十，差很遠。截至目前為止，我們看到有關中國未來的發展的時候，仍然很多知識份子積極地開藥方，但開藥方時沒有對中國哲學、中國文化傳統做深入的理解，因此給出的藥方是有問題的。

十、時移勢異，在現代化進程裡，中國的道德哲學正在變化

人作為人，跟其他各種存在事物不同，人文學與自然科學是不同的。自然科學有它的普遍性，人文科學有它的普遍性，人文科學的普遍性必須關連到它整個傳統的差異性，才能恰當理解它的普遍性，人文科學的普遍性不是跟傳統無關，跟人無關那樣的普遍性。自然科學可以跟傳統無關，跟人無關，它是一個跟人可以區隔出來那樣的普遍性。有中國哲學，有印度的哲學，有美國的哲學，有歐洲的哲學，我想不會出現一個中國的物理學，美國的物理學，歐洲的物理學，不會的。只有在近代科學之前，在物理學史底下的中國當時的物理觀，導生出的一套學問系統跟近代所說的物理意義不同。人文學這個學問必然要跟我們整個生活世界，跟歷史社會總體密切關連在一塊，跟我們心靈內在的機制時時刻刻一直在互動。這一點是我們要仔仔細細，要好好思考的。

既然如此，我們回到道德哲學來看時，就要去想一個問題：中國十三億人口了，可能還更多，這十三億人口在現代化的進程發展裡，發展得不錯。但是，我在報紙上看到了有個地方叫愛滋病村，我看了很難過，可見我們很多地方發展得很不平衡。我們發展有些問題，農民被迫去賣血，因此感染了愛滋病。這是很可憐的一件事。現在國家經濟起飛了，人民生活所得提高了，物質整個飛躍、進步，整個社會也在變動。這變動的過程裡，中國人在他生命

裡頭如何找尋恰當的安身立命之處，這是我們對道德哲學有深入理解的朋友都會關心的。在經濟發展過程裡，我們的政治社會如何恰當地跟著發展呢？

有了網際網路之後，與沒有網際網路之前，人們的溝通方式會一樣嗎？不一樣。人們的溝通方式不一樣，人們心靈很多內在的意識會一樣嗎？不一樣。因此導生出來的倫理規則、道德法則會一樣嗎？也不一樣。它們整個在變化。那麼請問人們能回到沒有網際網路的年代嗎？不可能。除非很嚴重的毀滅。現在是不可能的。想像假使你能操作一個不可見的巨靈，能讓全球的網際網路暫停二十分鐘，這個世界可能就毀了。也可能不需要二十分鐘，可能更短，現在網際網路時時刻刻在動。整個中國大陸網際網路傳輸不得了。手機有多少台？我以前聽到三億，現在可能不止了吧。在整個發展的過程裡，國家的整個組織形態必然要變化，人的道德意識的表現方式也要變化。時移勢異，回到中國文化傳統裡，還有什麼資源我們可以重新把它釋放出來、參與到我們生活世界裡面來？這是我們應該要關心的問題。

記得西元兩千年，我在武漢大學跟幾個朋友做了中國哲學、西方哲學、馬克思主義哲學的對話。馬克思主義哲學這幾十年來對中國大陸，由於官方極力推動，已經造成一定影響。前一陣子，我到吉林大學演講，當時有學生提出，他們對這很有意見，他問我說，我覺得怎樣？我說，因為作為官方的東西在華人文化傳統一旦被強化到一定程度，便會有些不同意見，就像以前我們在台灣對三民主義也一樣有意見。不過，顯然是有變化的，昨天我在旅館裡，看著新聞報道國務院總理溫家寶先生的談話，我覺得這個談話充滿著溫情，既有儒家、又有道家，也有佛教。可以看到是一個新時代的表徵，一切都在變化中。這些年來中國文化傳統在中國大陸蓬勃發展，真的是春風吹又生，增長速度非常快。

十一、正視文化傳統的力量，有助於整個族群的認同

我有位朋友王財貴教授推動全球兒童讀經運動，不止台灣，不止馬來西亞、美國，現在中國大陸也都有了。不止有了，據報道有五百萬兒童讀經，現正要向八百萬兒童邁進。兒童讀經，這與民國初年對比，蔡元培掌管北大時，廢除讀經，而現在我們要重新讀經，讀四書五經。不只是如此，也要讀西方優秀的文學、宗教的經典、背誦莎士比亞。有個朋友告訴我，不知是真是假，就是說中國準備在奧運的時候，要十萬兒童朗誦莎士比亞，如果此事果真，會對全世界造成一個震撼性的影響。這正表明我們是一個面向全世界開放的族群、我們是一個面向全世界的國家，我們不是守在自己的文化傳統，而是邁向全世界的。我們兒童的教育是繼承了全人類文明的遺產，不僅僅以共產主義為主，不僅僅以中國文化傳統為主，我們涉及所有人類。其實，華人幾百年來終於有了新生的可能，我們要好好回到自己文化傳統做恰當的理解。我們怎麼樣把古代經典的意義好好釋放出來，參與到人類文明的互動、對

話，這是我們的責任。我當然鼓勵年輕一輩的朋友，我們除了把中文學好，也就是說你至少要讀十本古書以上。十本古書只是幾十萬字而已，當然更多更好。《論語》、《孟子》、《老子》、《莊子》，還有《大學》、《中庸》，以及佛經，像《金剛般若波羅蜜經》，以及《唐詩三百首》，《楚辭》、《詩經》加起來也只有幾十萬字而已，沒有錯，不是很多，《老子》才五千個字，《莊子》也不一定要三十三篇都讀完，內七篇也就可以湊和湊和了。但要知道，正視文化傳統的力量，讀經是必要的教養，這有助於整個族群的自我認同。

除此之外要把外文學好，學好外文的用意是我們要把我們經典的意義釋放出來，參與到他們之中。因為他們學我們中文，講話聽起來好像學得容易，但看書很難，真的，我的很多外國朋友是漢學家，我的英文不算好，但相比之下我的外國朋友他們的中文肯定比我的英文還不好，這是肯定的。因為我們一直在學習人家，所以基本上我們了解他們要比他們了解我們多，強勢文化理解弱勢文化，弱勢文化未必沒智慧，弱勢的文化智慧往往是很深厚的。強勢文化是政治、軍事、經濟上的強勢，但未必是文化上的強勢，文化的強勢是長久的。原來羅馬人是反基督教的，後來羅馬人變成維護基督教的最重要的資源，很有趣吧。滿清人原來反對我們漢文化，入關之後，竟成為漢文化最重要的守護者之一。很有趣的。商朝文化跟周文化誰比較高，商文化比較高，但周文化繼承了商文化，竟成了整個夏商周文化下來的集大成者，從周公「制禮作樂」到孔老夫子「集大成」。我這麼說是要說，中國文化在人類文明發展裡，在二十一世紀裡，有機會不止大放異彩，有機會真正參與到人類文明發展，真真正正扮演更為重要的角色。當今人類文明發展已經不可能不重視華人文化傳統的重要。當然，道德實踐的發展過程裡，我們的「道、德、仁、義、禮」這五個字由上往下排，從「總體的根源」到「內在的本性」，到「彼此的感通」，到「客觀的法則」，到「具體的規範」，我們說客觀的法則可以往上提到「道」、「德」、「仁」這三個字，而在西方的道德哲學傳統，則可從「義」切進去，從客觀法則切進去，再落實為具體的規範。我們並不是說因為上溯至源頭，所以我們比較優越，而是說這個溯其源頭所表現出來的形態後面的機制不同，它有更多值得我們重新去鑒定、去思考的地方。

十二、解開「道的錯置」，才可能開啟新時代的「王道」理想

強調這一點要做什麼？因為不同的文化機制，處世的方式就會不同。當中國對這個世界有更大影響力的時候，美國的布希就不會用這種方式對待伊拉克。這種方式對待伊拉克，用中國的傳統來說，是霸道。相對於「霸道」，我們傳統強調的是「王道」，「王道」與「霸道」是不同的。當然，中國是不是已發展到足以用「王道」的方式來面對這個世界，恐怕還沒有。我認為還有三、五十年。恰當發展的話，中國文化傳統要好好真正發展出來，也要

三、五十年，它不會那麼快，三、五十年已經算非常快了。中國文化的發展，從秦漢之後兩千年，基本上並不是如我們剛所說那樣美好地在發展，而是朝一個我認為比較糟糕的方式在發展。我這樣說會不會陷入到說中國從秦漢以後就完全停滯的思考？其實平心而論，從秦漢以後，中國文化傳統的發展的確是有一些停滯，它之所以停滯，正因為它陷溺在帝皇專制傳統裡面。在帝皇專制傳統裡形成了我所謂的「道的錯置」的狀況。

「道的錯置」就是我常說的，以帝皇專制的國君為一切管控的核心，把它連結到血緣性縱貫軸的傳統來，連結到我們整個文化道統上來。「宰制性的政治連結」的「君」與「血緣性的自然連結」的「父」連成一氣，這麼一來就把父道、父親的「道」與「親」減弱，而強化了「父權」。再者，它連接到我們文化道統的最高連結體那個「聖」，「聖」是「人格性道德連結」的最高頂點，一旦被掠奪了，「聖」的教化意義及「聖」對人的生命啟發就變弱了，它變成強制的規範。這時的「君」成了「聖君」，「君」成了「君父」，「君」這「宰制性的政治連結」把「父」之「血緣性的自然連結」，把「聖」之「人格性的道德連結」全部掠奪了。

我們可以發現這兩千年來帝皇專制傳統使我們的道德哲學以強制、以規範、以權柄控制作為主導方向，它失去了道德哲學原先的真意。回到孔、孟傳統裡去看，你會覺得怎會是這樣呢？原來儒家強調那根源性的、生命自得的回歸、回溯與開啟，它的目的是落實在人間裡頭實踐的。結果我們發現，落實在人間實踐時沒有在政治社會有一總體而恰當的實現，勉勉強強是在人倫世界裡實現。這個人倫世界一樣被這個帝皇專制傳統所控制，它強化了父親的權柄，強化了男性中心，像女子「三從四德」的傳統被強化了。就這樣，在這過程裡，原先那根源性的、生命自得的回溯與開啟的落實碰到了困難，逐漸，它開啟了一種帶有境界形態的修行。中國很多讀書人，大概從秦漢以下，到了唐宋以後，我們發現他們強調的道德，除了在人倫日用以外，也常落到父權對於子弟的壓迫。我們唯有解開這種「道的錯置」狀況，才可能開啟新時代的「王道」理想。

十三、「境界形態的修養」容易異化為「阿Q式的精神勝利法」

大體說來，在兩千年的帝制影響下，華人的道德實踐逐漸轉向心性修養，或者說，以心性修養來取代道德實踐，甚至還強調人的心靈境界怎麼提升。我們還可以發現一種獨特的現象，原來的道德強調要回到根源性的總體，又要走向歷史、社會、政治的總體裡面。結果，因為帝制、父權等專制的高壓，它慢慢往內強調心性的修養，往上強調境界形態、生命境界、形而上理境的開發，由於太強調往上往內，因而要進到生活世界反而受到限制。換言之，通向「外王」有它實際的困難，因而反過來要求「內聖」。「內聖」是個偏枯的「內聖」，並不是真實的「內聖」，偏一邊的、枯萎的，是很內斂的「內聖」，沒有辦法內外通貫的「內聖外王」的「內聖」。其實，「內聖」必須是與「外王」交貫一體地展開才是，要不就會有它的虛假性。

這就是我這些年來一直強調的議題，我們要問：為什麼我們的文化傳統那麼強調道德實踐，而後來居然變成一境界形態的修養，又異化扭曲變成阿Q式的自我精神勝利法那樣的自我安慰。「不要跟他計較了！」不要跟他計較，是因為你沒有那個道德內在動力跟他計較；「不要跟他一般見識。」是因為你根本沒有那個道德實踐的動力去跟他好好談論這個問題。你忘記了孟子所說「自反而縮，雖千萬人吾往矣」！這時，你當然忘記了孟子所說的種種，作為一個人，一個生命必須投到這個世界，他不會告訴你「哎，你不要多說話！」；他會告訴你「余豈好辯哉，余不得已也」，會告訴你要「知言」，如何「知言」？要「詖辭知其所蔽，淫辭知其所陷，邪辭知其所離，遁辭知其所窮」。要如何「養氣」？「其為氣也，至大至剛，以直養而無害」。你看這彼此之間相差多遠。這兩千年，不短的時間，使人性扭曲到無以復加的地步，當然幸虧我們這兩千年來民間的教化傳統一直存在，還有與民間的宗教、習俗種種結合在一塊，總的來講人倫孝悌是存在的。我們相信自然天地、無為無執，有一調節的生命力仍然在氤蘊造化。然而，我們發現對根源性倫理的追求轉了，它變得封閉，它把自我封閉當「慎獨」。

十四、突破「順服的倫理」，正視「慎獨的倫理」，開啟「公共的道德」

「慎獨」在《大學》、《中庸》裡是極重要的倫理學理論，「慎獨」不是自我封閉，「慎獨」是對生命內在的主體良知有種謹慎的真實默契，因此能上及於一根源性的本源。「無聲無臭獨知時，此是乾坤萬有基」，這是王陽明的〈詠良知〉詩，這個「獨」是無造作相、是獨立無匹的，最後要涉及到宇宙造化根源、絕對的獨體良知。這是何等深奧，這很了不起的！結果「慎獨」成了自我封閉，這種自我封閉放在權威控制下，轉成一種順服的倫理。在這過程裡，中國傳統道德哲學很多很可貴的內涵就不見了，精華都不見了。有個錯誤的想法出現了，誤認為中國傳統道德是教我們把脾氣修養好，誤認為脾氣好就是道德高。我常糾正很多朋友，脾氣好未必道德好。脾氣與道德不一樣。脾氣、修養有時候是屬於很個人的事，是private，而道德是公共的，是public，是屬於公共的事物。「道」涉及到根源的總體，你尊重總體而形成根源性的動力。這根源性的動力有種調節性的力量所構成的總體就叫道，「道」在這裡生長，落實到你的生命裡頭就成了你的「德」，「天地有道，人間有德」。

天地場域源泉滾滾地生發，作為個體而承受著由此生發出來的氣息，而構成你的本性。現在要是我們這演講的場域，聲音變得嘈雜，天氣變得寒冷至極，麥克風沒有了，聲音也沒有了，就在這「天地無道」下，請問你的「德」怎麼好起來？不可能。道德是一個公共事物下的總體與個別之間的辯證關連。「道生之，德蓄之」、「志於道，據於德」，這樣互動關連才是「道德」。我們華人文化傳統居然誤認為一個人脾氣好好的就叫做有「道德」。我想跟大家說，其實剛好相反。脾氣裝得很好的人面對公共事物，面對公共應該如何的時候，是最屈服於專制的！最屈服於專制的，就脾氣好。兩千年來這個問題很嚴重，在這發展過程裡，現在已逐漸走出威權體制，但仍處在非常嘈雜混亂的狀況，不過民間的生養力量仍然是非常豐富的。可以說是：天地之道默運其間。你從電視畫面上看到的台灣，那台灣應該早就瓦解掉了嘛！台灣為什麼依然穩穩的？主要是社會力量很大，民間有很多力量，它形成了一調節性的機制，就這樣穩住了。

十五、正視「個體性」，免除「個人中心主義」，才能開啟公民社會

中國大陸現在繼續發展，經濟慢慢蓬勃起來了，人的自我概念變化了，未來要面臨的處境跟以前不同了。華人以前「自我」這個概念是從「小我」通到「大我」。我們想一個問題一定是以群性、以總體來思考，或者至少是以此為背景，以此為主導。現在慢慢變化了。這個變化再過五年，再過十年，就不得了了。它變化到令你相當難處理。這就是為什麼要好好了解我們自家文化傳統，好好把它意義釋放出來，參與到目前的發展過程裡，作為對話的一

個因子，讓它趕快加入到對話的過程裡，它會調節長出一個新的可能。要不然會來不及，會變成自我個性的突出，以「個人」為中心。如果沒處理好，會誤將「個人中心主義」（ego-centralism）當成「個人主義」（individualism）。

個人中心主義跟個人主義不同，「個人中心主義」是有「我」無「人」，而「個人主義」是你必須正視你是個「個人」，別人也是個「個人」，每一個人的「個體性」都要受到尊重。華人原來「民吾同胞，物吾與也！」這種以天下為一家的胸懷很了不起，但如果沒有處理好的話，讓資本主義的心靈意識穿透到我們的文化傳統裡頭，導致有我無人的個體性高漲，不正視別人個人的個體性，那它將是社會動蕩的原因。這很嚴重。華人學習注重每一個人的個體性，對我們來講不太容易。因為原來我們是由總體來注重每一個個體，每個個體是儘量以「無我」來成就「大我」，並讓生命獲得安頓，而不是正視你作為「小我」的個體。這一點是華人未來要面對的最嚴重問題。中國大陸未來五年至十年之內，這個問題會非常非常重要。如果沒有處理好的話，將會非常麻煩，而這卻是西方帝國主義、資本主義他們所樂見的。西方人其實很害怕中國人強盛起來的。總之，我們要正視「個體性」，免除「個人中心主義」，才能開啟真正的公民社會。

十六、「筷子文化」是「王道文化」，「叉子文化」是「霸權文化」

中國的強盛將可使人類文明帶來一新的轉向，這個轉向會很好的，但是中國人要強盛起來要渡過這一關。這一關適應起來並不容易。這是為什麼呢？因為以前我們的傳統是「個體」與「總體」、「小我」跟「大我」，彼此之間它們是連續的、感通的、整體的，一想到「我」就推而擴充之而及於整體，所謂「四海之內皆兄弟也」，俗諺說「表親，一表三千里」。中國強調熟人傳統，但卻缺乏對待陌生人的傳統，截至目前為止都是如此。我們面對熟人，是人不親土親，從血緣到地緣，這傳統有它的特質，不一定不好。可是要千萬記得，當我們表述自家的傳統特質時，不要以為那是壞的，而誤認為西方就是好的，那就錯了。比如說：我們不用叉子吃飯，而是用筷子吃飯；要是你拿筷子當叉子來用，你當然會罵筷子是不好的叉子。筷子當然是差勁的叉子。叉子有兩三個叉，筷子只有一個，又不夠尖，不夠硬，太難叉了。那你乾脆不要用筷子，就用叉子好了。「全盤西化論」就是這樣思考的，其實「筷子」與「叉子」是兩個完全不同的文化傳統。

我曾經演講講過一個題目，就叫「筷子與叉子」，談中西文明的異同。我後來在台灣中興大學對全校學生也講了這個題目，反應很好。「筷子與叉子」是我在一九九七年新加坡開學術會議時提出來的。記得那天大家討論中西文明的對比，我靈機一動就拿「筷子」與「叉子」做對比。筷子與叉子是工具，但在我們哲學理解與詮釋裡有著很大的不同。「用叉子」是「主體通過一個中介者強力侵入客體，控制客體，而舉起客體。相對來說，「用筷子」是「主體經由一個中介者連接客體，構成整體，並達到均衡，才能舉起客體」。我們華人文化傳統不同於西方的「叉子傳統」，而是「筷子傳統」。「筷子文化」是「王道文化」，這不同於「叉子文化」之為「霸權文化」。

十七、從「無我的真我」轉而為「有我的真我」

華人在馬來西亞有六百萬人，但馬來西亞還是馬來西亞，不是中國，我們從來沒有殖民過，為什麼？這就是筷子傳統下的「王道」，如果是叉子下的「霸權」，那大中國何止今天，當然也可能變成英國的了。但是你知道我們有六百萬的華僑在馬來西亞，一樣讀孔孟，一樣讀老莊，一樣信佛教，一樣信道教，儒學的修養一樣深厚。它放的假日比中國還中國，中國現在放假很不中國，現在全世界以放假來講，最不中國的就是中國，最不合乎中國文化傳統的就是目前的中國。中國古代傳統不見了。台灣放的假與馬來西亞放的假差不多。春節、元宵節，還有呢？清明節、端午節，七月叫鬼節，八月中秋節，九月重陽節，十月還要過個十月半，九月二十八還有個教師節，是孔子誕辰。孔子的誕生日是幾號？台灣是九月二十八日，也有推算是九月十五，這是說西曆，農曆則是八月多。在這天民間還一樣祭孔。

我們現在談的都是很實際的，大家都很感興趣，前面講的較為理論。其實理論和實際是連在一塊的。我們怎麼去面對總體跟個體這種關係呢？「小我」和「大我」是連續一體的，任何一個「小我」可以逐層與「大我」連接在一塊，而一思考就以「大我」為思考。我們傳統強調「無我」，「無我之我方為真我」。在西方自由主義的傳統叫「有我之我方為真我」，如此真我人人都有。你應該重視每一個人的真我。這是西方個人主義跟自由主義的傳統，這個傳統對我們來講必須好好調節。在原來的中國哲學裡並不是完全沒有這個因素，而是說我們必須在現代化的學習過程慢慢學會。這就是我們前面所談的「道生之，德蓄之」，談「道德」，我們要面對的，一步一步落實。我們要說以前的道德強調的是不要回報，「道生之，德蓄之」。現在我們的道德不只從「道生之，德蓄之」、「志於道，據於德」，好好真正去落實，我們還得對周遭的生活世界有一恰當的分別。從「無我的真我」轉而為「有我的真我」，正視「總體的我」與「個體的我」彼此的關係，而開啟一嶄新的可能。

十八、正視道德的創造性、生長性、動力性，從「知恥倫理」轉出「責任倫理」

責任倫理如何出現？「責任倫理」與以前的「知恥倫理」是不太一樣的。我們以前強調要回到總體裡，我們在總體裡形成一種氣氛，使得我們作為一個總體裡的一分子，思考我們該當如何才能無愧於祖先、無愧於前輩、無愧於師長、無愧於古聖先哲。現在我們面對這世界，自然資源還是很重要，但我們可能要轉到另外的資源上去，這兩者接在一塊就是責任。這是依循著一個什麼樣的法則？在什麼樣的氛圍底下？我必須如何做？這樣的思考看起來很像孔老夫子所說的「正名」，但其實不同。

孔老夫子的「正名」是在禮教下說，而現在說的責任倫理是就事物本身的責任說，這個部分我們必須重新調節，原來「道生之，德蓄之」、「志於道，據於德」那個傳統仍然有用，因為它有一個非常大的調解性的力量。華人在思考問題的時候就把自己放在這個現實的人間世界。我們姑且說有情天地也好，或者更寬廣說，天高地厚的那個天地，我們一談問題就是上下與天地同流。我們談道德時，終極地說是頂天立地。我們談道德，談到最後，我們說「某雖不識一字，亦須堂堂正正做人」。這樣的說法其實是告訴我們，我們這個族群非常注重我們內在的生命資源，而這力量是通天接地的。我覺得這個資源非常非常重要，我們必須重視這個資源，把它開發出來。千萬不要拘在小的個體之我，我們不要以為只要學習西方，拘泥於非常小的個體的我，我們就能在現代化的發展進程順利前進，其實不然。

現代化之後，人類正面臨著更嚴重的問題。中國哲學的發展過程裡，以道德哲學來說，我們一方面必須回到道德的源頭去了解它，它原先所強調的「生長性、創造性、動力性」，這是最為原型的。至於道德哲學的落實所強調的「法則性、規範性、限定性」，在中國道德哲學來講反而是衍生出來的。中國由於帝皇專制、父權高壓、男性中心這樣的傳統下，使得中國原先的那個道德的傳統，那個強調創造性、生長性、動力為主的道德哲學消失不見了，反而變成一個極端的專制、高壓、限制、規範、教條，反而使人們心靈扭曲了、異化了。原先的根源性的原理，「慎獨的倫理」異化扭曲成為一個順服的、封閉型的、內縮的倫理。現在，我們有機緣重新開啟原先的儒家倫理典型，這一百年來的跌跌撞撞，讓我們有機會重新正視這個問題。特別是這一、二十年來的改革開放，中國的進步突飛猛進，經濟的發展隨之而來的是「人的自我概念」的變化。因此我們應該好好重新理解整個傳統的原型，重新去梳理、正視和詮釋。

【現場聽眾提問】

呂錫琛教授（主持人）：非常感謝林教授給我們做了非常精彩的演講。林先生從中國傳統文化最根源處，追溯道德的原生性質。它們與我們一般理解的那種規範性、限制性的道德，根本是不一樣的，它來自「生長性、創造性、動力性」的根源。林教授又給我們闡析了那種「生長性、創造性、動力性」根源的道德如何在帝皇專制下扭曲變質。而我們今天在中西交流的現代社會中，又要如何把這寶貴資源開發出來？我們感謝林教授的精彩演講。下面我們開放自由提問。

問：林先生您精彩演講，我聽了很有收穫。想請教一下幾個問題。第一個就是剛才我們的呂錫琛教授稱您「後新儒家」，那我想問您同意這個稱呼嗎？第二個問題就是我們大陸有很多學者提「文化多元化」，您對這個「文化多元化」怎麼看待？第三個問題就是現在要弘揚我們中國的傳統文化，我們在弘揚中國傳統文化的時候，是不是要張揚先秦的儒家學說？對漢代以後的儒學應該持更多的批判態度？謝謝。

答：第一，後新儒學的提法，因為牟宗三先生是在一九九五年過世的，也可以這麼說，當代新儒學在此畫下一個句號，同時也有了一個新的轉捩點。我這些年從事的哲學工作，大概就是一個後新儒學的工作。大體來講，是以「存有三段論」來發展轉化原先牟宗三先生的「兩層存有論」。「存有三段論」的模型大體已經建立明白。「存有三段論」與牟先生的老師，也就是我的老師的老師熊十力的傳統、熊十力體用哲學的傳統更接近。再往前追溯的話，那就跟我們湖南有些關係了，是王船山的哲學。我的提法是要「由牟宗三到熊十力，到王船山」。溯回熊十力，這是開啟宇宙造化的生源，回到王船山是正視整個社會歷史的總體，我的提法是這樣的。第二、文化多元，是我非常強調的。我以為不要忘了我們無論說什麼站在哪，都要站在你這一端說，互動發展過程裡它會怎麼樣？這很難說。比如說我一直說我們要好好把中國很傳統的經典，一些很可貴的意義釋放出來，參與到現在的學術話語、論述的過程裡面。因此會不會導生出一些新的東西？這當然會。但是一定會導生出什麼東西來，我不知道，我認為只要參與，總是好的。因為有這麼多可貴的經典的意義加到我們的話語論述來，當然會讓話語論述會變得比較豐富一點，它便會有更好的發展。大概是這樣。

儒學當然是要回到先秦好好去看，從秦以後，兩漢、三國、魏晉、唐、宋、元、明、清這樣下來，各代的儒學都有它的特色。宋明儒學之所以現在被稱為新儒學正因為它有獨特的發展。這個獨特的發展就是那時有一個呼聲，要「跨過漢唐、直追三代」，就像我們現在的呼聲一樣，跨過兩千年直追先秦。怎麼跨呢？跨的時候要摸著石頭過河吧？總要過這個河，一步一步慢慢來。我認為宋明還是要跨，我們必須從宋明再往前跨，宋明漢唐先秦，還是一步一步跨。宋明儒學如果要比起漢唐來講的話，其實不要忽略了，它其實更接近於先秦。宋明的儒學比起漢唐的儒學更接近於先秦，這是原型來說。宋明的儒學不只是中國人的儒學，宋明的儒學它是整個東亞的儒學。日本、韓國、越南統統受到影響，非常強烈的影響，特別日本、韓國。想想朱子為什麼要與陳亮要爭漢唐、爭三代，他認為三代比漢唐要更優越多了，為什麼？很重要的原因，因為他認為漢唐沒有真正正視到人的心性的價值根源，而先秦老早就有了。他認為宋代的理學就是繼承了先秦三代，能夠直接通到宇宙的造化根源、人性的價值根源。就以人性的價值源頭來論，朱熹認為漢高祖、唐太宗都不夠，而要直接通到先秦，甚至是堯舜。朱熹上溯到他宋代的前輩先生，由周濂溪上契於先秦三代的孔孟之學。儒學之統經過朱熹的更為強化了，他的「道統說」樹立了一個讀書人傳統，讓讀書人的尊嚴能夠在那地方確立起來，他認為宋代要好好實現這樣的傳統。宋代沒有好好實踐朱熹的傳統，後來這被清康熙皇帝看上了。清康熙皇帝認為他是繼承這個傳統來發揚光大的。康熙皇帝是中國歷史上少有的，文治武功很強，讀書也多，他認為五百年必有王者興，朱熹後五百年就是他，他繼承了中國文化的傳統，並力求發展。康熙帝是滿洲人，他繼承漢文化有這麼高的使命感，這是很難得的，漢文化本來就是一個多元而一體的格局。

現在我們研究整個儒學傳統，必須對我們剛說的傳統有深入理解，深入理解當然先秦的典籍是最為重要的。孔孟荀最重要，兩漢、唐、宋、元、明、清一樣以這些經典為重。宋明儒學最重視的是《論語》、《孟子》、《大學》、《中庸》、《易傳》。其實不止如此，還有《春秋》，宋代的理學家《春秋》學是很重要的。現在常被忽略，現在研究宋明理學的也忽略了。《春秋》是做什麼的呢？「貶天子、退諸侯、討大夫」，《春秋》乃王者之事也，孔老夫子說「知我者其為《春秋》乎，罪我者其為《春秋》乎」。《春秋》是孔夫子依據魯國的歷史而建立的一套歷史哲學，對歷史展開道德的判斷，並且通過這樣的判斷來建構他的道德理想王國。這道德理想王國朝向世界大同，這部分為宋代理學家所重視。現在很多談宋明心性哲學，不知道這個部分，也不談這個部分，因為《春秋》太難讀了。《春秋》學難讀，超過

《易經》，其實也不是超過《易經》，而是《春秋》學的人太少了，所以更難。孔老夫子「刪詩書，訂禮樂」，當然更重要的是「贊周易，修春秋」。我認為儒學研究或創造轉化，回到先秦是必要，先秦的道德意識是非常明白的，它是一統多元的格局，是「周天子統諸侯」。儒者道德實踐的意識就在社會上，就在政治上，「內聖」通向「外王」，不是在被壓抑下求內在的心靈的安頓。它直接跨出去，這點很重要。你好好看孟子，他跟後來的儒者精神是否不太一樣。宋明理學的後學有很多是遠離這個精神的。宋明儒者原是很有這精神的，你看朱子也好，象山也好，張載也好。張載有句了不起的大話，「為天地立心，為生民立命，為往聖繼絕學，為萬世開太平」，這就是宋明儒者要做的。現代的中國人，我們要想一想有幾句大話可以這麼講，這不容易呀！現在的中國人會有新的發展可能。我們的前輩受盡了苦頭，他們幫我們做了墊腳石，讓我們有新的發展可能，我強調要回到先秦，開啟一新的人文的復興、新的文藝復興。這個部分我就回答到這裡。

問：我想問的是，中國傳統文化的原型在封建社會的發展過程中被異化，在現代社會中新儒學從「內聖」開出新的「外王」、新的科學、民主的時候，會不會有被異化的可能？我的觀點是覺得或多或少會。我的觀點是道德一旦跟政治掛勾，估計或多或少會被異化。還有一個問題是，剛才您說的人文科學研究方法，新儒學是反實證主義的研究方法。他們叫做「直覺」的研究方法。我們現在大陸的人文科學的研究方法基本是實證主義，科學主義的，我想請問的是在台灣的人文科學也是以實證主義為主，還是以「直覺」的非實證主義的方法為主？如果以「直覺」的非實證主義的方法為主，那它發展到什麼程度？還有在國外「直覺」的方法在研究人文科學取得了什麼樣的成果？第三個問題，剛才林老師提到中國傳統文化被異化的時候，應考慮到那個原型。我發現杜維明教授，他是把「儒家中國」和「儒教中國」分開來，他說傳統文化被異化的部分是屬於「儒教中國」，我們應把「儒教中國」和「儒家中國」分開來。他認為「儒家中國」的儒家傳統是絕對好的。您是怎麼認為的？

答：好，從後面這個問題說起。我就比較不贊成這麼簡單分開，這樣分，事實還是一樣的，於事無補，沒法展開更深層地思考。說「儒家中國」和「儒教中國」不同，我們要發展「儒家中國」，「儒教中國」就不要懂，請問我們心靈意識的活動是「儒家中國」還是「儒教中國」？它是連在一塊的，其實你不能通過一個區隔，說我們要什麼、不要什麼。連在一塊的部分你要去釐清。

為什麼那個原型會困擾你？「儒家中國」也不只是談心性而已，它不會只侷限於此。談心性，請問它是不是在帝王專制、父權高壓、男性中心底下談呢？現在我們怎麼從這個地方鑽出來呢？如你所說，杜先生的提法，我認為太方便了。這中間有多麻煩、多糾葛、多曲折的問題要去釐清，我向他們強調現在我們學者最重要的問題，不是說我們中國不是阿Q精神，我們是孔孟精神，我們必須學習孔子、老子、孟子、莊子，不要學魯迅筆下的阿Q，那每一個人都知道你是在做一個呼籲。可是我現在想告訴你的是，要釐清的是，孔老夫子是我們華人的道德人格典型，魯迅筆下的阿Q是當代人很嚴重的很重要的類型，它不是典型，我們希望典型是理想的，但阿Q只是一個很重要的類型，或說壞的典型好了。那請問壞的典型是不是中國人，同樣是中國人，為什麼兩個差那麼遠？我們都會說要做好的中國人，這句話我們都知道。但是壞的中國人和好的中國人有關係。這也就是說他一樣是我們家的人，怎麼變成這個樣子了，或者說這個人原來是一個很好的人，怎麼後來變成這個樣子了？我們要問這個問題，問題很複雜，不能區別開「儒家中國」和「儒教中國」，這個區隔太簡單了吧！因為他在海外，看這個問題可以這樣，他說有「波士頓儒家」，因為他在美國所以必須這樣強調，他才有安身立命之感，他是飄零的落花。海外的華裔學者是很辛苦的，即使有杜先生這麼高的成就，但是他內在的生命是處在飄零的狀態。如果你在國外呆上一段時間，認識華裔的學者你就會知道，他們非常熱情回到自己的國度裡，人文科學跟自然科學不同，自然科學可以跟人切割開來，人文科學是跟自己的生命連在一塊的。關於這一部分，儒家中國和儒教中國簡單的區分我是不贊成的。他們是密切關連在一塊，要仔細了解其中的辯證觀點。

關於人文學的研究方法，台灣有關實證主義的研究方法很多，相對於實證主義的對立面，也不能說是「直覺」。我們說是「詮釋」的方法，「直覺」的意義就比較窄。或者，我們可以用「量的研究」與「質的研究」做一對比。我的提法是關連到整個詮釋和傳統。詮釋和傳統跟原來的科學主義式的分析有很大的不同。這部分我在台灣師範大學有一套「人文學方法論」，講這個東西，已經在台灣出版了。我做的是一「詮釋的存有學探源」工作。我以為這裡有五個層面：「道、意、象、構、言」。台灣有關詮釋學方面的發展其實還算不錯，它對人文學有一定的影響。對於教育學、社會學、心理學都有些影響。台灣的本土心理學在楊國樞的大力推動下，慢慢跟中國文化的傳統有密切的結合。原來他本土的心理學重在對於「本土的心理現象」展開研究，但他的方法論還是西方心理學的方法論，經過幾十年的努力以後，他慢慢調整了，發展出一個本土心理學研究室，進而轉型成華人心理學研究中心。他們在這裡做了很多可貴的工作，他們也慢慢找尋怎麼去了解中國人的心靈機制。他們也面臨很大的限制，主要是他們對古代的典籍太不熟悉，對中國文化的氛圍體會太少。這是現在人文學者最嚴重的問題，懂西方的，就不懂中國的，懂中國的，卻又不了解西方。前面提到只要實踐就有異化的可能，所以我們要擔心異化，但是不能因為會異化而不實踐。就像吃東西就有被噎到的可能，我們只要防止一下就可以了，但不可能因此不吃飯吧？我這些年來，一方面強調實踐的必要性，但另方面更強調須從實踐中，提繹出來，揀擇構成一新的理論可能。尤其我們要重視如何從古漢語的深入理解與詮釋中，開出學問的嶄新可能。最後，我願意說「道德意識」這四個字可以這樣理解，「道」是總體的根源，「德」是內在的本性，「意」是純粹的指向，「識」是對象的了別。「道德意識」指的便是「回到總體的根源，落實而成為自家的內在本性，由此而發出一純粹的指向，而涉及於對象，起一清楚的分別」。

〔本文原應湖南中南大學哲學系之邀，以「儒家倫理與社會正義」為題發表之系列演講第五講，講於二〇〇三年十二月二日，由研究生記錄，呂錫琛教授校正，最後講者再潤飾修訂而成。〕

第六章

從「心性倫理」到「社會正義」的關鍵

本文指出從「心性倫理」到「社會正義」的過渡，重要的是關於「我」概念的過渡。我們須得真切正視「小我」之為「具個體性的個人」，才能進一步了解「無我」與「大我」，才能真切理解「存有的連續觀」下的「根源性倫理」與「存有的斷裂觀」下的「法則式倫理」之異同。再者，我們就現代化在東亞的歷程，可得出一新的肯斷，我們可知儒家的自由不是以人權為優先，而是以個人的修養境界為優先。儒家所說的自由，或道家所說的自由，與公民社會所說的自由是不同的。進一步言之，我們不能用「宗教的救贖」、「心性的修養」來取代「社會正義」。因為「公民社會」重在個體性所成的總體，著重法則性的區分與責任倫理，而中國傳統倫理思維應釋放出來參與到多元的論述之中，參與交談、辯證，逐漸調適而有所轉化、成全。

一、從「心性倫理」到「社會正義」，關鍵是「我」概念的轉變

今天要講的是從「心性倫理」到「社會正義」的過渡，而這個重要的議題是關於「我」這個概念要怎麼理解的問題。比方說在中國哲學裡這個「我」就是小我融化於大我之間。我們談到「我」，馬上會想到「大我」，而且強調通過「無我」的工夫，讓自己渾融於「大我」。

我們這個族群對人的個體性的重視往往不足，而隨著現代社會的發展，個體性慢慢長起來了，個體性慢慢強化了。但是由於我們原來思考的是小我跟大我的連續性，從小我到大我的連續，常常強調通過無我的修養工夫。這麼一來，在整個現代化的發展裡，個體性慢慢強化，反而形成了一個很獨特的現象。我們並不是真正在個人主義意義下正視這個個體性，反而轉化成一個獨特的現象，就是以個人為中心的個人主義。這是「個人中心主義」而不是真正的「個人主義」。這點須得釐清，這要花一定工夫的。「小我」跟「大我」的概念在整個中國傳統中很輕易地會聯繫到一塊。為什麼這麼輕易聯繫到一塊呢？它是通過我前面幾講曾說的血緣性縱貫軸的結構，此結構使得我們從「家庭」一步一步擴充到家族，擴充到國族，擴充出去。所以一思考起問題，「小我」與「大我」就很快混在一塊了，而沒有真正正視到這個個體性和個體性的概念是什麼。我們面對「小我」與「大我」的關係，跟西方社會所說的個人與群體關係不大一樣。

比方說「犧牲小我，完成大我」，是有些可議處，恰當的個體與群體的關係是正視個體成就群體，而不是犧牲小我，完成大我。「犧牲小我，完成大我」這個高貴的情操未必是錯的，但如果不正視個體性，只強調犧牲小我，完成大我，很可能翻轉成為一個原先的習性——這兩千年專制的習性——威權統治者的藉口。要是被統治者每一個人都犧牲小我，而完成大我。那誰代表大我？統治者代表大我。台灣威權體制的解體跟轉化的過程裡面，大家對這問題的反省很多。這個問題必然會在整個社會發展裡頭碰到。但是如果我們好好解開這個問題，在整個歷史發展裡，隨著經濟的提升，社會必然重新轉化、解體和重構。在轉化、解體和重構的過程裡，有很多個人中心主義者帶著英雄式的魅力，重新繼續犧牲小我，完成大我，並形成幾個不同的團體，而這些團體鬥爭狀況下將使社會陷入到一個麻煩的、紛亂的地步。這很值得反省！

二、正視「小我」之為「具個體性的個人」，才能了解「無我」與「大我」

如果它夾帶有宗教神聖性的權威，這也是很可怕的。我想這些年來大陸對於這獨特的、帶有宗教意味的團體做了深刻的反省，這個反省我認為是必要的。因為如果沒有適度的反省，任由這樣的力量往前發展，其實它很可能引伸為另外具有英雄人格魅力的、帶有神聖性英雄式的團體出現。這樣團體的出現對社會會有衝撞，甚至因為這個衝撞而有瓦解、解構。這個瓦解可能對於社會的發展，對整個政治的發展而言，會面臨更大的麻煩。這也就是說：我們應該做一些更仔細的、更深刻的思考。去了解原來小我跟大我之間的連續體的關係，這跟在現代社會裡個體跟群體之間的既斷裂又連續的關係是不同的。所謂「斷裂」是說個體跟群體其實是有一些界線的，個體性是需要保障的，不只是保障某個獨特的個人，而是普遍保障所有個人，正因為保障所有個人才能保障那個群體。我個人認為是很重要的，這樣的工作不太容易。該怎麼做呢？其實是要好好正視原來我們小我跟大我那個連續體的機制，並思考它有什麼樣的問題？有什麼樣的困結？是什麼樣的形態？又該怎麼樣重新釐清它？對未來有什麼樣的新的發展可能？

關於「我」的概念，如何叫做「我」？個體性意義下的「我」是什麼？在群體性意義下所說的「我」又是什麼？原先我們所說的「小我」是什麼？相對於小我，「大我」又是什麼？從「小我」到「大我」，原來強調「無我」，通過無我的修養讓小我混化於大我之間，而現在可能我們要強調的不是無我的工夫，而是要好好正視這個小我，好好正視任何一個別的小我。「小我」是不容許一些不適當的、不負責任的、不合乎人真正生存法則的侵犯。要用同一種方式去尊重其他一樣具有個體性的小我。換而言之，我們要把「小我」轉成一個現代意義下「具有個體性的個人」。它不是原來集體性的傳統社會下的那個需要通過無我修養工夫去說的小我，這點我想是一個很大的變化。對於我們整個國家民族未來發展是個非常重要的起點，這也是我們談如何從「心性倫理」轉到「社會正義」的一個非常重要的轉捩點。我們非得要去了解：為什麼我們原先一直強調「如何從小我推擴到大我」，或者以通過「無我」的工夫，取消你的小我，而進到大我？

三、「根源式倫理」與「法則式倫理」

我們前面幾講對道、德、仁、義、禮這些字眼，做過哲學的語言式的分析，本講我們再以「存有的連續觀」下的「根源式倫理」，和西方倫理學主流的「存有的斷裂觀」下的「法則式倫理」，做一對比。什麼叫「存有的連續觀」？人活在這個世界上，一談到人跟世界、跟人、跟物的關係，有最基本的三個層面——人與天的關係（人與神的關係），人與人的關係，人與物的關係。「存有連續觀」強調天人合德、天人不二，強調人我為一、人己不二，強調物我為一、物我不二。天人物我人己通而為一的理解，我把它叫做「存有的連續觀」。

這樣的理解方式，其實是張光直先生在他《考古人類學專題六論》裡面的一個提法。當然張光直是響譽國際的著名考古人類學家，他對於整個人類文明提出了一個基本的結構，認為人類文明除了西方這個文明以外，還有非常獨特的、相對於西方文明的不同樣態，就是他所謂的「瑪雅—中國文化連續體」。他認為古印第安文化就是古瑪雅文化，跟中華文化類似。我把它擴而大之，再加上杜維明先生相關的一些理解，稱為存有的連續觀。在哲學上我認為存有的連續觀有幾個特點：第一個，它在宗教學或神學上不主張一神論，在倫理學上它主張以生長性、創造性、動力性為優先，而不以法則性為優先。它強調人跟世界萬有一切通同為一，強調人跟宇宙有種內在的同一性。它認為人們通過心性修養的工夫，可以彰顯這個內在的同一性。

這也就是說，你好好正視你這個心念之機，就能好好體驗宇宙造化之源，因為宇宙造化之源，與你內在心性之機是同一的，如孟子所說的「盡心知性以知天」、「盡其心者，知其性也；知其性則知天矣！存其心、養其性，所以事天也。殀壽不貳，修身以俟之，所以立命也」。盡心、知性、知天，心、性、天通貫為一。像《中庸》裡說「天命之為性，率性之為道，修道之為教」，性、命、天、道相貫通。《孟子》說「萬物皆備於我，反身而誠，樂莫大焉！強恕而成，求仁莫近焉！」人與天地、萬物，通而為一，是一不可分的整體，反身而誠，是來自內心的一種感通、喜悅、快樂，「反身而誠，樂莫大焉！」，因此內在引發一個同情共感的愛之能力。由此擴充之，推己及人，「強恕而行，求仁莫近焉」。真正的仁義就是通過這樣的方式得以實踐，這就是王陽明所說的「一體之仁」，通過人與人之間的真實的感通、互動、交融，強調彼此關連成不可分的整體，就叫「一體之仁」。像這樣的思考，基本上就是「存有的連續觀」下的「根源性倫理」。我們相信，通過道德的修養工夫，讓我們心靈內在最根源、最奧祕的那個動源，與宇宙造化之動源通合為一。我們去開發宇宙的根源，也就是開發我們內在心性的價值之源。

四、華人倫理學重視「創造性、生長性、動力性」

我們談到人，總是談與天地通而為一。人，頭頂著天，腳踏著地，通天接地，效天法地。我們談人與天地的關係，談到「上下與天地同流」。我們也談到「天行健，君子以自強不息；地勢坤，君子以厚德載物」。我們還會談到世間各種現象，它向我們顯現的或隱含的，既有美學意涵，又有道德實踐意涵。像「天行健，君子以自強不息」，像「地勢坤，君子以厚德載物」，像「山下出泉，君子以果行育德」，還有很多，像「雲雷屯，君子以經綸」。《易經》六十四卦的卦象給出了很多這種道德教化的指標，這道德教化指標是從現實象徵來的，我們看「山下出泉」，「源泉滾滾，沛然莫之能禦，君子以果行育德」，果是果敢的果；行是行動的行，以果敢的行動來培育內在的德性，就像泉水一樣，「源泉滾滾，沛然莫之能禦」，道德理想的源泉就這樣來了，這是《易經》蒙卦顯示出來的道理。我們可以看到，整個中國哲學強化的是人跟宇宙之間，有一種很奇特的內在的同一關係。

這種內在的同一關係，是人去體會自己內在的心性，同時也就是對整個世界恰當地理解與詮釋。《易傳》談到的是怎樣去理解、去詮釋而引發一個道德實踐的動力，它強調「近取諸身，遠取諸物」，它從「象」（象徵）來「見」（顯現）其「義」（意義），從「義」引發「道德實踐的動力」。「近取諸身，遠取諸物」、「仰觀於天，俯察於地」、「以通神明之德，以類萬物之情」，這看似很深奧，其實又不深奧，它是在民間裡你時時刻刻體會得到的。在自然裡，你只要用心體會就可以了。你只要「仰觀俯察，近取諸身，遠取諸物」，就能夠「以通神明之德」；「以類萬物之情」，你就能從萬物的真實情況裡找尋到它的道理，如同荀子所說「知通統類」，因而找到實踐的法則，找到實踐的途徑。這樣的倫理學是很美的，也是很可貴的，這是我們說的以「生長性、創造性、動力性、律動性」為主導的方式，而不是以「法則性、規範性、限定性」為主導。

就倫理學本身而言，它是溯及到宇宙造化的根源，溯及到人的心性之源。在整個華人的文化傳統裡，由歷史的脈絡往前追溯，談及文化命脈的傳承，而有所謂「道統」。不管是道統或天理或良知，道統是歷史溯源地說，天理是就宇宙造化的根源上去追溯，而良知是對人的內在心性做一源頭的內省，它們是通而為一的，它所強調的是根源式的倫理，這根源性的倫理其實是「氣的感通」方式所形成的倫理。「氣」這個概念是什麼？「氣」既是物質的，又是精神的；既不是物質的，也不是精神的，而是介於物質與精神之間，或超越物質與精神之上，統合物質與精神那樣的生命狀態。「氣」是一種生命之能，通過這種生命之能的感通，而讓天地萬物人我通合為一。我們是以這樣的方式理解這個世界、詮釋這個世界，並找尋到自己實踐的進路，建構我們自己的道德哲學。這樣的「道德」是人與整個天地交融為一體的，所以我們把它叫做「交融式的道德」，或「交融式的倫理」。這樣的道德倫理是追溯到宇宙造化根源的，所以也叫做「根源的倫理」。

五、道、德與慎獨

如我們之前說過的，「道」跟「德」這兩個字，「道」重在整體的根源，「德」重在內在的本性，因為都回溯到總體的根源，回溯到總體的根源之所顯現，自然就落實為我們內在的本性，老子《道德經》就告訴我們要「尊道而貴德，沖氣以為和」，《論語》說「志於道，據於德，依於仁，游於藝」。我們真正能以總體的根源為尊，以內在的本性為貴，這樣尊道而貴德，整個生命之能就在這樣一個致虛守靜涵納一切的狀況底下，以一種和諧的方式生長。這整個道德哲學、倫理哲學，華人不管儒、道，其實是很接近的，只是儒家更強調「主體的自覺」，道家強調整個「場域的和諧生長」，儒道是同源互補的。

「根源的倫理」它落在任何一個存在的人身上來說，就如同《中庸》跟《大學》強調的「慎獨」這個概念。「獨」不只是單獨一個人的獨，獨其實更強調的是那個「獨體良知」，那絕對無匹、溯及宇宙造化之源、價值之源的絕對的良知實體。「慎」是謹慎、莊敬、戒慎之意。通過如臨深淵、如履薄冰的一種戒慎恐懼的敬畏努力，讓自己的生命與宇宙造化之源、與整個天地通合為一，是這樣一個慎獨的倫理。這樣慎獨的倫理落在現實來說就是一種敬畏之情，就如《論語》說的「君子有三畏，畏天命、畏大人，畏聖人之言」。作為一個人應強調的是他與天地萬物之間的敬畏關係，這是一種「根源的默契關係」。我想可以方孝孺的〈深慮論〉裡的一段話來表述，方孝孺希望明惠帝能好好思考這世界、這宇宙、這天下該如何治理，他勸諫明惠帝要「積至誠，用大德，以結乎天心，使天若慈母之保赤子而不忍釋」。他說皇上啊，您要能「積至誠」，用這個至誠累積你的至誠之心；「用大德」，用你那最宏偉、最偉大的德性；「以結乎天心」，跟那整個天道之心、跟宇宙創造之源這個動力有一默契的關係；使「天若慈母之保赤子」，使那天好像慈母一樣保護你這個童心赤子；「而不忍釋」，而不忍心拋棄您。這是一個很有意思的提法，這提法告訴我們人跟宇宙造化的關係，這關係是人必須回溯到你內在心性價值之源，通過修養工夫，上達於天道，並通過歷史縱貫的往前追溯而無愧於列祖列宗。華人的生命歷史向度，一個是往上超越的、上及宇宙造化之源；另一個是通過歷史的縱深，往前延伸到遠古、延伸到堯舜，甚至更早之前天地未造化之前那個根源性的狀態。

六、「三綱」使中國的倫理學異化

我們這麼說，是想強調這樣一種「根源的倫理」是什麼樣態，而它現在落在所謂「公民社會」裡，其實必須變化。前幾講我們提到過，這樣根源式的倫理原先落在人間強調「慎獨」，結果反而轉化成「自我封閉」的形態；它原來強調「交融」，後來反而形成一種馬馬虎虎的、差不多的、混沌一片的形態；它強調的「感通」，變成人情與面子的實踐邏輯。為什麼會這樣？這跟傳統兩千多年來的帝王專制中心、父權高壓、男性中心有著密切關係。跟「三綱」的傳統有密切的關係，父為子綱，夫為婦綱，君為臣綱，這三綱特別是「君為臣綱」統治了一切，因此造成了「慎獨式的倫理」，沒辦法真正上透到宇宙造化之源，結果造成一種「封閉式的倫理」。我們的「交融式的道德」沒辦法真正與宇宙萬有合而為一，變成一種帶有境界形態的「自我精神勝利法」的方式；原來強調的氣的感通，人與人之間一種存在的真實感，變成了人情關說的面子問題了。這就很慘了。

這一百多年來，我們對中國傳統道德的反省，就剛才我提到的負面情況，我們提出很多看法，我在《儒學與中國傳統之社會省察》這本書對這個問題花了很多工夫，所幸，在中國的歷史進程底下，已經慢慢從原來的帝王專制走出來。從一九一一年到現在二〇〇三年，已經接近一百年了。這些年如果我們看整個社會的總體發展，其實正式要進入現代公民的社會，是在一個轉換點上。我們能否在這個轉換點上有更恰當的理解，助它一把之力，讓它好好發展，而不要用原來傳統的歷史業力拖著。如果用一種傳統式的交融性的道德、慎獨式的倫理，口喊著「雖千萬人吾往矣」，實際卻仍在原來「小我」跟「大我」的哲學思考裡、不能正視每一個人的個體性，也不能正視人只是非常微弱的個體，這樣的話，對於現代社會的構成的理解，就會有很多缺陷。

七、「存有的斷裂觀」傳統，重視「他者」和話語所成的公共世界

我們做這樣一個思考之後，再進一步對比地去了解西方的法則式的倫理。相對於我們存有連續觀下的根源式的倫理，我把西方的法則式的倫理名之曰「存有的斷續觀」下的倫理。「存有的斷續觀」是相對於「存有的連續觀」這個詞而立的，它強調的是：「神、人」、「物、我」、「人、己」的關係是斷裂的。「神」跟「人」的關係是斷裂的，所以需要有基督、耶穌來連結在一塊，後來這轉成教會的傳統。「物」跟「我」是斷裂的，必須通過話語概念把它連接在一塊，後來構成從古希臘以來的學問傳統。「人」跟「己」是分隔開的，是一個一個的個體分隔開的，它必須經由法律與契約的關係把它們連結在一塊，從羅馬法律的傳統一直到後來西方社會契約論的傳統，大體來講可以看到。不管是「神、人」、「物、我」、「人、己」這樣的斷裂而又重新再連結，它非常強調有一個「他者」為兩端的中介，這個「他者」可以視為一套「話語系統」。

就西方基督宗教文化來說，上帝是經由「說」來創造這個世界，經由話語系統來造創這

個世界，這跟我們說這個世界如何生發出來不同。《論語》裡說，「天何言哉，四時行焉，百物生焉，天何言哉」。但基督教《聖經》開頭就說：上帝說有光，就有了光。於是有了白晝和黑夜，上帝通過「說」的方式創造這個世界。「說」是主體的對象化活動，而「天何言哉，四時行焉，百物生焉」卻是隱含氣的絪蘊造化的。「寂然不動，感而遂通」、「沖漠無朕，萬象森然已具」，從《易傳》這些話語我們可以看到「存有的連續觀」強調「氣的感通」。

「存有的斷裂觀」強調話語的論定，相對於「存有的連續觀」下的根源式的倫理，「存有的斷裂觀」下強調法則式的倫理；相對「存有的連續觀」下的交融性的道德，「存有的斷裂觀」下強調交談式的倫理。相對「存有的連續觀」下的「慎獨」式的倫理，「存有的斷裂觀」下很可能轉化成「獨白式」的倫理。「獨白式」的倫理和「交談式」的倫理是倫理的兩個不同向度。「獨白式的倫理」強調的是一種道德的無上命令，強調道德的法則作用在我們的心性上，因此引申了道德實踐的情感跟動力，而發為道德實踐，比如說康德的道德學和倫理學就是這種樣態。而「交談式」的倫理，如哈伯瑪斯（J. Habermas）強調的，我們在理想的溝通情境下才能解開一切的異化，因此導生恰當的倫理實踐的動力，這是一種「交談式」的倫理。

八、儒家的「仁」強調感通，基督教的「愛」強調戒律

「法則式」的倫理強調以法則性、規範性、限定性為優先，它是由「話語的論定」所導生出來的。在基督教的聖經裡面最強調的有兩個戒律，一個是你必須愛那個主、你的上帝；第二個是用同樣的方式愛你的鄰人。「愛」是種動力，但它卻是放在戒律下的，放在所謂客觀的倫理下來要求的，這跟我們講「仁者愛人，有禮者敬仁」、「克己復禮為仁」、「仁者不憂」、「我欲仁，斯仁至矣」不同。基督教的「愛」是通過戒律來傳達的，儒家所說的「仁」是通過真實感通來傳遞，它不是戒律。

真實感通每個人都有，孟子就通過一段　述來指點，他說：「今人乍見孺子將入於井，必有怵惕惻隱之心，非內交於孺子之父母也，非要譽於鄉黨鄰里也，非惡其聲而然也。」假使有個人看到小孩快掉到井裡，他一定心急地出於惻隱之心而趕快去救他，這樣的心是超乎一切利害關係、人情面子種種之外的，你既不是想跟那小孩的父母有什麼交往，也不是怕人家說你見死不救，也不要你獲得好人好事的代表，統統不是，是你內在不能自已地發出這樣的動力來。儒家的「仁」從這裡指點起，而不是說上帝要你怎麼樣。這很重要。中國傳統的社會其實原先的倫理和道德有獨特而可貴的這一面，很值得我們去理解、去反省。

九、從「如何由內聖開外王」轉為「如何由新外王開出新內聖」

在整個西方的文化傳統來講，它從古希臘到中世紀到近現代，除了整個經濟生產方式的變化，導致整個社會政治的變遷以外，它有它傳統的一些特性在。至於我們說的存有的斷裂觀下的法則式倫理，對他們的現代社會發展其實是很順當的。

相對來說，對於我們華人則不那麼順當，但這並不意味著我們就必須把我們的心整個換掉、把我們的頭換掉，才能適應現代化的生活，不是這個意思。我常說：與其說我們如何從中國文化傳統開出現代的公民社會，或所謂開出現代的民主、科學，毋寧說我們其實就是在現代化的進程裡面去學習所謂的民主跟科學，並且是在學習的過程裡，回過頭來，調整我們的倫理與道德，並因此導生新的心性修養的可能。我自己原來有一個新的提法，這提法不是強調「如何由內聖開出外王」，而是轉變為「如何由外王開出內聖」。由外王開出內聖，也就是說如何在現代化發展的進程裡踏踏實實地正視整個經驗的法則，好好學習。這是一個學習的過程，因為它並不是我們的內在本質。我們就在這個多元的、互動的學習過程裡，重新調整我們原來內聖學的內涵。

我們的心性修養是什麼？我們當然還是認為「巧言令色鮮矣仁」，但是我們可能同時認可「余豈好辯哉，余不得已也」，它們是並存的。我們可能強調的並不是「吉人之辭寡，躁人之辭多」（語見《世說新語》），我們可能強調吉人仍然要好好表述他的話語系統。我們要強調在現代社會裡面的心性修養下，它強調的其實是更坦然、明白、沒有任何壓抑的個體性，也重視別人作為個體性的個人。每一個個人都是莊嚴的。這樣一種學習的過程，恐怕不是從傳統的倫理教言就能學到，很可能會是以現代社會發展過程為基礎，而去回應我們的傳統經典，所顯示出的道德意涵，再進一步重新理解、重新創造。這時候心性修養就更為容易，講話的時候可能不必曲曲折折，可能是很直接的。父子的關係、師生的關係，不會仍是原來君臣的、主奴的關係，而是彼此更平等的一種生命的體貼對應的關係，一種對知識負責、對知識的傳達有種負責和使命的關係。這種變化，我想在現代社會裡會帶動我們對內聖學重新理解、重新修為。我覺得這一點很值得正視，也是很可貴的。

十、儒家的自由主義不是以「人權」而是以「個人修養」為優先

我們做這樣對比的時候，也是在談如何從「傳統社會」過渡到「公民社會」。但並不是說要從傳統的「內聖」開出「外王」來，而是在外王的學習過程中重新調解傳統的倫理，讓它有新發展。我們必須正視「傳統社會」的構成跟「公民社會」的構成有很大的不同。

「傳統社會」在中國其實是一個「禮俗社會」而不是「法治社會」。禮俗社會是什麼

呢？就是以教化為主，教化子民。由誰來教化？由國君來教化。這是國君以及其他臣民所構成的臣民系統，臣子秉承皇上的旨意來教化子民。這跟公民意義下的教育不同，公民意義下的教育是正視每個公民的自由意識，這自由意識是每個人依循社會的客觀法則行事，同時它也是人們心中的道德法則，也是我們共同體找尋到的一個普遍的意志（general will）。這一點很重要。在公民意義下的自由，跟我們的老子、莊子、禪宗乃至宋明理學家強調的自由概念意義並不相同。

公民意義下的自由是以最基本的個體性的人權為基礎，由人權再來談自由。這跟我們在傳統社會下所說的自由不同，傳統社會所說的自由常常把小我混融於大我，而大我通到整個天地之間，讓我們精神無所隔絕、無所障礙，在這種精神無所障礙的情況下，我們沒有任何拘束，這就是我們所說的自由。這樣的自由是強調混化於天地自然之間，強調人通過「一念警策便覺與天地相似」這樣的儒家式的自覺，或者道家式的自然，這跟公民社會所說的自由是不一樣的。我記得哥倫比亞大學的狄百瑞教授寫過一本書叫《中國的自由傳統》，其實，他太強調儒家道德意義下的自由，而沒有恰當理解這樣的自由是一個「自覺」的概念。這「自覺」其實是喚起人生命的一種道德實踐的動力，它是從小我通到大我，在這個過程裡，小我和大我是一個連續體，但它往往忽略了對個體性的重視。儒家的自由主義不是以人權為優先，而是由個人的修養所開啟的境界，以那個境界的無拘無束，這樣的意義下談自由。

十一、儒家、道家與公民社會所說的「自由」是不同的

儒家所說的自由，或道家所說的自由，跟公民社會現在所說的自由是不同的。進一步說，我們必須恰當了解道家所說的「無為自然」意義下的自由是什麼？儒家說的「人倫孝悌」、一種反躬自省的「吾日三省」的自覺意義下的自由是什麼？因為沒有正視具有喜怒哀樂的個體性意義下的個人，以個人的人權為基礎來考慮，那樣的自由有時候無法真正落實到公民社會，而往往只是一種精神的修養和精神的境界罷了。我要強調的是，這樣的精神修養和精神境界，在現代的公民社會裡並不是毫無意義，它其實有深刻的意義，因為它可以讓我們的心靈更寬廣，從而在自己的生命內在養一個天地乾坤，以這樣的一個天地乾坤，讓自己的生命能在那裡優遊自得、更加從容，因此能培育出更多愛的能力，使得這個豐裕的愛的關懷的能力，能真正進到現代公民的社會，好好發展它的力量。而以人權為主的意義下的自由，則是個人主義意義下的自由。這並不意味著要把傳統道家說的無為自然、毫無阻礙的精神境界的自由取消，也不是要把儒家的人倫孝悌的自覺，根源性倫理意義下的自由取消。重要的是：儒道兩家有什麼樣的區別？如何統合？它們說的自由跟現代公民意義下的自由有何異同？它們作用於現代公民社會時能起到什麼樣的作用？這些我們都必須仔細地去分析。

我們幾百年來在清理這些問題的時候，常常失之片面，由於失之片面，導生出很多錯誤

的論斷，而這樣的論斷又牽引著我們必須如何行動，這樣的實踐行動一旦展開以後，往往又是「物形之、勢成之」，一旦形成一個強而有力的力量往前進，「物交物，引之而已矣」，將造成大災難。想一想，為什麼會出現文化大革命？為什麼會出現十年浩劫？為什麼會出現種種你覺得不可思議的事情？其實不是不可思議，它是完全可以理解的。我們好好去理解就可以發現這問題的關鍵所在。

經過剛才這樣的對比，我們發現了中國傳統裡頭還有許多可貴的苗芽。我們如何去護理它？如何讓它生長？面對現在社會的紛雜，面對現在社會的特性，我們還能發展出些什麼？我們又能做些什麼調整？在華人傳統裡，道德意識並不只是以自由意志所訂立的法則作為你覺醒的對象，而在你心靈上導生道德實踐的動力，不止如此，它是經由一個真情實感的體會、存在的覺知而參透到宇宙造化之源，而我的根源的實踐的動力，就在那裡源源滾滾地導出。當然，像這樣的導出並不意味著就不會有問題。

十二、不能用「宗教的救贖」、「心性的修養」來取代「社會正義」

這點我常跟很多朋友提：台灣的宗教非常發達，對台灣的貢獻也很大，但對台灣進到公民社會裡頭，它既起著良性的作用，也常常有非常大的負面作用。比如說「宗教修行」這個概念跟現代公民社會裡的「社會正義」，往往有一些麻煩的緊張關係。我在十幾年前曾經寫過一篇文章叫〈多談一點社會正義，少談一點宗教救贖〉，意思是我們不能用宗教救贖和心性修養來取代社會正義。如果我們不強化社會正義，而用宗教的救贖、心性的修養來取代社會正義，那將是非常危險的。

我常跟很多朋友說，你信的宗教，這宗教教你如何修養心性，如何放下，但是可不要忘了，要正視自己，才能放下自己，沒有正視自己而放下自己，叫「放棄自己」。「放下」與「放棄」不同，「放下」是放下執著，「放棄」是你整個人都不要。你沒有在傳統的小我、大我裡，沒有經由「無我」的真切理解，就把這個東西給混在一起。不能如此。你應該正視那個我，才能無我。我常說「修行」是「修得喜怒哀樂分明」，修行不是修得面目模糊，修行並不是把你的個性取消掉，修行是重視你的個性，因此知道你個性的限制，並且尊重你的個性，同時回過頭來也用同樣的方式來對待你周圍的人，尊重他們的個性，進一步，去了解一個社會共同體如何建立起來的問題。這是一個新的公民意義下的修行的概念。不能停留在傳統社會底下的一種威權的控制體制下來修行，在那種君臣似的、主奴似的方式下談修行，是現代社會公民建立起來的最大障礙。

如果社會正義被忽略了，只強調宗教的救贖，那很可能會出現宗教似的人物，而這樣宗教似的人物它既是神性也是魔性的。日本的奧姆真理教何等恐怖，我們姑且不說它是如何恐怖，但它卻已經導生了如此邪惡的行動。這就是我們所說的沒有正視什麼是社會正義，沒有好好正視具有個體性的我的概念是什麼。相反地，它是以小我混入大我之間，以無我的方式來進到那個大我，以大我上升到不可知的總體的根源裡，然後你直接就認為那個教團的最高領導者就是「道」的化身，因此他所說的一切你認為是神聖不可侵犯的。在這種狀況下會出現，即使受過高等的教育、得過博士學位、在東京帝國大學當教授了也還是成為他們其中的一員，並且幫他們製造沙林毒氣。這就是我們在整個公民社會的發展過程裡，唯有社會正義被強化之後，再談宗教救贖，再談心性修養，才不會有麻煩，那樣一來宗教救贖才不會被野心者所壟斷，才不會因此造成悲劇。這樣強調的心性修養也才不會進入到迷離恍惚的一種自我矇騙的意念裡，我們這時強調的不只是回溯到總體的根源，不只是回溯到內在的本性，我們必須發揮心靈的指向，這心靈的指向指到對事物的了解上面。

十三、「公民社會」重在個體性所成的總體，著重責任倫理

道德意識不只是「尊道而貴德」，而是落實在心靈指向的對象的分別上，它是什麼？這裡頭有個什麼樣的責任在裡頭？我經常跟朋友說，假如你在團體裡做的是財務的工作，當人家拿著財務報表讓你簽名，請你務必好好看那個財務報表。因為這個清楚的分別就是你的責

任所在。你簽下你的名，那是表現你對待這件事的責任和忠誠。千萬不要放在中國傳統人與人的關係裡頭，覺得我對你信任就不看你做的報表，我還看的話就是對你的信任度不夠。更不要覺得什麼是夠朋友不夠朋友的，而應該真正面對事情，把責任倫理澄清出來。對你朋友的尊重就是對朋友做的這件事的尊重，作為一個監察者，就是要對你朋友做的事要有了解，才是真正的尊重。這樣的轉折過程裡，我們才能恰當知道現在公民社會裡頭一種法則性的區分。要不然動不動就說我們是兄弟，既然是兄弟，怎麼都不用說了，拍拍胸膛一切就沒事。如果這個社會還是用「江湖道義」來運作，將很難成為現代公民社會，它是江湖社會。

江湖社會是什麼？人在江湖，身不由己。因為他們沒有個體。什麼是江湖？江湖就是沒有個體。一進到江湖，講我們是兄弟，兄弟是層級的，一層一層的，往上升升到最高，上天決定一切。所以他講「替天行道」。什麼是天？最上層的是天，在幫派裡就是幫主，我們俠客裡的頭頭。梁山泊裡頭提到的那些英雄們，為什麼他們被我們歌頌？那是當時的社會太不義了，當時的王權政治太黑暗了，當時的父權高壓、王權政治、男性中心太黑暗了，所以呈現出梁山泊這個對照。這是一個形影的對照，它不能自己獨立建構起來。所以梁山泊這些英雄們後來老的老、死的死，最後還是接受招安了。招安了就解體了。它所呈現出來的是：不能建構起來的真實的而能立得住的社會。當我們的心靈一直以江湖的方式為主導，其實就是一個警訊。如果就這個方式進行下去，黑道就會橫行，而會出現其他種種的麻煩。

可不要忘了，宗教如果沒有在社會正義底下，它將是個不能叫做黑道卻比黑道還可怕的東西，當然它也是不叫黑道而又比黑道更具有溫情的地方。所以社會正義的強化將使得人生裡頭的各種不同的群體活動，有恰當的、正向的反應。如果社會正義強化得不夠，那麼人生裡頭其他各種群體，將可能影響社會正義，影響社會應有的社會公民的格局，將使整個中國在邁向現代化的過程面臨很嚴重的困境。我們不能老是說我們要消融於無分別相、渾化於非分別相的總體裡面。動不動就來一個「不要計較嘛」，動不動就來一個「吃苦就是吃補嘛」，動不動就告訴你「犧牲小我、完成大我」，動不動就告訴你「因為無我，所以才能擁有更多嘛」。其實要調整一下，應該強調、尊重你的個體性，同時尊重每個人的個體性，這個社會將會更好。強化每一個個體的我，才能把每一個個體的我統統放下，統統擺定，這時候才有一種真正的無我。這樣的「無我」並不是一種消融的、渾化於大我之間的無我，而是真正能正視每個個體的無我。個體的我，沒有受到大我的侵擾和獨裁式的控制，這樣成就的真實的大我，才是沒有弊病的大我。

十四、中國傳統倫理思維應釋放出來參與到多元的論述之中，參與交談、辯證

當然，社會在變遷，倫理學也一直在變化，道德哲學時時刻刻要接受新的釐清和考驗。

我們做這樣的反省，其實是想說，儒家倫理進到現代社會中，必須好好調整。好好調整並不意味著原來的傳統儒家倫理乃至道家倫理統統都沒有用了，而是說傳統儒、道倫理要進入現代社會，必須進行一個恰當的調整，調整必須以現代社會的公民正義為優先考慮。唯有以現代社會的公民正義為優先主導，儒家倫理才有新生的可能。不只是儒家倫理，乃至我們整個傳統倫理才有新生的可能。新生的可能並不是說如何從原先的倫理學、道德哲學的本質裡轉出來，倫理學、道德哲學當然有它普遍的意義，但並不適合從本質主義的論點去把握。本質是我們理解、認識事物的方式而已。在方法論裡，我們必須要預設方法論上的範疇概念，並不是有一個存在的事物就有一個恆定不變的本質，因為我們在一切的風俗時尚教化的養成裡面，習以成性，由習慣而成自然。不同的教養方式、不同的調整方式，將有不同的對於人性的理解、詮釋。我們在等著中國經濟上升的發展過程裡，我們的倫理的建設，精神的建設，社會政治的發展須得有更完善的發展。我們每一個人的個體性將受到尊重，我們的整個群體性將有更適合的發展。我覺得法家、道家乃至佛教，乃至其他我們族群裡的各個宗教，原先的倫理道德思維都應該釋放出來，放到現代社會的發展過程裡，用一種多元的互動方式，在這個辯證的發展裡面，才有一個新的可能。

【現場聽眾提問】

主持人（呂錫琛教授）：非常感謝林教授給我們做了極為深刻、精闢的分析。林教授從東西方文化的對比，分析了我們儒家的倫理、道家的倫理，特別是對道家的自由，跟現代公民社會下的自由有怎麼樣的區別？它在現代公民社會又有什麼樣的價值？它有什麼合理的苗芽？我們怎麼樣才能把它拆分出來，進行非常有價值的論述？特別是心性的修養，須立基於社會正義的強調。在這樣的體制下，我們的心性修養才能做好，才不會走向邪教，才不會走向無知，不會用糊塗的道理侵擾、淹沒了個體。這樣的思考，對於我們如何進行道德建設，特別是我們如何使我們傳統的倫理有更好生長的可能，有新的開發可能，都是很有啟示作用的。我們非常感謝林教授給我們的演講。下面我們就開放提問。

問：林教授您好，剛才聽了您說的現代社會的民主，是說用儒家思想來整合現代社會的個人主義。我覺得在我們大陸，個人主義很重要。因為我們對於個人的尊重不夠，我們需要新的啟蒙運動。我想如果在我們大陸用新的儒學來整合的話，必須對傳統文化有一個徹底的清理和理解。我覺得我們對這方面做得不是很夠。這條路如果走不通，是不是也需要像五四運動一樣，來一個比較徹底的啟蒙運動？

答：我想現在比五四時期好一些了，因為歷史經過了比較曲折的發展。大家知道，其實發展民主跟科學的德先生和賽先生並不是要把傳統文化給割掉，也不必問傳統文化是否妨礙民主跟科學，因為傳統文化並不是一個定執的東西，傳統文化在不斷發展、豐富跟變化的過程中。發展民主科學並不妨礙發展傳統文化。這其實是說：我們在學習傳統文化的過程裡，它也需要重新調節，而民主跟科學放進來也要調節，達到一個恰當的方式，它才能得到一個恰當的發展。至於我現在強調的，儒家倫理是怎麼回事？要恰當地看。最根源的是什麼？落在人們現實社會裡面，以前為什麼是那個狀態？這必須要把它釐清。釐清之後我們才知道，我們怎麼把古代的那個經典意義好好釋放出來，放到整個社會裡面，它有什麼樣的互動和融通？有什麼新的可能？我也不敢說這是統合，我想不是用新儒學來統合，而是說在現代化的學習過程裡，儒學還能做些什麼？或者說儒學該當被調整成什麼？第二句話是比較弱的提法，在多元互動底下它是比較消極的提法，但是這個消極的提法是比較真實的、真切的。

問：我想問，現代社會到了後現代，卻流行反科學和反實證主義，現在很注重用西方的邏輯對儒家建構一個邏輯性很強的系統的哲學體系；而到了後現代社會裡，我們是否要用詮釋學來重新解釋儒家，用詮釋學來解釋儒家是否有比較大的發展？

答：其實馮友蘭、熊十力，或者牟宗三，我認為他們都是在做詮釋學的工作，他們其實不是用西方嚴格的理論邏輯來重新建構，不是。而且我們不能把科學主義意義下的嚴密邏輯結構視為唯一的真理，應該去想，人文學其實是不斷在理解和詮釋中，也是在不斷的理解和詮釋過程中被實踐而一直衍生出來的。這個問題我來看是，以前那些先生們做了那麼多的工作，我們必須好好理解他們做了些什麼？知道他們當時受限於哪些問題，而這些問題是在什麼情境下提出來的？譬如說為什麼一直要問傳統是否妨礙現代化。這問法有點問得無聊，就好像是說你穿了中裝能不能穿西裝？可以呀。我常常裡面穿著中裝，外面穿著西裝。很多朋友說那樣也很好呀。它其實是一種調節，並不是非要限定什麼不可。我們為什麼問出這樣的問題，問傳統文化會不會妨礙現代化，這個問題基本上是中了一種方法論上本質主義的謬誤，誤認為傳統有什麼特質，而現代化有什麼特質？特質指的是方法論意義的概念，而不是本體論意義的概念。誤認為因為有這個特質，它將發展不出什麼來，所以我們必須改造這個特質，要不然就是轉化這個特質才能怎麼樣。其實無所謂，你那個本質會在詮釋的過程、在實踐的過程裡不斷調整。一百年來知識份子常常在打混仗，這邊殺過來，那邊殺過去，不過到最後，還好，整個社會整個歷史還是發展的。發展到目前為止，已經很明顯地我們可以看到，傳統文化並不妨礙現代社會的發展。不需要一直問如何從傳統文化開出民主科學，我們就好好學習人家，並好好釐清我們和他們的區別。我們要做的是一種如波柏爾（Karl Popper）所說的點滴工程，逐步去檢查，去梳理。

問：「富而可求也，雖執鞭之士，吾亦為之。如不可求，從吾所好。」這句放在現代社會也是這樣說的嗎？

答：孔老夫子講的意思是：在他生命的進程中，生命裡頭的「富」與「貴」不完全是外面的，也有一種內在的自我確定。富可以把它理解成「知足者富」，「貴」則是「自尊者貴」，這樣的「富貴」如果能建立起來，則是基礎的。這樣的富貴當然不是孔老夫子前面所說的，「富而可求也，雖執鞭之士，吾亦為之」那樣的富貴，那是一種外在的。但是他告訴你，「如不可求，從吾所好」。正因為富貴不可求，所以富貴於我如浮雲。所以他「曲肱而枕之」，可以很安心地曲起肱來做枕頭，來仰望於天地之間，看著浮雲飄過。富貴就像浮雲一樣，就是這個意思。如此看來，「富貴」這個詞它可以轉成，「自尊者貴，自足者富」，就這個意思。儒學有一個很可貴的地方是它並不是積極地以外在事物如何改變為唯一的方式。它告訴你，當我要通到外在世界的改變，我必須先問我的生命如何確立的問題。這是儒學為什麼要強調心性論、修養論的原因。我們在談現代社會發展的過程，儒學當然合乎我們現代社會的建設，但是它會告訴你，作為一個儒學的研究者、推動者，或者廣義的儒者來說，它應該重視的是我能做些什麼？而我更重要的是告訴你，人的生命內在的自我確定，安身立命可能是更為優先的。好像又回到原點去，其實不是。這個原點是新的原點，它是現代公民社會意義下的原點，而不是在傳統意義下所說的原點。

問：林教授您好，想問您兩個問題，一個就是，您對劉啟良先生的「新儒家的批判」如何回應？他認為新儒家是一種道德理想主義，傳統的道德理想主義在古代到底落實了多少？

如果落實得不多或者很少的話，這種空中樓閣似的道德理想主義又如何有它發揚的價值？

答：道德理想主義基本上重點在於立標竿、造風氣，而不在於事功，這樣的道德理想主義者不是只在儒家才有，古今中外凡是對於人類的進程有一種高瞻遠矚的知識份子都有可能。道德理想主義者在學理上，在對世界的認識上並不一定是唯心論者，它可能也是唯物論者。如果用這簡單的二分法的話。但是我想啟良先生說的是空想的道德理想主義者。我想用「空想」會比較準確一點，但是道德理想主義者並非全是空想的。孔老夫子的弟子有三千，有七十二賢，孔老夫子對人類文明的發展和貢獻到現在為止，我想我們都同意，「天不生仲尼，萬古如長夜」這句話，他點燃我們生命中的太陽，我們人人心中有個太陽。

這跟基督宗教不同。儒家不會說我就是真理，我就是道路，我就是生命。儒家只告訴你「人皆可以為堯舜」。這就不是啟良先生所問的問題了，啟良先生談這個問題時比較是執一端而論，這就是當那一端出問題的時候就把那一端拿掉。但是我想那一端出問題我是可以了解的。現在問題是，那一端如何出問題？這就要花很多工夫去釐清，釐清那一端為何出問題。並不是我不了解那一端出了問題，我跟啟良先生談過這個問題。去年十一月多，我應邀到湘潭大學進行兩場演講，其中一場是談後新儒學的發展，我談了一些我的想法。啟良先生說，如果是這樣的話，他們的問題可以好好重新思考。不過話說回來，人發展的話語脈絡有一點麻煩。話語和脈絡，如果發展得很強的話，話語和脈絡就是一個勢力，也就是說如果話語和脈絡是往那邊走的，我當然要繼續往那邊走，要不然怎麼辦呢？勢不可挽。啟良先生是不是要繼續按著他話語的巨輪往前邁進？我並不知道。但是如果，我認為我如果有機會跟他討論的話，我想顯然他會轉一個彎，這是我非常有自信的。他會發現到這個地方其實可以調整。調整對他學問的生命來講絕對是好的。

我覺得他是一個非常有思考力，而且不僅有思考力，也有批判力的朋友，而且對於這個社會的各種不義，他也勇於面對。這些都是我所敬佩的。但是也可能因為他看到這些事，而不能把原先的儒家倫理從某些表象推到極端，推到極端的時候他要把它丟掉，但是問題是其實丟不掉，因為它就像癌細胞一樣。你要怎麼共處，怎麼樣恰當理解和詮釋，怎樣固本培源，重新發展，這才是難的。因為當你發現你身上有癌細胞，可以割掉，但是它其實不是所謂的癌，而是一種很奇特的病，它必須跟你共存，那你就要學習跟它共存的方式。共存其實也是一種新的發展。我覺得，就是我們現在處理儒學的問題，比以前更豐富、更多元、更具有理論性、結構性。你聽了我的演講來對比，會覺得他所提的問題有很多是我想過的，也是要處理的。去年我回贈了他一些相關著作，我想今年我是沒有時間過去了，要不然我是很想跟他來一個對談。他所提的一些批評我都能理解和欣賞。我最欣賞的是啟良先生寫稿子的方式，像書法一樣，非常整齊的，一字不改的，很藝術，而不用電腦，很可貴。

問：林先生您好，聽您對儒家倫理一些問題的思考，我覺得很有責任感、使命感和危機感。我想您對於這些問題的思考是出於要救儒家的倫理還是救現代的社會？您選擇這個答案以後，它的期望在哪裡？我覺得困惑。

答：不用困惑，我是救我自己。我出生於非常傳統的家庭裡，我在家庭體會到一種溫情的關懷和愛，同時也體會到一種壓抑和控制。因此我的自我和群體之間有一種奇特的，台灣叫做張力或緊張的關係。在這樣張力拉扯痛苦之下，我必須治療我自己。其實與其是說要救儒家倫理，救現代社會都是太偉大了，重要是救我自己，是自我治療的過程。經過這二、三十年的治療過程稍有療效，這療效就是讓我還能安穩地活著。

我覺得我的身心狀態還是安頓的。這是很真實的，我並不是故意托詞地把問題撇開。當然你說是不是救儒家的倫理，救現代的社會？我想還是有相關的。我覺得還是救我自己，因為我覺得不安呀，不安所以去追求。我必須身心安頓地面對自己，讓我坦然地面對這個社會，面對社會種種。就是這個意思。

問：您好，您實際上並不是一個道德理想主義者，那您對儒學的弘揚也好，我覺得您是建立在實踐理論上，強調公民社會正義的這種東西，所以我認為您不是道德理想主義者。

答：這還是道德理想主義，只是它還可以寬一點。以道德理想作為終身職志的目標，就是道德理想主義者。而所謂道德理想我認為是很重要的。

問：劉啟良先生他認為的是，道德理想是儒家一種德治思想，用道德治國而不是用法治國。我認為在法治的社會中，仍要弘揚道德的價值。中國傳統的社會，是以儒家倫理為根源的傳統，但它本身沒有公民社會的民主和法律，一些社會民主優先考慮的自由，他們本身就缺少。那麼怎樣把它轉化成現代社會可以利用的資源？是用公民社會的概念去闡釋儒家倫理，還是用儒家倫理來適應現代社會做一些轉換？

答：你的問題其實是用原來的方式來思考問題。如果用多元的、互動的方式來看這個問題，就是，民主、科學、法治是我們學習西方，對西方來講，他們是原生性的生長。但對我們來講，則是衍生性的生長。我們學習得來的，就在過程裡長出了可能。如果用生物學上「配種」的概念來說，在交配的過程裡，它就發展出了一些新的可能。我認為這狀態可以是良性的思考。不必擔心我們原來那些話語不夠，或我們現在怎麼長出來。話語只是一種表達方式。當它放出來跟其他的話語融在一塊的時候，它後頭的心靈意識的總體會擴大，還會長出新的可能來。

世界上不會說中國人一定是怎麼樣，西方人一定是怎麼樣，而是說目前的中國人，截至目前為止，所形成的習以為常的特性是什麼。我們只要思考在文化的互動、對話過程裡，我們調整出些什麼？我現在談的問題一點也不高調，跟以前的道德理想主義者可能有點不一樣。你想說的「一言而為天下法」，那是不可能的，「匹夫而成百世師」，我們講的韓愈就是如此。我以為那是在不適當的年代，所出現的不適當的思考，而它居然是那個時代的表徵。我們很希望不是那個年代。我只希望我是一個學者，在我的領域裡，盡我所能盡的力量。每個人都在自己的領域盡自己的責任，就在這個不斷互動、融通的過程裡面，有新的發展。我現在的想法就比較道家，所謂「物各付物」，每一個人都正視自己的有限，但是由於正視自己的有限，而成就世界的無限。

問：您好，我聽了您的講座很受啟發。我想繼續探尋的是您對精神心理學有何了解？因為我聽到您所講的跟精神心理學派有很多相似的地方。人文主義的心理學派，我的理解呢，就是強調這種心性，強調這種尊愛、博大的胸懷，強調生長性、創造性。我感到您的思想跟心理學派有很多相似的地方。我把您的東西用到我的實踐當中的時候，我感到很受益。但是我把這些東西繼續用到治療人身上，我感覺到有些困惑，就是不見得會有實效性。當然，您也講了您幾十年來一直都用這個東西在治療您自己，效果還不錯。我想問您一下，您把這個方法，就是跟心理學有很多相似性，應用到社會上會有多大的效果？有多大的影響力？因為這是一個很現實的問題。我感覺到現在的人都比較務實，比較功利性，好像真愛、博大的胸懷這種東西影響力是不夠的。學問功底深度像您那麼高的，那麼深的人不是那麼多。我想請您說一說。

答：張博士和李博士都是我很熟的朋友和我很尊敬的前輩。他們對於中國和西方的宗教都有深入的理解。張博士從事心理諮商的活動很多年，他還沒有從台灣到美國時，就已經從事心理諮商的活動。他們有他們的宗教信仰，他們都有著基督宗教信仰。他們從事精神心理學研究很多年，做了很多工作，至於他們的基本思想，我其實應該承認並不是太了解。因為我們在交往的過程當中，我的體會，從他們的人格，從他們的生長感受到，我自己做的東西跟他們的可能有某種相關，但是基本理論上從更深層的部分到底是有什麼相關，我還不太懂。我還沒有好好地去想這個問題。因為我自己的思路上是順著原先新儒學的發展，去檢討新儒學所面對的問題。我是以我的指導教授牟宗三教授所成就的「兩層存有論」的系統，以及這樣導生出來的一大套的脈絡出發。他寫了幾十年，一共三十二卷，現在《牟宗三全集》印了出來，我自己在反省這整個系統脈絡，而去展開一些新的可能，去開啟「後新儒學」的可能。至於這樣的可能，跟剛才所說的可能有某些東西相似。

我這些年來開發了一些有關「中國宗教與意義治療」的論述。這個部分受到傅偉勳教授的啟發，傅偉勳教授有深刻的心理治療思維。他們都是我很尊敬的前輩朋友，他們真的就待我如朋友。我一直認為儒學所說的那些非常宏偉、非常寬廣、非常偉大、非常可貴的關懷、愛，或者什麼都好。不管幹什麼，中國歷史這兩千年來，在具體現實裡確實出現了很嚴重的問題。我覺得應該恰當地釐清和詮釋。在這個工作上，我做出一個理論性的詮釋，我以為孔老夫子和魯迅筆下的阿Q有一種內在的脈絡性關係，有一種心理學式的關連。原先儒學從道德實踐走向社會實踐，卻變成從心性的修養這種境界形態的追求，又異化成「精神勝利法」，自我矇騙的過程。這是怎麼轉的？這跟整個歷史社會總體有密切關係，我做的工作就在這裡。至於你所問的問題倒是給我一個啟發，我回頭好好想想這個問題，以後有機會碰到李紹崑博士和張寶蕊博士的時候，再好好跟他們討論這個問題。

問：您說儒家倫理在現代社會中，一直在社會正義的強化下生長。您說一下這個強化的限度是什麼？如果儒家倫理強化到一定程度的時候，那西方倫理所說的限定義、規範義、法則義，又是如何？

答：我並不認為西方倫理學上所說的法則、規範、限定不需要。我們要強化，強化到整個儒家倫理落實下來。這並不妨礙原來儒家倫理所強調的生長、創造與動力。它們結合到一塊。舉一個例子來說，以前我們非常強調「上下、長幼、尊卑、先後」，把很多人綁在那。現在就不同，我們討論某一件事，作為討論者的成員，這時候我就具有一個相同的一個主體的位置，於是我就可以暢其所言表達我的意見。我表達我意見，因此語氣強一點都無所謂，出了門就沒事了，因為這是公共的領域了。因為這是現代社會正義底下所要強化的，如果我們強化現代社會正義底下的這種公共論述，那我想，人心裡根本不會有壓抑的。如果你很想要，現代正義是保證你，讓你找到一個恰當的管道，好好說，即使你所說的是錯的，對方也應該尊重你所說的。這時候儒家的倫理不是更好嗎？因為你可以不必花一些不必要的力氣，來解決一些不必要的問題，它可以花更多的力氣，來面對更多的問題，開啟更多生命的關懷和動力。

問：林老師您好，我想代我的外婆，問您一個非常有趣，但又非常令人困擾的問題。我的外婆從小信佛，人到中年以後，又改信基督，她總擔心她百年之後，有釋迦牟尼和耶穌基督兩個人來搶她，她擔心自己百年之後居無定所。您相信「離地三尺有神明」嗎？您認為我應該如何來勸慰我的外婆呢？

答：這是一個非常具體的問題。第一「離地三尺有神明」，這是一個我們內在的認定，因此，我們所行所事有個依準，有這樣的信仰還是好的。這並不是說：因為這樣，我們要信它。我們肯定了這樣的東西，什麼叫「神」？什麼叫「明」？「明」就是你自己心靈的智慧亮光，「神」就是你自己生命的氣息暢達，通極於道。「神明」指的就是這種神聖的氣息通極於道，而道如實彰顯出來，照亮萬物。我們說「離地三尺有神明」，其實是告訴我們，我們所行所事，既然已經做了，它就都存在。用佛教來講，它就存在你心靈意識裡面，這樣的一種信息脈絡在不斷的延伸過程中，會給予你影響。

所以人過世以後，耶穌基督來搶，還是釋迦牟尼來搶？我想你可以對你的外婆說，只要你有虔誠的信仰，那就好，看他們哪一輛車來得早、比較美，你就坐。就害怕你只相信車會來，但是我們卻沒有好好努力，也沒買好車票，結果他們不來，你以為人家會搶著來，結果都沒有來，怎麼辦？重點是要有真誠的信仰，他們會爭著來搶。既然會來搶，就不要擔心了。因為就好像我們坐計程車，你坐了走了，那也無所謂，另外一輛也會祝福的。再說，神的世界應該是相互祝福，而不是相互爭奪。你可以告訴你的奶奶，她大可放心，如果她是那麼真誠的話。因為真正的神明，其實是在我們心裡面的，並不是在遠處他方，而在你的心靈深處。

問：我想問一個問題，是很現實的一個問題，就是同性戀的問題，從傳統的哲學來說，陰陽乾坤，就是自然結合相互生出來的，男女結合應該是很自然的，很正常的、很崇高的。但是在現實中，男和男、女和女結合很不正常、不道德。儒家的這種理解是有什麼根據的？

答：我想當我們談道德，回到一個根源性的總體的關懷上，至於落到現實的情況上，會隨著時代而變化。如果談到同性戀的問題，它是這樣的，如果依照中國的傳統陰陽理論來講，任何人的生命都是陰中有陽、陽中有陰，陽多者為男，陰多者為女。因為陽中有陰，所以爸爸也能生出女兒來；因為陰中有陽，所以媽媽也能生出男兒來。所以在這個問題裡面，同性戀的問題其實與其涉及到形而上學去論這個根源的問題，不如放到社會的發展裡去理解。社會如何更有次序而不至於失序，也因此在各個不同的情況，要根據不同的物質條件、不同的制度與精神發展的基本程度，會有不同的處理方式。我的意思是，它應該照應到各個不同的族群的現實狀況，而提出不同的論斷。它有它的難度，如果作為一個同性戀者他會比較強硬地去思考它。如果作為一個旁觀者，那我們看這個問題會比較輕鬆。但是這個問題隨著時代的變遷變得很快。我只能這麼回答，這個問題的確不太好回答，的確有難度，但是它沒有放到社會的發展過程裡面，正是它的物質條件的限制。人畢竟是在一個有物質條件限制下生存的。

〔本文原應湖南中南大學哲學系之邀，以「儒家倫理與社會正義」為題發表系列演講第六講，講於二〇〇三年十二月三日，由研究生記錄，呂錫琛教授校正，最後講者再潤飾修訂而成。〕

第七章

以社會正義論為核心的後新儒學

本章旨在經由「社會正義論」的優先性與核心性，提出儒學革命的可能。首先，指出《鵝湖》雜誌社中對於儒學的觀點有其異質性，繼而論到這些年來做的一個存有論的轉向，也就是從「兩層存有論」到「存有三態論」，並以此擬構「後新儒學」。牟宗三哲學與康德哲學的異同關鍵在於「人雖有限而可以無限」，而這關連到中西文化類型的根本差異。牟先生建立「道德的形而上學」為的是克服中國民族當代心靈意識的危機。再者，指出不論是「徹底的反傳統主義者」或是「新傳統主義者」，他們在方法論上都犯了「方法論的本質主義」之謬誤，我們可以用「方法論的約定主義」來取代。「存有三態論」較接近於西方現象學的傳統，可以讓我們思考如何在外王的學習過程裡，重新調理內聖之學。最後，筆者呼籲作為以「社會正義論」為核心的儒學，不是一個指導系統，而是一個參與的對話系統。

一、《鵝湖》社中對於儒學觀點的歧異

國內這十年來，新儒學的發展算是方興未艾，當然也引發了一些爭議。在港台，新儒學其實已發展了四十多年，或至少也有三十多年，或再怎麼少也有二十五年，因為代表新儒學在台灣民間基地的《鵝湖》雜誌社到今年六月底就滿二十五年了。一般來講，人們把它當作新儒學的一個象徵。但是正如李澤厚先生所認為的，與其把《鵝湖》雜誌社說成是一個統一

的意識形態，不如更準確地說，它只是一個道義性的鬆散團體。這一思考和構成這一思考的陣營的內部是很複雜的，存在著多種不同的思考向度，不論是政治的向度，還是哲學的向度，從左到右，從中到西，統統都有。我之所以先做這樣簡要的說明，意在指出雖然在《鵝湖》雜誌社關於新儒學的觀點存在很高的異質性，但它還是堅持了儒學「和而不同」的傳統，在異質之中仍有極為相似的思考和進路。

二、後新儒學的擬構

首先我想提一個關於新儒學的反省，這個反省有多種可能闡發的層面，但在這裡主要是圍繞著牟宗三先生的《現象與物自身》這部書建構起來的；此外，根據我個人的詮釋與開發，我認為還可以從熊十力先生的《新唯識論》這部書開的哲學意蘊「體用哲學」，轉成「存有三態論」的主要內涵。我在「後新儒學的擬構」中的提法，就是從「兩層存有論」到「存有三態論」。這一點在我去年（一九九九年）提交給國際中國哲學年會上的一篇論文〈從「兩層存有論」到「存有三態論」〉中有較多的闡述。「後新儒學的擬構」這麼一個提法，基本上是對牟宗三先生的整個哲學本身往前進一步發展，雖然這帶有一定的修正意味，但就我個人的理解，正如在拙作《存有、意識與實踐：熊十力體用哲學之詮釋與重建》一書後記所提到的，當代新儒學的發展歷程，如果依據熊十力先生的學問來看的話，可以說是從宋明理學的程朱到陸王，跨過船山，到熊十力，再到牟宗三。這是一個往前順勢發展的過程，有其時代因緣，即克服整個華夏族群的內在心理危機，或用張灝的話來講，就是要克服「意義的危機」，或用林毓生的話來說，就是要克服「中國民族意識的危機」。這個克服的方式，在熊十力先生處有一套方式，在牟宗三先生處又有另一套方式。兩個方式間的轉換是發展的，而到牟宗三先生其實完成了一個我稱之為「理論上的形而上的保存工夫」的形成。這個「工夫」代表著這樣一個對「意義危機」或「意識危機」的處理方式，即通過中國傳統的儒、道、佛的根本智慧和修養工夫論，同時，也開發出一種「心性修養論」，接通了本體論和宇宙論，並且通過康德哲學的建構，構造成了牟宗三先生所謂的「兩層存有論」，即「現象界的存有論」和「物自身界的存有論」；或者用牟宗三先生別的提法，即「現象界的存有論」和「睿智界的存有論」；或是「執的存有論」和「無執的存有論」。

三、牟宗三哲學的關鍵：人雖有限而可以無限

牟宗三先生這樣的一個理論系統，基本上是通過他認為的中國傳統儒、道、佛（完全中國化的佛）之根本智慧——儒學的性智性理、道家的玄智玄理、佛家的空智空理，融攝康德

哲學後建構而成的。具體說來，這一建構方式包涵了牟宗三先生兩個方面的基本區分：一方面承認康德所做的「現象」與「物自身」的超越區分；另一方面，通過儒、道、佛的修養工夫論，以性智、玄智和空智改造康德認為人只是一個有限的存在，不具有「智的直覺」(Intellectual intuition)，而上帝是一個無限的存在，只有祂才有「智的直覺」的觀點，把人的性智、玄智和空智說成是所謂的「智的直覺」。這意味著，在牟宗三先生那裡，人不僅是一個有限的存在，同時也具有無限的可能，這一點是他與康德的一個關鍵點的不同。牟宗三先生之所以做出這樣的判斷，其實與整個中國文化傳統有著密切的關連，因為中國文化傳統與西方文化傳統之間有非常大的不同。在中國文化傳統中，天、人、物、我都是通貫而為一體的；而西方文化傳統，不管是古希臘的哲學傳統，還是羅馬的法律傳統，或是希伯來以降的宗教傳統，在談神、人、物、我之際時，基本上都是斷裂的。

四、中西文化形態的不同

因此我們可以說，在存有論的境域中，中國文化傳統採取的是如杜維明等所說的「存有的連續觀」，或者如張光直在他的《考古學專題六講》一書強調的「瑪雅—中國文化連續體」這樣的概念；而西方文化傳統基本上採取的是「存有的斷裂觀」，必須要有非常重要的中介者才能連結起來。這個中介者形成了非常龐大的領域，即卡爾．波普爾（Karl Popper）所說的「世界III」（World Three）。所以，像「人雖有限而可以無限」這樣一種提法在中國文化傳統中是很容易理解的，但在西方文化傳統中卻極難成立。又比如說，我們的具體與抽象、無與有、沉默與話語、理性與非理性等概念是連續的，並且它們之間的連續性非常複雜，不像西方那樣是切分的。諸如此類的差別還有很多，這些地方均牽涉了整個中西哲學的巨大差異處。牟宗三先生恰恰抓住了這一點，通過修養工夫論，把中國傳統的修養心性論放入，強調人具有「智的直覺」的可能。這樣，牟宗三先生通過改造康德的「現象」與「物自身」的超越區分，便建構起他非常完整而龐大的「一心開二門」之說。「一心」講的就是「道德本心」，這個道德本心在牟宗三先生看來，就是康德所謂的「智的直覺」，與這個「智的直覺」相對的便是一個「物自身界」。

然而，「現象界」又要如何安排呢？在牟宗三先生那裡，便是通過兩層存有論的構造來完成的。首先，「良知之體」與「道德本心」，依照牟宗三先生的說法，是可以創造「物自身」的。因為「良知之體」與「道德本心」就如同「上帝」一樣，是「即光照、即創造」的。其次，對於現象界的安排，他造出了一個非常獨特而轉折、膾炙人口，但也引起了非常多爭議的一個詞——「良知的自我坎陷」（道德之體的自我坎陷、良知之體的自我坎陷、道德本心的自我坎陷，都是同義詞）。這其實很接近於德國觀念傳統、費希特的「我」、「非我」和「自我的否定」的概念。這樣的一個「自我坎陷」（self-negation），有著「知性的主體」。由這個知性主體之所對而涵攝了一個「現象界的存有論」，即整個現象界的存在。在牟宗三先生看來，只有在這個層次才能成就一套知識系統，也只有從這裡，才能開出民主和科學的發展。所以，牟宗三先生對於民主與科學的開出就是從這裡說的。

五、牟宗三先生建立「道德的形而上學」以克服心靈意識危機

這個說法基本上是把宋明理學的心性修養論提到「物自身界」與「智的直覺」的層面，從而將之純粹化、形式化了。同時，這樣的提法也把人這樣的一個存在純粹化、形式化了，使之變成一個道德的存在。這個道德的存在是優先的，而像人作為一個自然的存在、作為一個社會的存在，反而是其次的了。所以，必須從道德的存在，經由一個「自我坎陷」的過程，而成為一個自然的存在和社會的存在，這就是牟宗三先生的論法。這個論法，依前所述，因心性修養論而純粹化、形式化，通過一種理論的建構而使原來的道德本心得以形而上地保存和保證。所以，經過這樣的一個過程，牟宗三先生就建構起了他所要建構的道德的形而上學。這樣的一套做法，在整個中國當代思想史上的意義，就是克服了心靈、意識與意義的危機。通過這種理論的建構方式而做出這樣的克服，是順理成章的，也是可以了解的。並

且，由於牟宗三先生是以「自我的轉折」從本體界往下開出現象界，所以這基本上就肯定了中國傳統文化的本質是「心性論」，並且是以陸王學為核心的心性論，這一心性論也可以上溯到孔孟的心性修養論。所以說，孔孟連著陸王，連著當代的新儒學，是一個「道統」的發展。至於荀子，那已經是有所不傳了；而至於程朱，其實也已經是歧出了。

六、方法論的本質主義謬誤

依照牟宗三先生的說法，如果把程朱也放在這一儒學道統的發展過程中，那就叫作「別子為宗」。他認為，先秦是儒學第一期的發展，宋明是第二期，而當代新儒學則是第三期，杜維明先生所談的「當代新儒學的第三期發展前景」基本上也是順著這一脈絡而提出的。然而，這樣的一個超越繼承的提法是有問題的，它在方法論上採取的是本質主義，即通過抽象的把握能力，認為能夠深入到所謂的「中國傳統儒學的本質」當中，並通過對這一本質的繼承而往前發展，這有別於反傳統主義。後者雖然在方法論本質上也採取本質主義的論法，但它認為我們這個族群及其文化傳統發展到目前為止，有一些要不得卻揮之不去的本質，這是我們國民性的根本所在，所以，必須要用非常大的力量與這一本質切分開來，這樣才有可能有新的發展。這一反傳統主義的立場與當代新儒學構成了同一個對立面的兩端，一者認為看出了儒學本質上的嚴重弊病，所以認為必須予以揚棄；另外一者則認為，反傳統主義理解的儒學本質並不是儒學真正的本質，真正的本質是以「心性」為核心的，而有著非常可貴的地方，所以可以由此轉出，可以由此開出新境域。這些論點，在我看來，都是貫穿了整個中國當代思想的發展過程。其中，徹底的反傳統主義在方法論上採取了一個實在論式的本質主義的思考方法，開領了風氣之先，並造成非常龐大的勢力，使得所有人都不可避免地被捲了進去，當代新儒學也不例外。雖然當代新儒學在這樣的思考方法之下希望有所克服，而採取的是此方法的另外一端，但在根本上，並未能跳出反傳統主義的窠臼——本質主義式的思考方法。再者，我們也必須承認，從反傳統主義到當代新儒學這樣的一個發展，並不是沒有意義的，它畢竟代表了一個思想發展階段的完成。並且到目前為止，我們也可以發現，在這一完成的階段中又出現了一些新的、而且正在逐步成為現實的變動和轉換的可能，這從當代中國學人對傳統文化與現代化的研討中可以看出。

七、傳統文化與現代化有著調和的交互作用

其實，近七、八十年來，或更長的一百年來，中國的學者從未停止過這樣的一種探問：中國的傳統文化是否會妨害現代化？「現代化」幾乎成了獨一無二、各方面都應當遵照的標

準，而所謂的現代化又總是被理解成「科學」，所謂的科學又總是科學主義意義下的科學，希望能對於一個事物的本質有種恆定性的把握，並且希望對這一個本質做出某種樣式的改造。這樣一連串的思考，其實支配了中國人將近一百年之久。常常什麼東西一掛上「科學」這兩個字，好像就是好的，這個思考其實是很嚴重的。所幸到目前為止，我們可以發現它已經在歷史上完成了一個里程碑，並開展出一個未來新的向度。傳統與現代化的關係既然並非完全背反，則我們在學習現代化的過程中就不必推翻傳統的一切，而照著西方的樣式重新來一遍；然而傳統與現代化的關係也非全然一致，即在傳統文化的本質中未必能夠毫無困難地轉出現代化，而是二者在存異的基礎上，相互融合、共同合作。以台灣近五十年的發展為例，其實就是一個一方面人們很努力地學習現代化，另一方面傳統文化的經典智慧釋放出它的意義，並參與到整個現代化的過程。換言之，在現代化的過程中，中國傳統文化也獲得了某種調解；同時，在中國傳統文化的根柢之下，傳統文化也對現代化發生了非常重要的調節與和諧的作用。傳統與現代化的這一互動在台灣是非常清楚的，雖然台灣的知識份子和學者在論及傳統文化與現代化的問題時，仍然未能全部脫開前面我們所說的那種本質主義式的思考方法，不過，未獲解決的問題在理論探討中是一回事，而在整個實際操作過程裡又是另外一回事。

八、韋伯論述的可能窠臼

現代化對我們來講其實是一個學習的過程，它並不是傳統文化自身如何生發出現代化的問題，也不是完全照著西方的現代化歷程，重新來一遍的問題。這些見解到目前為止，其實已經越來越清楚，越來越明白了。為了使這一見解更加清楚，我覺得還應該區分一個「歷史的發生次序」和「解釋學上的理論邏輯次序」的問題。仍以傳統與現代化的關係為例，對現代化的發展歷程來說，首先是一個「歷史的發生次序」，如在西方現代化有一個從文藝復興、宗教改革，到啟蒙運動、工業革命這樣一個連續著的發展過程，而馬克斯．韋伯在論述基督新教倫理與資本主義精神的過程中，其實只是指出了兩者之間有非常密切的關係，並不是說新教倫理就直接促成了資本主義與現代化的發展。然而，韋伯的這一論述在整個流行的過程中，仍幾乎被廣泛地誤解成後者的意義，這直接影響到了對中國是否有可能走上自發現代化道路問題的認識。因為依照韋伯的邏輯，中國因為有了不同於基督新教倫理的儒教和道教的傳統文化，所以雖然原來具有很多可以發展出資本主義的條件，但根本上的制約使之無法發展出現代化的因素來。然而後來「東亞四小龍」的興起使得西方的社會學家、乃至思想史家對這個問題進行了一番重新的思考，使他們開始回過頭來探尋和證明儒家倫理與工業東亞的密切關係，甚至論證儒家倫理是促生工業東亞最重要的新原動力。其實，這些論點仍然是落進了韋伯論述的窠臼裡。

九、「歷史的發生次序」、「理論的邏輯次序」及「現實的學習次序」

因此，擴大對韋伯思想的不恰當讀法，並把這一讀法移植到對東亞發展的解析當中，並不能得出對事實的正確解釋和結論，因為東亞工業的發展和現代化的進程基本上與西方的工業發展和現代化進程是兩回事。西方是先發、自發的，而我們是後發的、是由整個世界體系帶動的，這是最基本的不同。所以，一個自發的「歷史的發生次序」是一個層次；去反省這個歷史的發生次序，給予詮釋，這是另一個「解釋學上的理論邏輯次序」。譬如說，我們給出一個理由，說基督新教倫理與資本主義有著密切的關係，但這並不意味著我們必須先發展出基督新教倫理，然後才能發展出現代化，因為，這是兩個不同的次序。然而在國內這兩個次序也一度被混淆誤過；甚至有人認為，中國人要走向現代化，就必須趕快推廣基督新教信仰，這是非常荒謬的。牟宗三先生的論述當然不會是這樣，但在整個新儒學的論述當中，卻有許多人仍然持著相反的一種觀點，認為可以通過由傳統文化開出所謂的現代化，強調以這樣的一個解釋學意義、理論的邏輯次序上的「開出說」來安排現實的現代化可能。而事實上，強調從中國傳統文化開出現代化，這只是一個理論上的、解釋學上的邏輯安排，並不是歷史發生的必然次序。我們之所以要學習現代化是因為在由世界核心國家所帶動的歷史大浪潮中，我們非得學習不可。這是一個「現實的學習次序」，而不是我們從解釋學、理論的邏輯次序就可以安排得了的。就這樣的一個區別來講，我認為因為先輩先生們做了很多的工作，到目前為止，我們才有機會把它看清楚。就這一點來說，我們一旦把這兩個不同的層次看清楚了，我們就可以獲得一個不同的思考向度，這個不同的向度就是不同於反傳統主義和新傳統主義的一個新想法。

十、「方法論的約定主義」的可能

這個新想法意味著，如果我們恰當地觀照整個中國傳統文化與現代化的關係，我們在方法論上大概就不會採取反傳統主義和新傳統主義的本質主義的解釋，而可能會採取一種「方法論上的約定主義」（methodological conventionalism）的論點。也就是說，所謂的傳統是一個共名，由於我們通過我們自身的理解、詮釋、選擇與構造，設定一些質素而構成了我們的傳統，這一所謂的傳統是在歷史的發展過程中是不斷變動的。當我們以這樣的方法回過頭去看整個儒學的發展歷史時，基本上就不會只認為中國儒家的核心本質只是心性論，還應當包括像以「理」、「氣」為核心概念的其他思考。各個不同核心概念的思考只是各個不同的視野參與對話的一種可能，並不存在哪一個是主流、哪一個是偏流的區分。經過這樣的一個思路的變動以後，我們可以回過頭去思考，從牟宗三先生那樣一個「兩層存有論」的構造當中，是否可能有一個轉出的可能？這個轉出的可能，在我看來，更可以藉著熊十力先生的體用哲學中所隱含的「存有三態論」來實現，這應該比較符合整個中國哲學的傳統和中國文化的心靈智慧。

「存有三態論」是從存有的本源、存有的開顯，到存有的執定。所謂「存有的本源」，就是古時曾用的「道」。「道」其實並不是指獨立於心靈、在這個世界上超越於整個世界之上的那樣一個實體。所謂的「道」，就是天地、人我、萬物合而為一的那樣一個來源。「道」不離生活世界，不離歷史社會總體，就在整個生活之中，或者就用唯識學的話來說，它是「境識俱泯」、與心靈意識渾合為一而不可分的、寂然不動的那樣一個狀態，而這樣一個狀態是不可說的。但是，由於從「不可說」到「可說」是連續的，因此，不可說必然地隱含了可說，存有的根源必然要彰顯。所謂的彰顯，其實就是「境識俱顯」，存在的外境與人的心靈意識二者通而為一，成為還沒有分別的狀態。這個沒有分別的狀態，由於主體的對象化活動，「以識執境」、「以主攝客」，必然要走向分別。二者由這個分別便達成了所謂的「存有論的執定」。這樣一種存有的三態論，符合中國哲學「道生之，德畜之，物形之，勢成之」這樣的一個傳統，也符合我們所說的從「境識俱泯」、「寂然不動」到「感而遂通天下之故」、「曲成萬物而不遺」這樣的一個發展。

十一、「兩層存有論」與「存有三態論」的差異

這個發展，當我們說就是「道」的時候，其實並不意味著有一個好像西方哲學的超越於這個世界之上的獨立、形而上的實體（metaphysical reality）；「道」其實就在生活之中。以這樣的方式來理解宇宙論，宇宙論就不再是古希臘巴曼尼德以來的這樣一個傳統意義上的宇宙論；以這樣的方式來理解的本體論，也就不再是西方哲學傳統意義下的本體論，而是一個自己形成的、相對獨立的傳統。如果說與西方哲學有一定共同基礎的話，那它倒與當代西方現象學、海德格的哲學接近。在這裡，有很多值得我們去反省的地方。在我看來，當我們從這樣的向度去理解時，更應該往前追溯，追溯到這一存有的本源、到存有的開顯、到存有的執定，去發現人們在整個生活世界和現象界的發展裡面，究竟產生了什麼後果。在這一過程裡，有一個問題應當特別引起我們的重視，即當我們從一個知識界去理解、詮釋和建構這個世界的時候，我們的知識（knowledge）與我們的興味（interest）、欲望（desire）和權力（power）之間的關係是非常混雜的。這時候，就必須展開更多的理解和詮釋，乃至批判和治療的活動。這樣一個治療的活動，在我看來，就必須回溯到那個存有的本源才有可能。「存

有三態論」這樣一個提法與「兩層存有論」最大的不同，就是免除了一個純粹化、形式化的「道德之體」、「良知之體」，而回過頭來落實到整個生活世界之中，回到那樣一個社會歷史總體之體。這樣回溯到社會歷史總體之體及其根源的生活世界，並把人放入到整個天地之中，正合乎中國傳統天、地、人的「三才」哲學。通過這樣的一個提法，就會使得新儒學有一個新的發展。

十二、「內聖」與「外王」兩端而一致

這個新的發展首先就免除了道德本心論原有的那種主體主義的傾向，從而使道德本心論有了一個非常大的變化，即我們必須恰當地證實我們整個實踐的脈絡。這一實踐的脈絡非常複雜，應該且必須把這一本質放到整個歷史發展的脈絡裡，予以細緻地分析。不能只抓住原先的精神，強調本質；應該要去發現我們的國民性為什麼會從孔子的理想人格發展到魯迅筆下的「阿Q精神」，在這一發展的過程裡，有一個非常複雜的精神病理脈絡，它與整個歷史社會的總體、經濟生產方式和心靈意識的變遷有著密切的關係。也就是說，在這一發展過程中，我們除了必須面對我們高提了的本心之外，還必須面對整個儒學的主體，並去了解它的整個變遷。通過這一做法，我們就不會僅僅停留於以心性修養論為核心，不會單單只從所謂

的「內聖」、從心性修養論開出所謂「外王」的思考。其實，「內聖」與「外王」是通透的，二者由內向外，同時也是由外而內的。在這裡，我採取了王夫之「兩端而一致」的思考，也就是二者「互藏以為它，交派以為發」。用王夫之的話來講，也就是說，「內聖」必須經由「外王」的發展，而得到安頓，而「外王學」也必得因「內聖學」的安頓才能獲致一個恰當的方向。所以說，它們二者之間基本上也是一個互動的關係，特別是當我們進到現代化的發展歷程中時，更應該正視現代化「外王」的這一面，並回過頭去重新調適內在的心性修養。因為任何內在的心性修養都必然關連到我們整個存在的實況，而不可能獨立於存在的實況之外。

十三、開啟以「社會正義論」為核心的儒學

當我們開始以這樣的方式去思考之後，我們就會得到很多不同但很有趣的結果。不只是從「內聖」開出「外王」，其實也應當由「外王」到「內聖」。這樣的儒學就不再是只以心性修養論為核心，而是以社會正義論為核心的思考。在整個儒學當中，其實很早就已經含有這樣的苗芽（但並不是說已達到了非常成熟的程度）。譬如說，儒學除了「孝悌」的傳統，還強調了「忠信」的傳統，二者是兩個不太一樣的傳統，但在儒學中有著同樣重要的地位；

雖然後來的儒學基本上是以「孝悌」的傳統為核心，並且希望由此擴及到其它一系列的傳統。在《論語》這部書裡面，「孝悌」的傳統是孔子最重要的一個弟子有子所提倡的，而「忠信」的傳統則由孔子另一個最主要的弟子曾子所提倡。有子講：「其為人也孝悌，而好犯上者，鮮矣；不好犯上，而好作亂者，未之有也。君子務本，本立而道生。孝悌也者，其為仁之本與？」在這裡，「孝悌」與「上下尊卑」被連在一塊說，這其實已經可以看出，有子強調了「血緣性縱貫軸」這樣一個思路；而曾子講：「吾日三省吾身。為人謀而不忠乎？與朋友交而不信乎？傳不習乎？」從這裡則可以看出，「忠信」的傳統也是很重要的。忠是忠於其事，不是忠君，因此「忠」這個概念在《論語》裡，基本上是以責任倫理的涵義居多。這個概念與韋伯意義下的「責任倫理」概念不太一樣，但絕對不能如韋伯所說儒學中只有意圖倫理，而沒有責任倫理。韋伯的這個說法正在漢學界擴大地論述，但其實是錯誤的。「子張問曰：『令尹子文三仕為令尹，無喜色；三已之，無慍色。舊令尹之政，必以告新令尹。何如？』子曰：『忠矣。』」孔子稱讚令尹子文把以前當令尹所做的事情毫無保留地告訴新任的首相這樣的一種做法，認為這是一種「忠」，忠於其事的「忠」，這就是一種責任的概念。又如人與人之間交往的誠信概念為「忠信」，子曰：「言忠信，行篤敬，雖蠻貊之邦，行矣。」所以，「忠信」這個概念也是個非常重要的概念，而這其實也隱含了所謂的「社會正義論」的可能，只是這個向度因為經過兩千多年的帝王專制中心、父權中心、男性中心這樣「三綱」的傳統而被整個扼制了，沒有得到恰當的發展。當我們面對現代化時，在我們的傳統中既有這樣的苗芽，我們就可以正式以「社會正義論」為核心來反省「心性修養論」。

十四、結語：儒學作為參與的對話系統

所以，儒學就不再是如何從「內聖」開出「外王」的問題，而是要如何從「外王」回到一個新「內聖」的可能。這意味著在二十一世紀，邁入現代化的歷程裡，儒學應該只是作為諸多參與對話的話語系統中的一個；雖然非常重要，但並不是主流和唯一的指導方向，這是我多年來對這樣一個問題的思索。這樣一個思索所期待的其實是儒學的一個新發展，我認為在中國這塊土地上有著重新生發新的可能性的力量。因為中國有五十年來馬克思主義的哲學傳統和非常豐厚的中國文化傳統（雖然經過了十年浩劫），但這個生產不能只停留於學者群之間的宏觀知識研究中，而應該要回到大地的母土上，這一點我想是非常重要的。我常對年輕朋友說，做學問如搞園藝，有三種做法：一是插花，一是盆栽，一是種樹。插花最快，且多會受人青睞；做盆栽比較難，做出一盆好的盆栽就更難；而種樹則最難。所謂「十年樹木，百年樹人」，而樹木種出來，也不一定好看，至少一定沒有插花好看，但卻非常重要。

中國哲學這棵參天大樹要在中國這塊土地上生長出更多的壯苗，未來必須要有更多的種樹人。因為在當代，知識資訊的流動太快，這使得我們習慣於只略加思索，甚至不假思索就選擇用這套話語系統或那套話語系統來構造我們的知識，這是一個很大的危機。我們要怎樣來渡過這個危機呢？這是一個解決起來非常棘手的問題。在我們從新儒學的未來發展層面上談到這個問題的時候，其實是在強調儒學作為一個參與對話的話語系統，它與生活世界是密切結合在一起的。我們期待經由這樣的一個反省，來達到儒學一個更新發展的可能。如果這也叫「革命」的話，我認為，它是一個不是革命的革命；它是一個對話，是一個交談，是一種新的發展的可能。

〔本文為二〇〇〇年四月二十六日在上海復旦大學哲學系訪問之演講，由上海復旦大學哲學系碩士生孫強記錄整理，後再經何孟芩潤筆，最後經講者校正而成，並曾以「儒學革命——一種可能的方向」為題，發表於《鵝湖》第二六卷第九期（總號三〇九）。〕

第八章

關於「公民教育」的哲學思考

本章首先指出威權意識形態為主導下的「公民」，強調的是人民必須符合國家的意識形態，而將統治者神聖化、道統化、威權化為一個絕對的、超越的、唯一的主宰。一個合理的現代化社會並不建立在「大公無私」這概念下，而是建立在「公私分明」這概念下。相對於傳統社會，公民社會是由眾多具有個體性的個人，依循自由意志所訂立的契約而構成的，這樣的「公民教育」就是要「公私分明」，要知道自己的個體性如何受到保護，同時也要怎樣去尊重其他具有個體性的個人。現代公民社會以「分別性原理」為主導，「公民教育」重點在強調客觀法則性的共同認定，且離不開「具體生命的情境」，因而私人領域的維護是對個體性的尊重，是社會公義法則的深層認定。

一、在威權主義下，人民必須符合國家的意識形態

就整個中華民國的公民教育而言，現在應該進入到一個新的階段，因為以前公民這個概念是在威權體制的國家意義下的公民，它與在自由民主憲政這樣社會意義下的公民是不同的。以威權的意識形態為主導下的公民，基本上強調人民必須符合於國家的意識形態。在以前威權體制年代，所謂的國家意識形態指的就是「三民主義」，三民主義如果就民權、民族、民生這三個向度來講的話，其實也沒有什麼特別大的錯誤。

真正的問題所在是以前所謂的國家意識形態並不完全依照所謂的三民主義，而是回到所謂的「主義、領袖、國家、責任、名譽」這五大信念來說。「主義」指的是三民主義，「領袖」以前指的是孫、蔣二公（即孫中山與蔣介石，這孫蔣二公其實到後來孫中山只剩十分之一的地位，蔣介石的地位凌駕於上），因此國家的意識形態並不完全以三民主義為主導，而是以孫蔣二公的言論為主導，即是將孫蔣二公的言論透過道統而神聖化，連帶使孫蔣二公也神聖化、道統化了，於是就在這道統化、神聖化、威權化所主導的狀況之下，扣緊了三民主義，而構成了所謂的國家意識形態，以這個意識形態作為塑造人民、教育人民的基礎。

二、統治者神聖化、道統化、威權化為絕對的、超越的、唯一的主宰

顯然，台灣早先因威權主義下的意識形態，凸顯孫中山、蔣介石、蔣經國，特別是以蔣介石為主導，將他神聖化、道統化、威權化為一個絕對的、超越的、唯一的主宰，並運用三民主義的名目構成一套龐大的語言符號系統，以此作為教養人民的基礎，並且認為這樣教養出來的人民是合乎國家公眾利益的公民。這時威權體制意義底下的公民，就是合乎威權體制底下的國家意識形態、國家利益及公眾利益的人民。當然，它還要滿足人們已有的自主性，但這自主性卻只具有形式意義（滿二十歲），並不是真的擁有自主性。所謂的「自主性」是

運用自己擁有的理性，自己做自己的主宰，依循意志自由與理性來行事。例如最簡單的三段論述：「所有人都會死，蔣介石是人，則蔣介石也會死」，但在以前這樣的話是不能說的，因為蔣介石被神聖化，透過道統將其神聖化，因而形成一種神聖的威權，這樣的威權就不是可用世間的經驗與方式去檢驗他，他是絕對唯一的標準，是不會受理性的邏輯論述所決定的。因此，自主性在這樣的情況下並不被真正擁有，所以在神聖威權體制底下的國家意識形態為主導的公民教育，是虛假的，公眾利益是為了要符合國家的意識形態。

例如以前的師範教育是國家主義下的東西，是黨控制的，是神聖威權所控制的。師範大學以神聖威權來教養學生，希望學生作為這神聖威權教養下的工具，由此再去教養下一代。那時代並無所謂的現代社會意義底下的公民，只有「子民」這個觀念，所謂的子民是延續著君父這個觀念，國君如同父親，父權、威權、神聖道統等都連結在一塊，構成一個不可分的整體。那時候的公民教育就是如此，那時的師範大學是在黨國威權體制底下一體化的結構，師範大學就是國防大學。

三、合理的現代化社會是建立在「公私分明」之下

要有真正的「私」才有真正的「公」，這也就是「個體性」與「公共性」的區別，所以

一個合理的現代化社會並沒有「大公無私」這概念，只有「公私分明」的概念。「大公無私」是一個落後的理念，把它放在宗教的地位上時是神聖的，但是放在一個公民社會中談「大公無私」是錯誤的，宗教修養的範疇與公民社會的範疇是必須區別清楚的。宗教上的修為（苦修、靈修）與家庭中的倫理、社會上的道德是三個不同的層次。

現在台灣的社會將這三者混淆在一起，如此背後必定掛搭到神聖的威權底下，在這神聖的威權底下，說吃苦便是享福，說要捨才有得，說要好好修養因為這修養就是正義，這完全混淆了，雖不至於完全錯，但因完全混淆而容易產生錯誤。

四、儒道佛充滿批判精神，與帝制以來威權的教養方式不同

例如，你讀了一些儒、道、佛的書，在社會上受委屈，就必須去接受，似乎這是合理的，反之不接受委屈，別人就會認為你沒有修養。其實，儒家、道家、佛家真正的精神並非如此，儒家「自反而縮，雖千萬人吾往矣」，自己反省自己，「縮」便是直，「自反而縮」就是「自反而直」，自己認為自己是正直的，所以千萬人吾往矣。道家「民不畏死，奈何以死懼之」，佛教「大雄無畏」的精神，這也充滿著批判的精神。它與帝制以來威權神聖的教養方式、奴化人的心、要人任意委屈自己不同。

又如當牽涉到社會正義的事情時，若其中涉及到個人利益時，人就會覺得不能提出意見，若提出來就會使別人覺得自己是為了個人的利益，而且老一輩的教誨裡會告訴你若牽涉到個人利益與社會公義，就需依照以前君子的方式不要提出意見，其實這是落後的想法。

五、公民社會是由眾多具有個體性的個人，依自由意志訂立的契約而構成的

在真正恰當的想法裡，「私」與「公」是分別的，所要爭取的是「公」，在過程中獲得「私」又是另一回事；所以「大公無私」這概念放在公民教育裡是不當的。公民教育裡很重要的是要教導「公私分明」，如果沒搞清楚一個公民社會的構成原來是由於眾多具有個體性的個人，依循自己的自由意志，在這自由意志底下所訂立的法則、契約，用這樣的法則和契約來構成一個組織、團體、一個 community，這時，我們就說這樣的 community 叫做公民社會，而具有個體性的個人年齡必須滿二十歲，具有自由意志，這樣的公民社會下每一個已經成年的人，我們都把他叫做「公民」。

六、「公民教育」是要「公私分明」，保護個體性，並尊重其他具有個體性的個人

我們要提的「公民教育」，就是要「公私分明」。一方面，知道自己的個體性如何受到保護，同時也要讓別的具有個體性的個人受到尊重。個人和個人之間必須尊重，個人和個人之間有所謂私有領域，這個私有領域是不可以被任意侵擾的，它應該被保留。你的私有領域他人不能隨意侵擾，他人的私有領域你也不能隨意侵擾。

何謂私有領域？我們的整個身體、加上腦袋、我們自己完整的人，這是我們的私有領域。然而，當我用語言表達出來的時候，我提出一個東西來，大家都可以參與它，這就是公眾領域。張三和李四，張三是個個人、李四是個個人，張三和李四在討論事情並說出來，就成為一個第三者，而這第三者就成為一個公眾領域，但是這個第三者，如果兩個人共同約定是屬於他們之間的，它仍然是兩個人所構成的 unit 底下的私有領域。

張三給李四的情書，李四不可以把它昭告天下；張三跟李四上了床，張三也不可以拿來昭告天下，接受雜誌專訪的時候不能說出來，不然李四會上吊自殺，這是最近所發生的一件事，為什麼？因為你侵害到他的私有領域，私有領域相當於人格的某個部分，而每個人的人格是不能夠受到侵害的，所以張三和李四兩個人在一起的時候，只有你在對方允許之下，或者兩個人有共識之下，彼此都相互允許，他才可以有更進一步的親密的接觸；或者，在一個

社會的公約、公共的約定、共識底下所發生的活動，不算侵擾，譬如握手、拍拍肩膀，但是別忘了，當你要和對方握手時，你舉出手來，對方如果不舉出來的話，這表示對方不願意跟你握手，你必須退回去，要不然會造成對對方的侵擾。在這樣的情況下，才有所謂的公共性，而你的私有性、私密性、私有領域，是不能被忽視的，這是公民教育非常重要的。

七、「公」與「私」必須經由「斷裂」而後「再連結」

一個真正能注重到「個體性」完整的人，才能注重到「公共性」的客觀，不然就會整個弄混。我看台灣到目前為止，我們的社會狀態大部分是這個樣子，人跟人相處的方式也是這個樣子，相當辛苦；社會必須要轉，我認為各位同學就是處在這個轉折的階段，你們如果去當老師教學生，必須要轉到我們現在所說的公民社會意義下的公民，要不然太慘了。

這樣說來，公民教育所教養下來的公民，不在「大公無私」，而在「公私分明」，這是一個最基本的區別。公私分明注重的問題，跟大公無私所注重的教養方式，最基本的不同，在於公跟私之間斷裂與再連結的關係，也就是說，個體性跟公共性必須經由斷裂，然後再連結。以前在我們宗法封建、血緣親情的社會，是沒有經由這個斷裂的，它基本上就是一個連續體，「親親而仁民，仁民而愛物」，「民吾同胞，物吾與也」，它們是一推而擴充之的連續體。

以前我們個人的權利觀念並不顯著，但不是權利觀念不顯著，而是權利觀念常常被很多神聖的外衣包裹著，不直接說出來，現在在公私分明的狀況底下，大可以清楚地釐清。

八、傳統宗法社會以「和諧性原理」為主，現代公民社會以「分別性原理」為主

公民社會必須經由一個客觀的法則性，這客觀的法則性其實就是契約的締造，而這個契約的締造連著客觀的法則性，是必須奠基在主體的自由意志之下的。在這種狀況之下，人成為一個人，在公民社會底下成為一個公民，其中的教養是很重要的，而這個教養，已經不再是以前的那個教養了。以前的那種教養是「讓」、「謙」、「留有餘而補不足」、「知恥近乎勇」，這些教養現在必須統統被拿出來重新檢討，拿「責任」替代「知恥」的觀念，用客觀的法則性取代原來所謂謙讓的德行。

以前的謙讓是以一個和諧性為原理作為主導的，由這個「和諧性的原理」導出所謂「調節性原理」，由此來主導的道德狀態；而目前進到一個公民社會，它就不再以和諧性和調節性的原理為主導了，相對於和諧性來講，是「分別性」，相對於調節性來講，是「法則性」。以分別性和法則性為原理來主導之下，就不再是「知恥的倫理」，而是「責任的倫

理」，不再是「謙讓的倫理」，而強調「守分的倫理」。

九、「道德」與「神聖」撤離，更顯「威權」的暴虐性

如果我們沒有做一個釐清，還是關連著以前公私連續體的思維方式來思考的話，那將會導致什麼樣的錯亂呢？這錯亂的狀況會比以前嚴重，為什麼？因為以前是經由神聖化、道統化的方式來說明由私到公如何形成連續體，而道統化包含道德，在過去，即使你想擴充你的威權，礙於道德跟神聖的字眼背後所具有的和諧性和調節性的力量，所以不敢太露骨地表現；而現在，這些東西撤掉以後，威權就以更直接的方式控制著，也就是從個人的威權，一直延伸擴張到公共的領域裡，這是整個現在的大公無私可能導致的更嚴重的後果。

十、「公民教育」重點在強調客觀法則性的共同認定

我們之前所談的公民教育，其實比較是自由主義意義下的公民教育，但是華人地區的公民教育並不限於自由主義思想的，我們須特別留意到這點獨特性。

公民教育的重點在強調客觀法則性的共同認定，而客觀法則性的共同認定，我們把它建

立在具有個體性的個人為基礎來思考。因為任何一個具個體性的個人的思考會朝向一個普遍性的原理，所以會出現客觀法則性的共同認定。基於此，才能產生公共性和理性。在這裡我們不難發現一個弔詭的問題：原來個體性和公共性間的生成有一個普遍性在，這就是所謂理性的特質。

首先，我們要正視公民社會下的公民具有個體性的特質，背後隱含著普遍性。人的個體性具有理性能力，而理性能力朝向普遍性，若不如此就不是理性了。

十一、理性有形而上、理想、超越的層面，也有形而下、經驗、現實的層面

弔詭的是，當理性要求個體朝向普遍性的時候，其中隱含了兩個層面。理性的特質有其形而上的、理想的、超越的層面，也有其形而下的、經驗的、現實的層面。在形而下的現實經驗這一層面來說，它常伴隨著權力、利益、約制、強制的緊密結合，因此我們需要教養出一個力量來，在面對形而下的現實經驗所牽引的權力、利益、約制、強制種種，若能藉由個人形而上的理想特質的追求，來理清其間關係，這樣普遍性才不致墮入被權力、利益所掠奪、利用和操作。

前述的教養如何可能？若依照儒家那一套的思考方式，說下來即要有「自反而縮，雖千

萬人吾往矣」的理想境地與內在修為。那需要有一些其他條件來配合，即在公民社會裡強調自由的優先性，而且以言論的自由為最優先、最基礎。言論自由是導引個人進入公共社會的驅動力，須獲得百分之百的尊重。但這不意味說可以胡說八道，而要能合乎對「個體性的個人尊重」。所以非但是毀謗到其他人不應該，當你在發表個人言論之時，更須保留一個可能性，就是讓對方也能相對等用他的話來為自己辯護。

十二、自由與自律、契約和法律息息相關

這裡，我們漸漸看出自由的真諦來：所謂「自由」，就是尊重自己和他人，其背後更隱含了我們對於群體客觀法則性的共同認定。個體性的意志（individual will）自由須符合群體的普遍意志（general will）。公民教養，從每個具有個體性個人的徹底解放來說，就是每個人都是具有自由意志；而自由解放的目的是要回到具有個體性個人，也因此是要找尋到一個生命的確定點與客觀法則，使他內在自己確認，即所謂自律。放入公眾社會來談，即公約、契約和法律。因此，自由其實與自律、公約、契約和法律息息相關。

另外也需要了解到，公民教養是一種教養，不能等同政治制衡。政治制衡的重點放在勢力、權力的相互拉扯後達到的平衡狀態，而公民教養目的在使人產生理性。如果是政治角力

的均衡，終會演變成強者侵軋弱者的現象。民主社會對「民主」兩個字的迷思，以為政治勢力的均衡就是民主理性的最好展現，但那其實是假象的均衡；真正的均衡是民主理性的均衡，是以自由意志的哲學為基礎的，而自由是連著自律連著公約、法律的。

十三、傳統的教養「一體之仁」：從「家庭倫理」到「國法鄉約」

在華人地區如何長養公民教育呢？就傳統的教育來說，我們先看「天民」、「人民」、「公民」這三個概念。在傳統的思考系統底下，我們可以借用王陽明「一體之仁」來思考，他講「親親，仁民，愛物」，這也就是以「家庭倫理」為本位，「道德修養」為主導，連著天民、「天之民也」的概念說，上溯得天理良知，具體的表現即倫理親情，在社會層面則為國法鄉約。不過，國法鄉約已經具一定程度的公共性。雖說不是現代意義下，強調合理性與民主法治的公民社會，但具有接近公民社會的景像。之所以會轉出公共性就是因強調連續的關係，使我們比較容易承認，任何具有個體性的個人本身背後都有普遍性天理良知。

個體從倫理親情學習起，當進入公民社會便經由客觀法則性建制起來一套社會觀。這個過程是從「禮義之教」轉為「師法之化」，再轉為現代的法律建制；這個學習是在現代化過程中經由自然的調適、歷史的推移慢慢演進而成。但這個不能操之過急，身為教育者能做的便是多建立次級團體或小型社團，從其中習得公共性、公民的概念，例如學校的班級經營。

十四、「公民道德」、「倫理教養」離不開「具體生命的情境」

事實上台灣社會已經逐漸往這個方向前進，像台灣的社團林立，各地方都有組織，成員可以在其中開始學習什麼叫公民，小孩也在類似的狀況下長出新的東西了，這是很可貴、很值得重視的。不過更須注意到，要在群體裡形成一股討論風氣，從具體的事件去區分倫理道德到國法鄉約之間既有連續性又有分別性的關係。因為倫理的教養離不開具體生命的情境，藉由討論具體發生的事件，我們便更清楚掌握其中的分際。

要由事件檢討個體性、公共性、言論自由的問題，因為不能空談原理原則。以某位歌手與模特兒的案例來說，就是前一陣子有位模特兒為了證明自己清白而自殺的事件，即可視為現今社會問題的縮影，其中牽涉到貞潔的概念、言論自由與所謂的花邊新聞。我們可以藉由情境角色扮演開始。譬如問：假設你就是那位歌手，有雜誌訪問你是否有一夜情，你將怎麼辦？你竟然憨直地回答說「有」，且已經跟妻子談過，但問題是，這就是誠實嗎？誠實不意味著要把所有話都說盡了，誠實是指「所說的話都是真的，但不適合說的話我不說」。

就這事件而言，關於一夜情的事應屬於私有領域，卻並未經另一方同意就公眾宣說出來，是對人的不尊重。對於一個具個體性的個人，他的生命本身即百分之百的目的，不能問對國家社會有多少貢獻，活下來的生命就是貢獻，絕不可以工具價值為考量。即使是植物人，既然是一個人的生命，社會便該花費代價去養護他。有人會問說：那豈不是該反對死刑呢？是的，我主張終身監禁代替死刑，沒有人有資格去解除另一個人的生命，即便他犯了重罪，畢竟我們不能以報復的心態來看犯罪的人，也須讓他有悔改的機會，否則就沒有把生命本身視為百分之百的目的。由此可知生命教育與公民教育的關係密切。

這樣說來，那個名模特兒和歌手的一夜情，是他們兩人的私密關係，不能讓第三個人知道，即使是歌手的太太。當然，對等地看待，夫妻之間是可以有類似這樣的祕密的，那不是爾虞我詐，是關乎身體權的問題。這類事情無論如何不可以訴諸於媒體刊物，社會輿論或第三者得以審視的領域。如此說來，在法律上犯了罪的有那個雜誌以及歌手。可是有人會說：若欲人不知，除非己莫為，但那是私有領域的事情，與公共無涉。

十五、私人領域的維護是對個體性的尊重，是社會公義法則的深層認定

也有人說，那事件與歌手的家庭相關，而家庭是社會中的重要單位，因此，也涉及社會公義等等問題。的確，這種論述是所有自由主義者的難題。究竟如何區分「私有」和「公

共」的領域？我們頂多可以說：雖然難以一線化開之間的分別，但可約略區分之，有其彈性地帶。例如，教室是一個公共場所，但是當我站在教室的某處，我身體的鄰近之處卻勉強可說是私有的，尤其我的衣著之內屬於私有是絕無疑義的。所以如果一個社會可以任意檢查個人的內外衣著，其實是很專制暴力的，如此說來，有學生想扮成異性來上課也該被允許嗎？是的，因為個人對身體與衣著有自主權，甚至想裸體來上課也可以，如果在一個徹底自由的國度，柏克來大學其實就有這樣的真人真事。美國的人口、領土有足夠的資源與條件可以包容多元的文化。

但是目前在其他地區就不見得能被允許，整個法則也不一定能夠移植，以前曾有個玩笑說：台灣是半民主半自由，英國治理下的香港有自由沒民主，新加坡有民主沒自由，中國大陸是不民主不自由，四個華人地區都不同。歷史總在變化中，不可以定論的。

私有和公有的區分可約略區分，經由第三者來規範、省視公共性的部分。私人領域如何尊重？私人領域的維護是天經地義，代表對個體性的尊重，代表普遍社會公義的法則，是一種客觀性法則的深層認定。

十六、「公民教育」以分別性、法則性為基礎，但仍通於天理良知

當個人忍受個體性被侵犯，而不為自己的權利去奮鬥，以後他也會去侵犯別人。例如搜學生書包應事先取得同意，這是老師和學生達到共識的過程，那是因為在特定的狀況下可以用，類似司法上的搜索票的概念。在我讀書的年代，教官可以趁學生升旗時去搜看看有無「匪偽傳單」。我便曾在高中時的某一天，看一百多本毛澤東所寫的小冊子空飄到田裡，後來怕麻煩而沒有交給教官邀功，只在廣場上燒掉。教官當時就是在威權體制下為了國家安全而設置的。現在教官的職務，則是在軍事教育課程、輔導學生和為學生做較緊急的服務，但有些學校已經不讓教官做這些事情了，而是給專業的輔導老師或學務處的人員。由此看來教官退出校園是一個麻煩的問題，但卻是必然的過程，教官輔導學生已是名不正言不順，因為教官是在國民黨的威權體制下為了國家安全而設置。

公民教育有別於倫理教育，它不再以傳統和諧性、調節性原理作為基礎，而是以分別性、法則性為基礎，其背後是回到個人堅持的意志自由，跟傳統回到總體本源所說的天理良知不盡相同。天理良知放在公民社會裡，會轉成理性普遍性的要求，而不是總體融通相互體諒的心情，而是大家溝通、交談所議定，依循客觀的法則性來行事，而非以前倫理在劃分公私領域時強調的同情、體貼、彼此不分的宗教式的慈悲。這點各位以後在培養班級同學的公

民教養時需要十分注意，不可一直強調感通、體貼等，而是交談、自由、自律、共識、客觀法則等概念，那是兩套不同的脈絡系統。

現在社會上、媒體上仍然充斥傳統倫理的那一套方式，或是很江湖的墨家的方式，即游俠、兄弟一場、兩肋插刀的方式。現代不是常常用「挺」這個字嗎？或者一個啤酒廣告歌詞：「乎乾啦！」連李總統也喜歡唱的，其實這是很典型的台灣目前人與人相處的狀態。這仍然是傳統得很，這離公民社會還有一大段距離。這是不重公義，重私情，重私情又往往看誰的權力大，向權力靠攏，這就造成公私不分，門閥派系的政治。

〔本章初稿來自一九九九年六月於國立清華大學的演講，由教育哲學課的同學記錄，再經講者修訂完成。本文曾收錄於林安梧《教育哲學講論》第七章，二〇〇〇年，台北：讀冊文化事業公司。〕

第二部

訪　談

第九章

後新儒家的可能向度

本文首先點出「法無定法，道有其道」：「問題—答案」的邏輯，再隨順談到「道器合一」下的人文主義、「境界的真實」與「真實的境界」的對比區分。隨後，筆者指出中國文化傳統中嚴重的「道的錯置」之問題，並力求克服的可能，並點示「存有的治療」學問向度。之後，筆者對比地區別了「以心控身」與「身心一如」兩個不同的哲學向度。一九九六年底，筆者曾公開指出牟先生的哲學是當代最大的「別子為宗」，眾議譁然，筆者於此再做一闡釋。接著站在宏觀的角度，對「當代新儒學」與「京都學派」做一對比，論述其異同。最後，筆者以為重返王船山，可以作為「後新儒學」的可能向度。

一、「法無定法，道有其道」：「問題—答案」的邏輯

問：在進入關於「後新儒學」的訪談前，我們想問問林老師常談到的方法論問題，我們如何理解「問題—答案」的邏輯？

答：假使我們都不帶問題，連一點問題意識都沒有，就很難做學問。所謂「帶問題」並不是說我自己先抓了一個問題，而是說我進到那生活世界，那存在的場域，我有我的感觸，我有我的感覺，之後才能做所謂「概念式的思考」（conceptual thinking），於是問題就產生了。所以要帶有問題感，而不是你去抓一個問題，這在目前來講很多人犯這個毛病，有的人

採取某一家的觀點來看，或採取某一西洋哲學的觀點來看，那當然帶著問題，但那樣的「帶問題」跟我現在所講的「問題—答案」的邏輯不同，我想這牽涉到方法論（methodology）上面的問題。

所有的方法我認為「法無定法」，但是「道有其道」。而所謂「道」是人參與到整個生活的場域，才構成為「道」。因為中國人講「道」並不是一個超絕的實體，而是與生活世界連在一起的。此是人參與到天地之間所構成之整體曰「道」，這樣才有所謂「道的開顯」。「道的開顯」是因為人的參與才有，人不參與，「道」如何開顯？「道」無法自顯，是人參與才有得顯。這個地方我一直認為「道」在中國來講，是跟人之生活世界連在一起的。這個地方你也可以說他沒有「彼岸」，只有「此岸」，但不是很恰當。「此岸」之「此」與彼岸之「彼」是對舉而生的二個字。

基本上我覺得中國人無所謂「彼岸」與「此岸」之區別，或者可以說「此岸」跟「彼岸」通而為一，這樣說比較完整恰當。現在很多人說，中國人因為沒有「彼岸」的觀念，只有「此岸」，所以很現世的。「現世」我想不是，中國哲學當然不是現世的，它有過去，有現在，有未來，它的時間是連續性的，它有縱深度，所以並不是沒有「彼岸」這個觀念，而是說，彼岸的觀念和此岸的觀念是通而為一，是不二而一。這個地方我覺得李澤厚先生講的「一個世界」，不是「二個世界」，這個說法可行。但是也要留意一下，並不是說沒有「彼岸」的世界，好像只有「此岸」的世界，好像缺了一大截，其實不是，一個世界是「此岸」、「彼岸」通而為一。

二、「道器合一」下的人文主義

問：目前我聽到有些學者談中國思想比較強調現世主義，落在實用的精神層面上言，而背後的形上學的說法，基本上似乎認為中國人只有現世的、此岸的看法為主？

答：我覺得這樣的理解，等於是去掉了那一段，去掉那一段其實很不好。回過頭來變成說中國沒有形而上的思考（metaphysical thinking），形而上的思考好像後來才加進來的，而加進來這些等於都是煙霧彌漫的陰陽五行等等，一堆不相干的東西，它變成宇宙論中心思想，跟原來中國這套人文主義無關。「人文主義」這個詞可以用，但是「人文主義」這個詞不是西方意義下的人文主義（humanism），我想「人文」這二個字在中文的意義，就如《易經》裡面講：「觀乎人文，以化成天下。」這個「人文」，是「人」經由語言文字、符號，去理解、去詮釋這個世界，這樣開啟的世界稱為「人文世界」。值得注意的是，我們那個「文」是在整個天地之間，自然之「文」，我們的「文」是跟自然連在一塊的，所以我們的「人文」並不是從自然裡頭，清理出來一個什麼，而是和著整個大自然的。所以人文包蘊自然、自然包蘊人文，這個地方我覺得是關鍵。總的說來，中國人並不是沒有形而上學，中國人是有形而上學的。中國並不是只是「現世主義」者，此處我覺得要區別清楚，沒區別清楚，會造成很大的困擾。

問：此處也是我感覺老師的著作中，背後核心思考的重點，不過當老師在批判形而上的保存，批判儒學參與原來整個中國的人文實踐，歷史社會總體之實踐，後來流於形而上的保存，流於境界式的修養、心性修養，其實這個背後評判的判準是否在於老師談「道」跟「器」的關係上？老師說「道」跟「器」其實是不二，在那個「器」裡面實踐，本身就是「道」在這個地方開顯，不必把它切開來，再由「器」回歸於「道」，「道」才足以開顯。而在談歷史社會總體的建構時，也不必像牟先生那樣，從「道」和「心」的絕對處，慢慢再坎陷下來，再來保障那個「器」，比較像是「即」而「不二」，而不是切開來談，此處是如何辯證地連接起來？

答：就是「道器不二」，而這「道器不二」，也是「理氣不二」。但與你剛說「不二」的重點有點不同。我講「道器不二」、「理氣不二」重點都是在「器」（氣）上做工夫，即此「器」也，即此「道」也，即此「氣」也，即「理」也，理氣不二，道器不二。因為我們任何一個生命活著，他是活在這個具體的生活世界中，你離不開這個具體的生活世界，但是這個具體的生活世界並不是它跟「道」分別開來，它本身即是「道」。

我們現在是要透到裡面去理解那個總體的根源，而怎麼樣去開發生命的動力，進而擴充至於實踐。這點我認為還是陽明學的歷史性有這個意思，只是後來陽明學末流的說法，有一些往境界形態方面走。如王龍溪的某一面，王龍溪他也有他實際落實的一面，但是王龍溪也有一些比較境界形態的理念。我一直覺得「境界形態的追求」跟「心性的修養」跟「道德的實踐」，這三者並不太一樣。從心性的修養到道德的實踐，這二個不能夠直接推出來，道德實踐很重要的是要「身體力行」，我覺得這身體力行的「身」很重要，並不只是「誠意、正心」。誠意正心跟身體力行當然有密切的關係，但非常重要的就是「身體力行」，這個地方我想是個很基本的區別。我這幾年做了一些工作之後很強調這個地方要把它區別開來，這好像佛教中在談新的菩薩道精神，也應該從這個地方分別開來，要不然太顯境界相。

三、「境界的真實」與「真實的境界」的區分

問：這是不是如老師提到的流於「形上的境界保存」或「心性的修養」，那是一種「境界的真實」，而不是一種「真實的境界」的用意所在。

答：是的。我認為它是一種「境界的真實」而不是「真實的境界」。包括我最近在《鵝湖》發表的一篇文章，其實最早的論綱是在美國威斯康辛大學麥迪遜校區寫的，那個論綱我

就強調，正視一個實在的物質性（materiality）。它是一個活的東西擺在那裡，當我們說我去理解一個存在的事物的時候，它當然是經過我的主體的對象化活動之後，才去把它安立起來，這是就理解與詮釋的意義而說，但是在理解與詮釋的意義這個層次之前，事物在此，我覺得這是要肯定的。此處我認為儒學所說的物並不是巴克萊（G. Berkeley）意義下的Ideas，也就是說並不是「存在即是被覺知」（To be is to be perceived）這樣去說明存在；存在之為存在的事物，就儒學來講，此處還是肯定了經驗的實在（empirical reality），但是這經驗的實在如何確立起來，是經由人運用他的語言，經由他主體的對象化活動之後才能確立起來的。

這個地方我以為當做兩層區分，前面那一層是不能忽略的。《易經》所謂「範圍天地之化而不過，曲成萬物而不遺」。萬物之為萬物，就意義詮釋這一面，是人把它建立起來，讓它成為對象，但是當它還沒有被人之意義、語言之詮釋來確立以前，它本身是一個活生生的東西，你可以碰到的，它不是虛空無物的，只是說它跟我是合而為一、未分化前的合而為一。這一點我想是儒學很重要的義理，所以儒學講的「實學」，如「實」之「實」。第一層是實在的「實」，第二層是經由你的語言文字符號詮釋以後的「實」，有對象客觀的「實」，第三層是經由你這個詮釋以後，你有一個實踐的指向，你經由實踐把它實現出來之「實」。

儒學就從這個地方來講「實」，不是「虛」。就此它本然地與你關連一起，它有一真實感通的動源，那個真實的感通的動源，就好像誠懇之「誠」，真實的感通那個感通力可以用「仁」這個字表示出來，而真實的感通就這個「仁」處落實下來，它有一定的形式基礎，就是「義」，它有一定的規範就是「禮」。如此之總體即「道」，這總體落在任何一個存在事物本身而言，都經由「道」開顯而落實叫「德」，如此「道德」、「仁義」就可理解。所以它一定是從一個世界之「一體觀」去說，而中國文化中所說的「德目」亦可因此一個一個敲定。

四、「道的錯置」之克服：存有的治療

問：我在老師所著《麥迪遜手記》中，看到老師強調回到無分別是一種「明」，而老師又接著說主體對象化的活動，走向一個確定性也是一種「明」。這裡走向無分別，「道」在那裡彰顯時，與無分別感通為一體，此處它是否可能流於一種虛幻性？但是當「道」落於具象中呈現時，「道」又很可能異化，之後，可能又有種種的問題存在，這正如老師後面說的「道的錯置」（misplaced Tao）問題。它是否有其必然性？「道」必須落在具體化之中開顯，但落到具體化之中同時又有一個限定性的問題，在這個限定性問題之中，就隱含了「異化」

的可能？這些問題，如何解決？

答：關於「存有的異化」其實有幾個向度，你剛談的「道」之自身作為一個存有，顯現它自己之後，我們經由語言、文字、符號，到主體的對象化活動去安立它。這安立本身，由於對象化的過程，人的意向（intention）、人的利害（benefit）、人的勢力（power）、人的性好（interest），什麼東西都會加進來，加進去以後，那就會變得很麻煩。就這點而言，我在〈語言的異化與存有的治療〉一文中有探討。這裡我認為，經由人們語言的活動，使得對象成為一個對象，此乃經由語言活動之主體的對象化活動以後，「名以定形」，此「形」因「名」而定，但人們在使用名言概念的時候，人的意向、人的利害、權力、性好等都進去了，進去之後即有染汙，如此人的氣息相感，業力交錯，對這外在事物一樣有其交錯、交雜在一起，因而產生了「異化」。這「異化」如何處理呢？這便須得再回到「道」本身而獲得治療，回到存有本身而獲得治療。此即我所謂的「語言的異化」，因之轉而有「存有的治療」。

如果用「道」的精神化而言，可說任何一個存在之物，果真能夠如其存在之物，都必須要回到物的本性，以及回到「物」的總體之根源。「物」的本性為「德」，物的總體根源為「道」，這叫「萬物莫不尊道而貴德」，如此才能「道之尊、德之貴，百姓皆謂我自然」，老子《道德經》在這方面有深入的理解與見地。基本上就是要合乎自然之道，回到「道」與

「德」，回到「本性」，回到「總體的根源」，生命才能真正獲得修養及生長。如此可說是「道」之開展、扭曲、變形乃至誤置，再談其回歸。這如老子書中言「道生之、德畜之、物形之、勢成之」。形著為物是經由人的名而使其成為「物」，故「有名萬物之母」，經過此「物」、「形」之後，就有物、有勢，「勢成之」，此勢即力、力量、各種力量，你的design、power都加進去了，而此「物」成為對象之後，就如《孟子》書中言：「物交物引之而已矣！」那就是勢。此時如何面對「物勢」呢？這就得一番回歸的工夫，才能回到「尊道而貴德」的境地。

再者，我在《儒學與中國傳統社會之哲學省察》一書中言「道的誤置」（misplaced Tao）則有另外一層意義，這較偏重政治哲學與社會哲學的意義，最主要是要談儒家原來聖者當為王，「聖王」理想的境界為「聖人為王」。但是在血緣性縱貫軸所成的宗法專制政治下，卻是倒反了，變成「王者皆聖」。聖者為王的觀念，其實是以「人格性的道德連結」做核心，「人格性的道德連結」即是「聖」，而其實它整個的背景是「血緣性的自然連結」，「人格性的道德連結」就是談「仁義」，「血緣性的自然連結」談「孝悌」。孝悌、仁義合而為一，「人人親其親，長其長而天下平」，這是儒家的理想，其理想即如此，儒家的理想是：「子奚不為政？子曰：《書》云『孝乎惟孝！友於兄弟，施於有政。』是亦為政，奚其為為政？」就此看來，我們發現「宰制性的政治連結」，根本就是他要排除掉的。正因為他排除掉政治的專權體制，所以他腦子中思考的政治一定不能停留在法令政刑裡，所以才講「導之以政，齊之以刑，民免而無恥；導之以德，齊之以禮，有恥且格」、講「政者，正也，子率以正，孰敢不正」、講「為政以德，譬如北辰，居其所而眾星共之」，整體來說，它強調的就是「道德教化」的作用。

這樣的政治觀念當然與我們現在的政治觀念頗為不同。現在一般學者一論到此，好像就認為這很壞啦，或說沒有辦法發展出什麼等等。其實，這些都是瞎說的，因為這是不相干的兩回事。能不能發展出什麼，不是你思想本身的問題，思想本有其兩面性，都可能的，那裡不可能？依思想史上說，我們以為缺了什麼就發展不出什麼，這個以我看都是瞎說，無聊得很。我們可以發現古今中外之思想，大部分說來，思想只要你願意去發展一個什麼東西，它就可能連在一塊，它和外來思想也可能連在一塊。此處其實思想本身，它要配合的是什麼？是要有那個思想的土壤，那土壤不能離開所謂的「文化傳統」、「政治社會的構造」以及「經濟的發展」，而經濟發展背後，又很重要的是「生產的方式」。這些東西總的來說，與人用什麼姿態活在這個社會上有密切的關係，這是很明顯的。譬如我們常說：中國人的冒險精神不夠，但台灣人冒險精神哪裡不夠？強得不得了。那為什麼會如此說？因為它會變，它會轉，所以我一直不能同意「思想決定論」的說法。

我剛談「道的錯置」那個部分，秦漢以後變成了以宰制性的政治連結為核心，也就是以國君、天子作為核心，其他二者（血緣性自然連結、人格性道德連結）成了背景。如此一來，這就變成好像一個三角形，頂頭是「君」，底下就是「父」與「聖」。「父」代表的是「血緣性自然連結」的最高象徵，「聖」代表的是「人格性道德連結」的最高象徵，「君」代表的是「宰制性的政治連結」的最高象徵，形成一個如此繁複的連結。進一步，我們發現這時的「王」即「聖」，國君的旨意成了「聖旨」，這種方式，在中國來講是非常麻煩的。當然這裡比起日本的「天皇」、「神道」的那種專制，我們還是小巫見大巫。然而日本的「神道」、「天皇」不是人，他是神聖的、絕對的、超越的。在中國來講那個皇上還是人，其實，中國文化傳統的麻煩點就在這裡。或者說中國人腦袋裡面思考這問題的時候，就沒有辦法一直往上頂，頂出一個「超越的人格神」，或類似這樣的一個東西。相對而言，中國有很多東西是要拉下來放到人間做和諧性的處理，但是他又頂出一個「天子」，然而「天子」與「天皇」是不同的。「天子」是「天」之「子」，「天皇」是「天」跟「皇」合而為一的，所以日本的「天皇」跟中國的「天子」是很大不同的概念。現在有些人將它們混在一起來理解，其實是錯誤的。「天子」這個概念在我們理解，他是「天之子」，但他不是「天」，而「天」從哪裡來呢？《尚書》所謂「天聽自我民聽，天視自我民視」，這又轉一個圈後，回過頭去全部擺平。中國基本上還是一個「中道」，混成一個整體來看。但日本人不是，往上說，說到一個最高的「神道」，或是最高的「天皇」，這個地方變成一個「儀式型的理性」、儀式主義，朝向那邊。中國人不是如此的，中國人較近乎一「情實型的理性」。

這裡我們講「道的錯置」之問題，是以目前這個時代來看，它其實有一個新的發展，這新的發展，並不是說，你批評儒家就可以把這一套專制瓦解掉。我的分析架構是要說明，整個中國的專制並不是儒家造成的。專制是中國文化裡頭非常重要的現象，影響非常深遠，但是，它原本是如此簡單的分析架構：「君」、「父」、「聖」，或「血緣性的自然連結」、「人格性的道德連結」以及「宰制性的政治連結」，這是最簡單的分析方式，可以把最重要的幾個因素全部包括在裡面。如此可以很清楚看出，儒學在整個中國專制的過程中，其實不是霸權，其實是調節了中國的專制，使得中國的專制不敢太過分，它企圖用「道統」來指導「政統」，但又沒辦法指導，「政統」又回過頭來控制你「道統」。然而既要控制、要假借，就因此會有牽制，或者調節產生。

五、從「以心控身」到「身心一如」

問：此處的一些問題老師也提到，它一方面有抗持調和的功能，而同時也受到些薰染。譬如說人格性的道德連結、血緣性的自然連結，同時也帶有宰制性的政治連結的意味。這些常常就落實在我們的生活世界裡面，譬如說「父子」、「師生」這一層關係，可能受到熏染而帶有一些上對下很強烈的宰制性。還有另外一點是說，在這種相抗持之間，老師有一個很重要的觀點是說，因為在抗持之間必須將心性修養往上一提，越專制越往上提，形成一個更強的張力，也就越往心性的保存這方面走，也造成了儒學真正在社會實踐中，動力的委靡及虛空化。

答：這有非常密切之關係，宋明理學發展出一套那麼注重心性修養的理論，跟整個宋代以後專制的控制的強度遠勝於以前，有密切的關係，這點是不能忽略的。因為它變成之前的那個講法，它相抗而相持，到最後要開拓一個更高的境界才能不為這個現實所拘，因為要去面對現實時會碰到很多挫折和困難，所以就以「境界的真實」來替代那個真正要去實現的「真實的境界」。大體說來，人類幾個大的文明，現在都是以男性為中心的思考，其男女之欲也是以男性為中心的男女之欲，這是男性控制女性。不過，值得注意的是，這裡形成一個非常有趣而麻煩的弔詭，男性的生命變成飄移的狀態而女性則是固著的狀態。女性「貞節」的觀念是以男性為中心所賦予的，但是男性賦給她，是因為男性必須靠著一個穩定的力量使得他的飄移生命穫得穩立。這個地方男女兩性有一個非常有趣而複雜的關係，男性控制女性，結果到最後，男性被他所要去控制的女性所形塑成之意義系統，回過頭來穩立男性，而這個穩立本身又形成另外一種反控。

中國歷史上常發生很荒謬的事，當男性發覺到他的女人失去貞節或者是有所不貞時，這時男性所表現就有兩種態度：一是非常憤怒、一是如喪考妣，他覺得整個生命好像完全垮掉了。我們從看過的一些戲劇或甚至在左鄰右舍就有這樣的事，這是很荒謬的。我以為從五代、宋以後，男女兩性的關係發展是不正常的，身心、理欲的關係也都不正常，統治者跟被統治者的關係也是不正常的關係，大體說來，那已經悖離了原來儒學強調的「一體觀」。身心、男女、陰陽應該是一體的，上下應該是合而為一的，君臣、父子、夫婦、兄弟、朋友應該是以「氣」的感通關連通通而為一的。現在皆不是，「心」要控「身」，「理」要控「欲」，「男」要控「女」，語言、文字、符號通過這個方式要控制這個世界。更荒謬的是：它那控制方式又不是如西方科學的以一種對象化的方式去控制，卻是回到那符咒，回到那宇宙的動源，帶有「符咒性」、「咒術性」的控制。我以為中國傳統自宋以後這一段如果不清理，那中國人的生命就非常的「拘」，生命裡既是「專制」，又是「咒術」，又是「良知」它們通通連在一起，它本身又在動，又有一個迸開或瓦解的可能性。這樣一來，中國人的生命，人變成不像人樣。

我一直對宋明儒學有意見，宋明儒學在那個時代非常了不起，這是可以肯定的；但是，宋明理學家中，多半「虛」，用牟先生的話說是「有山林氣」，有「頭巾氣」，沒有真正的「富貴氣」。這裡所說的「富貴」是「自足者『富』」、「自尊者『貴』」。宋明儒者大部分說來，他們的生命沒有充實而飽滿之感，沒有「充實而有光輝之謂『大』」，沒有「大而化之謂『聖』」，沒有「聖而不可知之謂『神』」，多半是帶有「山林氣」跟「頭巾氣」。我覺得這之中，宋明理學之生命不夠充實，它衝不出去。這可以從它忽略了一個存在事物本身之有它一個確確實實的物質性去了解，這是不能取消掉的；但是宋明理學家多半卻有這個傾向。

我以為真正原初的儒學本身，最首出的概念應該是「氣」這個概念，不是「心」這個概念，也不是「理」這個概念。「理」這個概念強調的是一個超越的形式性原則，「心」這個概念強調的是內在的同體性原則，「氣」這個概念強調的是歷史社會總體的真實的互動和感通。所以基本上我自己在研究儒學的時候，就把它歸到「氣」學。連著氣來談的話，那應該是「身」學而不是「心」學。或者是身心一如的，它不是以「心」控「身」的，這個地方其實是有一個脈絡。做這研究到目前為止，我其實是感觸很多，鵝湖的朋友，真正會去理解的並不多。

六、當代最大的「別子為宗」：牟先生的哲學向度

問：我印象很深，牟先生剛過世不久，開了一個牟先生哲學會議，會議上老師提起，從這個角度來看牟先生是最大的「別子為宗」。就當時那個情境，覺得這話有震撼力，覺得此處似有重要的深見。

答：我說牟先生是最大的「別子為宗」的意義是，因為牟先生強調的是「心學」，而牟先生所說的那個「心」，是普遍意義的，超越意義的，而帶有抽象性的，它不夠落實、不夠具體，因為只有那樣才能夠談（intellectual intuition）「智的直覺」。這個部分牟先生就太強調，太顯超越相，我覺得儒學應該就真實的感通處說，而真實的感通是落到「氣」上來說。而牟先生講這個「良知」、「智的直覺」，講到後來變成越講越絕對，越形式化，變成一個主智主義與形式主義的傾向。我一直覺得要把它拉回來，拉到生活世界中來，正視存在有其物質性在，就某一個意義下，這是「唯物論」。其實，「唯物」有時候也不是那麼物質性，它也是心物不二的辯證，其實應該把它拉回一個具體的器世界中來感通，因而整個安排的言說系統就全然不一樣了。

當我們談這個的時候，許多朋友就以為太咬文嚼字了，然後就認為我好像誤解了牟先生，其實總體而言並沒有誤解。我說牟先生是最大的「別子為宗」，因為他真的很不容易。例如：儒學是一個世界，牟先生把它分成二個世界，然後再把這二個世界通起來，談如何從「物自身」下貫到「現象界」去，如何從「智的直覺」坎陷為「知性的主體」，再如何面對這個世界。其實可以不必用這樣的方式，但也可以這麼談。牟先生的論點如此精彩，構成非常完整的心學系統，真是足以成一代宗師。就這一點而言，我覺得牟先生是最大的別子為宗。

問：牟先生如此的論法，是否與其身受佛、道二家之影響有關？

答：一方面是有關，但是最重要的，是因為他所處的年代，面臨著所謂「存在的危機」、「意義的危機」。如何克服此「存在」與「意義」的危機，當代新儒學者大體所選的是一形而上的保存之路；當然，「道」與「佛」也剛好可以配合了這個形上的保存。形上保存到最後就是鞏固了一個超越的「智的直覺」，用那樣的方式來安頓那個時代的問題，解決內在生命的危機，但是是否真正解決了呢？至少在那個時代，已可以得到安頓。接下來我們所要面對的問題是歷史社會總體之問題，是生活世界之問題。也就是說牟先生之後，我們要面對的問題，不能不面對。當然如果我們立足於發揚牟先生學問之立場言，牟先生的學問是不是也可以發展出我們強調的「歷史社會總體」，強調「生活世界」，當然也可以。如牟先生所說的「本心」，除了形式化、超越化那一面，他其實還是非常強調要落實的，就論述的策略來說，是可以就他在論述結構中所安插的分位中，再從那個地方落實起。

七、「當代新儒學」與「京都學派」的對比

問：透過林老師的詮釋，我有一個聯想，覺得牟先生的論述好像相似於「京都學派」，尤其是久松真一的想法。他的想法是要建立一個非歷史的歷史，非時間的時間，因為久松他也研究過禪、佛，到後來其實是往非時間性，非歷史性之形上境界。但他覺得是可以在生活

世界呈現，也必須要談歷史社會的問題，但是他心目中又有一套自己的歷史社會觀，要談落實，又必須從這個地方談下來，談下來又必然走向一個非歷史的歷史，非時間的時間，對於這樣的思路應如何理解？

答：就這一點而言，可以說久松真一跟牟先生接近，但骨子裡頭還是不一樣。其實接近非歷史的歷史，非時間之時間的「圓頓之教」，「圓頓」當然非歷史的，而「圓頓」之作為一個教派是在這個歷史中發展的，所以它是個非歷史的歷史，非時間的時間，任何一個當下時間的歷程統統是收攝於那個總體，而那個總體之為總體，又當下就顯現。所不同的是：日本京都學派久松真一，基本上他背後強調的是一個如鏡子一般的「空無」，亦即「絕對無」這個概念。儒家不是一個「絕對無」這個概念，儒家是一個「創造性自身」，不同於「絕對無」這個概念。「絕對無」背後有個場域的概念，收攝到最後則是一個最高的「神道」。

日本人詮釋「神道」，是純淨的、潔白的，如同鏡子一般，中國人到最後收攝為「道」。「道」這是宇宙總體生發之源，這點中國文化和日本文化差別很大。日本之接受儒家，其實是透過禪宗而接受儒家，所以到最後能夠將儒家整個構造起來，把它拉到最高「神道」，這在日本，它不是人與人之間最真實的情感，它一拉就被拉到最上頭，那叫「誠」。「誠」者天之道，「誠」之者人之道，它一解之後完全和我們不一樣，這很有意思，所以日本以「忠」為「孝」，就「忠君」和「孝親」而言，「忠」之為「孝」，「忠君」就是「孝君」，「孝親」就是「忠親」，所謂的「忠」，最後是投向那個絕對者，我們須從絕對服從這儀式性去理解。

問：剛才有一個不太能理解之處，照老師的詮釋方式，儒學應該是一種「場域」的概念，「場域」的強調特別重，因為就直接落在一個具體的、歷史性的社會總體上呈現，而不是收攝到一個最後的境界，收攝於絕對無、空的概念。因為像這樣反而會流於形而上的概念，使得「道」呈現開來之張力反而不顯，相較而言，場域性比較顯的應是儒學吧？

答：中國儒學「場域」之概念，與日本京都學派強調「場域」這個概念不太一樣，日本的「場域」好像鏡子般的背景襯托，基本上是「虛」，絕對無之「虛」。中國人「場域」的概念像是土地一樣，踩在這個土地上工作，這個地方是有很大不同的。中國人在天地間，人參贊天地間，構成一個總體，日本人不是，日本人是朝向那至高無上的「神道」，而「神道」又是清靜無為的、潔淨的、透明的。

問：日本基本上那個場域的概念，還是不帶時間性和歷史性。譬如西谷啟治，他還是覺得「空」這個問題很難克服，「空」如何跟「歷史」、「時間」建立起關係，他也碰到這種困境。佛學在當代要能夠當下在這個世界呈現佛法，就必須考慮到這世界是很具體的，是有歷史的，是有時間的，他如何把佛法之「空」帶入這個世界中，而讓他呈現？

答：這個必須看你如何解，在中國來講，大乘佛法最後轉變成「真常心」系統，就解決了這問題。甚至，後來更進一步轉變成「本體生起論」的系統。一般說來，佛法是不能違背「緣起性空」的理論，但是整個民間教化流行的背後卻是「本體生起論」的說法。我們可以看得出來整個民間的佛教多半相類似，而這些東西又和「道」、「巫祝」和在一塊。至於日本這個部分有些東西我也不是很清楚，但就整個推述而言，它要解決這個問題其實也是可以的，就如你剛才說的久松真一之無歷史的歷史，無時間的時間，當下就是。當下之剎那即是永恆，生命當下燃燒，任何一刻都是完全的熱烈。

問：如同鈴木大拙說他每喝一杯茶，都是有「禪」的，在生活中的每一個具體行動，也是將「禪」的「空無」落顯到具體的生活世界之中。

答：這裡有一個很重要的地方，須得釐清。那個落實下去，在日本還是形式性的，不是內容意義的，我何以敢做如此判定。日本於此而言，還是儀式性的，它用儀式性的方式讓自己安頓。但那個安頓是否果真讓你的身心調適？「身」如何處置？「身」在悸動，而這個悸動的時候，生命放在這裡，在這個悸動的當下，面對絕對的空無，想著，我的生命能夠把它處理掉的時候，就進入這個狀況。這個部分我是要解釋從芥川龍之介到川端康成，到三島尤紀夫都選擇死亡。而櫻花看起來是很脆弱，但櫻花其實是很剛強，那個脆弱，就用那樣的盛開的方式來剛強，並因此脆弱之剛強而得充實，這裡有一深深的生命悸動。日本的「美」有一種很獨特的「美」在。這獨特之「美」和中國的「美」不一樣，中國的「美」基本上還是充實的，所謂「充實之謂美」；如果對比參照的話，日本那種「美」，不同於充實之謂美，而是「虛靈之謂美」，更進一步我們可以說此虛靈、虛空、虛靜、虛寂之謂「美」。我最近重讀日本川端康城的《日本的美與我》，覺得那生命有一種非常寂靜的美，非常透明的、晶瑩的、剔透的一個背景，一個人在那麼強之背景下顯示其人之渺小。但同時由這個渺小映照你的偉大，偉大在於背後的晶瑩、剔透、潔白，這時候人在此狀況之下，我之殉情更成就那晶瑩、剔透、潔白之美。那晶瑩剔透的潔白就是「神道」，就是「天皇」，也就是他們至高無上之境。這種「美」，有時候也是會很令人耽溺的「美」。如此晶瑩、剔透之潔白，一個人立於此情境，而這個人可能是充滿了欲望，充滿生命力，在對比之下，那是非常「美」的，這時候我把自己的欲望處理掉，把生命處理掉，進入永恆，經由此而彰顯「美」。日本人最內在心裡極致就在此，這可以想像他們那種自殺時的心情，是非常深微奧祕的。

八、結語：重返王船山：後新儒學的可能向度

問：熊十力在你看來他有一個特別重要的意義，這個連結到剛才所談，這對於中國之「原儒」，即「原始儒學」中之「道」，跟時間之間其實並不構成問題，所以不會有像久松真一或西谷啟治的那種困局，那種渴望想要將「空」和歷史、時間接合起來的問題，因為

「道」就在歷史，就在「氣」之中呈現。然而，我想要問的是：這個中間透過宋明理學的階段，這個「道」是否有一種可能性，使其歷史社會總體及時間意義，慢慢被解消掉，或者虛空掉了，或者又是保存、又是解消；由此來看熊十力或王船山其有特別重要的意義，他們同時又把「道」拉回到時間、歷史中呈現。

答：這裡所謂的「拉下來」，就是在這裡實踐，其意義是注重到整個歷史社會總體。就此王夫之遠過於熊十力，熊十力的格局也是照顧到這個問題，所以他講「體用不二」，講「眾漚即是大海水」、「大海水即是眾漚」，這是「一個世界」的論法，「道」就在此開顯，它不離於生活世界，它就落在此中。但我要說的是：熊十力還是受宋明理學的影響比較大，他講到人的「實踐」論題時，做的是內在形而上的道德本性的考察還是比落實於歷史社會總體多。例如，他所強調的「明心」即是。很可惜的是：熊先生念茲在茲的那個《量論》（知識論）沒寫出來。另外他應該要照顧更多屬於歷史社會總體的那些東西，是應該在《量論》中繼續延伸出來的東西，亦無所發揮。他在《原儒》、《讀經示要》之中寫了一些，但仍嫌少，不夠充實。再者，熊十力本身的生命也反映出，並沒有真正如孟子所說的充實之謂「美」，充實而有光輝之謂「大」，他那生命仍有一點彆扭。在理境上他透到了那裡，但現實中他仍無法到達，很困難，那是時代的業障。

就此來講，王夫之有他可貴的地方，王夫之在他的生命之中與熊十力來講，我覺得是比較潤澤。他一方面能夠困居而另方面又能夠潤澤，他所採取的學問路向，比較不是「乾元獨顯」，而是談「乾坤並建」，不訴諸那「本心」，而是即其「器」而言其「道」，是就當下任何一個存在的事物，就那個辯證之過程而去彰顯「道」。熊十力他也懂這個道理，但是他基本上重點還是「照見本心」，當然他知道這個「本心」並不是個超越的實在，那麼這個地方就有辯證性了，於此可知他所強調的「陰陽翕闢」，這是《易經傳》的系統。我個人以為就熊十力本身而言，他的哲學當然有他可貴之處，他是很值得研究的。但這並不意味熊十力的學問不能批評，有些人批評他是否心口一致、言行一如，我認為這些批評也不是空穴來風，但是熊十力的學問也不因這些批評就沒有道理，而正顯示出他其實是一直要克服他內在的困境，而又是一直克服不了，這就是那個時代的病痛。所以和王船山比較起來，他還是傾向於特顯這個「乾元」，並不像王船山的「乾坤並建」。我一直以為王夫之的哲學結構是很值得重視的，他很清楚照顧到具體性，照顧到社會性，照顧到歷史性，照顧到物質性，我們要從這裡看物質性作為物質性，它也就不離你那心靈。我認為由牟宗三先生上溯至熊十力先生，再上溯至王船山的哲學，這裡隱含了我所謂「後新儒家的哲學」可能向度。

〔本文是一九九七年十月二十九日一次關於後新儒學的訪談，由當時清華大學中文所博士生賴錫三訪問、南華哲學研究所碩士生裴春玲記錄完成。〕

第十章

John Makeham訪談林安梧論「新儒學」與「後新儒學」

本章內容是澳洲 Adelaide 大學中文系教授梅約翰教授（John Makeham）於二〇〇三、二〇〇四年在台灣師範大學對林安梧教授的兩篇訪問稿。內容所涉甚廣，包括當代新儒學、後新儒學、海峽兩岸關係、從主奴意識談台灣的本土化、咒術與解咒等。

一、二〇〇三年的訪談

問：有人說當代新儒家在台灣，可以從兩個方面去探討，一個是作為一種意識形態，另一個是作為一門學問。作為一門學問的話，也有人說它的貢獻不是很大，它的進展不是特別明顯。但是作為一種意識形態，是它比較顯著的一個特點，你覺得這樣講有沒有道理？

答：在華人的學問裡面，「學問」跟「意識形態」這個詞，它是有一個連續的關係的，並不是可以截然分開的。我想也不只是華人，在人文的學問裡面，其實作為學問跟作為意識形態，它有其連續體（continuity）的關係。就當代新儒學來講，作為一門學問，我想老一輩的先生，像唐君毅先生，牟宗三先生，徐復觀先生，我想他們所獲得的學術成績是卓越的。從體系性的建構到文獻的耙疏、整理、構造，以及哲學史上的探討，都有相當高的成就，我想這一點是學界共同肯定的。作為他們的後學者，我個人認為在學問上，大部分的後學者是延續這個規模所做的發展，我認為還是學術性的。至於說作為一種意識形態，如果我們把意識形態作一個更廣泛的理解，就是說作為一種行動的指導方針，或者作為生命的一種理念信守，或者各方面種種。如果用「教」跟「學」來區別的話，我想很清楚，也不需要再費很多的言語去說明。如果說「教」跟「學」做個比較的話，我並不認為在台灣屬於「教」的層面有更多的發展。

問：沒有更多的發展，這是為什麼？

答：因為整個時代的氣氛，屬於「教」這個層次，特別就儒教來講，這個層次並不是那麼繼續容易發展。當然新儒家的人物裡面，在新的傳承這一輩裡面，帶有宗教性的人格不如老一輩的人，老一輩的人比較帶有「教」的人格。譬如說像牟宗三、唐君毅、徐復觀三位學者，他們都是很好的學者，除了作為很好的學者，他們的實踐性格其實比我們作為後起者都更顯強烈。更早一點的梁漱溟、張君勱那就更明顯了。

問：是不是這個年代，儒教作為一種意識形態，或者一種宗教信仰，已經沒有地位，已經沒有它的價值了？

答：我想這不能從這個地方去推論，基本上應該從幾個層次去理解。原先的儒教它是跟整個官方的帝皇專制的政體，跟整個宗法封建的社會，跟整個小農經濟的組織結構，它是結合在一塊的。用我的話來說的話，它是一個「血緣性的縱貫軸」所形成的一個社會政治經濟的總體。在這狀況底下，儒家它依循著這樣一個體制，在體制裡展開它的力量。政治體制是官方的，而在民間的社會裡頭，它源遠流長的一種血緣親情，仁義道德教化是連在一塊的。但進入現代化以後，整個政體變化了，整個社會結構變化了，而在這個過程裡面，我覺得儒學必須要有一個新的轉化，而它在這個轉化的過程裡面還在適應中。當然你可能會覺得未免適應太久了，但是我覺得這就是一個很大的挑戰。所以儒學屬於「教」的性格，好的來講的話，就是它已經可以很徹底地從原來的政治體制裡面脫落出來，但是它必須要有一個新的建構，而這個新的建構可能就必須面對各個不同的宗教而有新的挑戰。

問：目前缺乏一個很重要的基礎，那就是現在沒有人讀四書五經了，是嗎？

答：嗯，我並不認為現代沒有人讀四書五經，就以台灣為例。台灣讀四書五經的，五經比較少了，讀四書，當然《論語》、《孟子》是十三經裡頭的兩部，而《大學》、《中庸》都是放在《禮記》，屬於五經。但是總的來講，四書五經，四書部分，就我所知，其實在台灣的宗教裡頭，譬如說一貫道的傳統，一貫道基本上是以儒為體，以道為用，以佛為相，我的理解是這樣。那麼在一貫道的團體裡面，基本上屬於四書的講習還是非常多的。

問：中層階層的話，還是以佛教比較受歡迎吧？

答：總的來講，在台灣佛教是比較受歡迎的。但是我願意這麼說，就是即使佛教徒，包括佛教的高僧大德，他們在傳播佛理的時候，也把儒家的思想滲透在裡面。當然這個問題牽涉到，我做一個比喻，就是說儒家還是用傳統的商店經營方式，但是現在佛教它有一個蛻變，它好像 7-11、好像全家便利商店，它是連鎖的一直出去。現在它那個店開得很大，開得很好，開得很亮麗，它這個店一樣可以賣你儒家的東西，而且本來人類的精神資源就是相通的，而它也可以從它那裡繼續生長的，這個地方並沒有什麼不正當性的問題，它有它的正當性、合法性。

問：在那種環境裡，儒家的東西難道不會變質嗎？

答：我認為很基本的就是會攝入到它裡面，然後為它所吸收，然後到最後成為它的一部分。但是這個對於儒家的發展來講，某一個意義下，當然儒家就是落後了。有一次李澤厚先生到台灣來訪問，他到花蓮慈濟訪問證嚴法師，他回來跟我說，他覺得慈濟講的很多東西其實是儒家的思想。但是我覺得雖然慈濟講的很多東西是儒家的思想，但是它畢竟是整個收歸到它佛教的團體裡面去了，也就是和佛教融合在一塊，而它是以佛教做底子的。當然在這個過程裡面，儒家面臨很大的挑戰。如果說儒家在民間裡面還有力量的話，在宗教團體裡面，其實就是一貫道多一些。其他的宗教、台灣一般的民間信仰，所謂的儒宗神教，這裡有一些相關連的。但是在台灣，儒教並沒有以一個「教」的名義出現。

問：以前也沒有嗎？

答：以前的話，因為它是官方所倚賴的、所立國的一個基礎，基本上就是我剛提到的一個「血緣性的縱貫軸」，在這個血緣性的縱貫軸裡面它是以孝悌倫理為主導的，從「父子有親，君臣有義，夫婦有別，長幼有序，朋友有信」這個三綱五常的傳統一直貫下來的。現在這個部分必須面臨到很大的挑戰，必須重新轉化。這個部分，我最近的提法就是說，不是儒家的內聖怎麼開出外王的問題，而是在一個新的 modern society，在一個新的現代社會，現代化過程裡面，儒學必須重新調整，而有一個新的內聖的問題。也就是不是從內聖怎麼開出外王，而其實是從外王重新調節出一個新的內聖。內聖的重點不在於強調內在的心性修養，而應該是注意到一個 social justice，一個社會正義底下，你如何安頓你的生命並且參與社會正義。這個部分我想儒學是需要努力的。

問：但是前一百年，有人就提倡這樣一個講法，就是儒學必須入世，必須參加社會活動，必須能有實踐的表現。到底這一百年以來，做到了多少？

答：它大體是這樣的，這一百年來，整個華人世界，中國、台灣、新加坡、香港整體來講，在現代化的過程裡面，儒學跟道家跟佛教是分不開的，它們成為華人最基本的、內在心靈的一個土壤。我的提法可能接近是，作為一個心靈的土壤，儒道佛起了一個調節性的作用，它們並不是推進現代化，它們可能某些部分跟現代化之間必須有一個新的調節的關係、磨合的關係。但是它總的來講，特別在台灣，在香港，在新加坡，或者在韓國，整個東亞四小龍的興起，其實儒家、道家、佛教起了一個非常重要的調節性的作用。當然，先前的日本也是如此，我以為以後的中國大陸也是如此。就這一點來講的話，它們並不是沒有作用，只是因為它以前原來所帶的，借用佛家的用語來講，就是「歷史業力」，也就是一個歷史的包袱，歷史的力量，使得大家一想到儒學的時候，就覺得應該趕快把它拋棄掉。但是其實儒學它仍然在民間裡生長。現在比較大的問題是我們談儒學的人跟整個民間的 continuity，這個連續性，沒有處理得很好。所以儒學好像變成了中文系、歷史系或哲學系裡頭某些教授，去做 research 的工具，好像是牟利營生取得學位的工具而已。其實不是，它在民間裡面仍然有它生長的力量。

問：那麼它在民間最核心的表現是什麼？

答：最核心的表現基本上就是孝順父母、友愛兄弟。在整個台灣截至目前為止，基本上孝悌人倫仍然是我們最重要最基礎的倫理、最基礎的道德。

問：這個是屬於儒家的壟斷嗎？

答：我想這個地方牽涉到其實人類各個不同的宗教，各個不同的「教」，或者說各個不同的意識形態，各個不同的人類心靈，它其實有它的一個 universality，它的普遍性，這個不是儒家能壟斷的。我想儒家所提的孝悌人倫是儒家的一個根本，而孝悌人倫在家庭裡頭。那麼從孝悌人倫再往上提的話，就是談仁義道德。「仁」談的是一種真實的情感互動，一種真實的愛，孟子所謂的「怵惕惻隱」。「義」講的是一個客觀的法則。所以基本上來說，講仁義道德的時候，在儒家來講是從孝悌人倫往上提著說。以前它是在一個宗法封建、帝皇專制，這樣一個社會跟政治的總體裡面去講「孝悌人倫」與「仁義道德」。但是現在是在一個，譬如以台灣來講，是在自由社會、民主憲政，這樣一個社會政治的總體下去談孝悌人倫，去談仁義道德。這時候孝悌人倫、仁義道德它的具體內容必須有一些調整，而我認為現在正在調整之中，而並不是說儒家它就因此都沒有了。當然如果屬於儒家的學者，或者說屬於儒家的信徒，在這裡不發生作用的時候，它會被其他各個不同的派別，各個不同的人所取代，儒家的思想就整個滲透到這裡面而消失掉了，被溶解掉了。因為儒家所談的很多東西，就像各個宗教所談的很多東西，是 universal 的層次的，雖然也有 particular 的部分，但是這個 particular 的東西，必須隨著一個 historicity，一個歷史性而變化。這個地方就以佛教來講，三十多年前的台灣佛教跟現在的佛教就有很大的不同，這個時候必須要有一些人格典型，一些真的偉大的 personality，在那個地方成為一個非常好的 ideal type。佛教是有這樣，所以成就了它這個「教」，整個往上提升了。三十多年前台灣的佛教跟道教跟其他什麼，根本是混在一塊的。現在儒家需要像佛教一樣出現一些這樣的人格典型。

問：佛教為什麼這三十多年來就比較成功呢？

答：就是我剛剛說的，因為它有幾位相當難得的人格典型，譬如說星雲、聖嚴、證嚴幾位大師。他們對整個佛教有一個 reformation，一個改革，這就好像西方的 religious reformation、宗教的改革一樣。我覺得儒教也必須要有一個新的改革。而這個改革，我現在的提法是說，並不是說如何從自己的傳統轉出去談如何開出現代化，而是在現代化的過程裡頭，如何重新來變革這個傳統，而這個變革必須要有一個很大的變化。

問：儒教能做得到嗎？因為看以前有佛教有道教，但是沒有民間的儒教。

答：以前的儒教是「百姓日用而不知」，之所以「百姓日用而不知」是因為已經被放在原來那個體制裡面，那個 structure，那個 institution 裡面。

問：但是它既然沒有一個形式不是更困難了嗎？

答：我想以前就是靠著那個龐大的形式，就是我說的宗法封建與君主專制整個的結構，而現在必須從那裡脫出來，因為那個地方已經垮掉了，現在必須有一個新的結構，可能必須放在很多個 association，或者 society，或者 community，然後慢慢生長，可能必須成為一個 religion，某一個向度上。這個部分，我是覺得考驗著儒家未來發展的可能。

問：但是到底有多少人在推動？

答：我想目前來講，單獨的推動沒有。基本上，還是跟著道，跟著佛連在一塊。這個地方其實是必須有人去做這個事，而且我覺得不應該排斥做這個事，現在應該是時候，但是誰去做，我想這是一個問題。以前梁漱溟其實有這個意願想做一點的，他推過「鄉村自治運動」，但是梁漱溟他是不是那麼高的自覺去推動儒教，我想未必。倒是康有為曾經思考過這個問題，但是他的儒教的想法裡面仍然跟我現在所說所構想的是不同的。因為他畢竟還是在一個君主專制，或者頂多說是在一個他認為的開明專制的君主立憲下，而說的一個國教的儒教而不是跟其他各個宗教可以相互競爭。我想現在如果重提儒教運動跟康有為那個時候的儒教運動是兩回事。

問：有一個講法，說如果沒有牟宗三，就沒有新儒家，你覺得如何？

答：我想這個話是講得過頭了。應該這麼說，牟宗三是作為新儒家整個發展的一個高峰，但這並不意味著，沒有牟宗三就沒有新儒家。因為從熊十力、梁漱溟一直到張君勱、唐君毅，他們其實都是在牟宗三之前就已經開始發展他們的思想了，甚至已經締造他們的理論想法了，而牟宗三只是更為完備。他所涉及的深度跟高度跟體系性比較強。

問：但是牟宗三他也沒有特別強調他是梁漱溟、熊十力的繼承者。

答：他的確是沒有那麼強調，但是當我們做一個思想史理解的時候，是看這裡頭有沒有他的 continuity，如果有他的 continuity 的話，是可以說的。譬如說熊十力到牟宗三是有它的 continuity 的，有它的一個連續性的。

問：這個連續性有是有，但是不是牟宗三以後的人才有這個提法，才有人開始形容有這麼一個系統？

答：我想分兩層來說，首先，牟先生並非完全沒有自覺，他其實已經也有自覺的是在走這個路，而後人更發現這裡頭有他的連續性（continuity）。也就是說牟先生在發展他的學問的時候，他是受到熊十力的啟發跟影響的。但是牟宗三的系統並不完全被熊十力的系統所限制，他也不是完全發展了他的系統，他就某一個向度加上他自己的發展，而熊十力是有他另外一個成就的。所以我想這裡並不一定可以那麼清楚地區隔，也不必這樣區隔。

問：牟宗三後的新儒家，包括台灣跟大陸的，大陸當然少一些，他們有什麼比較值得提的貢獻？

答：所謂「牟宗三先生之後」，應該是年紀比他輕的這一班人全部都算吧。那麼大概分兩個向度在走，一個基本上是繼續著牟宗三先生原來所建構的那個哲學結構，而繼續往前發展。這個繼續的往前發展，我就把它叫做「護教的新儒學」，維護牟宗三先生基本的理論系統。另外一個我稱之為「批判的新儒學」。一個「護教的新儒學」，一個「批判的新儒學」。「批判的新儒學」基本上是對牟宗三先生的系統做一個歷史的回溯之後，給予一個分判。這個分判是想把牟宗三先生過世的那一年，當成一個以牟宗三系統來講的新儒學的一個轉捩點。

問：但是既然你的著重點還是牟宗三，那麼我們又回到剛才我問的問題，如果少了一個牟宗三，那麼還有什麼新儒家可講呢？現在的這些新儒家學者，他們所談的中心人物還是牟宗三？好像牟宗三的名譽越來越大。

答：我想這個問題牽涉到幾個方面，一個就是牟宗三先生年輩與唐君毅先生一樣，不過唐先生早過去了將近二十年，而且在台時間久，牟先生的影響力自然較大。唐君毅先生他所構成的一套系統和牟宗三是不一樣的，再往前追溯，熊十力也是不一樣的。我自己個人認為熊十力的哲學是必須要重視的，唐君毅的哲學也必須要重視的，只是因為牟宗三先生的系統是非常分明的，而且他的學生有很多原來是中文系出身的，而中文系出身其實對哲學整個綜括的理解上是比較有限的。中文系學生對哲學比較有一個向道之心，就是當成一個「教」，當成一個「道」，這樣的一種心情。正因為牟宗三先生他的學問體系非常龐大，非常嚴整；一方面他的學生輩裡面學中文的比較多，而在中文系所講的中國哲學，它的求道意味比起哲學系濃厚；另外一方面，他又多活了二十年。所以在這個過程裡面，很自然而然，他的學問就比較是一種「教義」的傳播方式來發展的，這個是有密切的關係的。如果我們從一個知識社會學的觀點來講的話，那是很清楚的。

在這樣的過程裡面，我是覺得有必要對牟宗三先生的整個傳統做一個回溯，我的理解是把他回溯到宋明理學上，這個脈絡整個來看，他當然也受到西方哲學的發展影響。我認為如果以「格義」來說，牟宗三先生在中西方文化的會通上來講，他應該是「格義」的一個巔峰，但是所謂巔峰並不意味他已經達到中西哲學的真正會通，因為那還是不對等的。當我們說要從「格義」進到一個新的境地的時候，必須雙方的概念是對等的，這個必須往前走，而這個時候我覺得牟宗三先生的哲學變成了一個很重要的資產。這個資產不是說我握有它就得了，而要去釐清它，檢討它，批判它，繼承它。一方面是批判地繼承，另外方面是真正的延續與發展，我認為必須要有一個這樣的很高的自覺意識。但是目前來講，因為牟宗三先生的學問已經被納到一個 academic system 裡面，一個學術的政治組織裡面去，放在中央研究院所研究的項目裡，因此也會引發更多研究者。但是因為他是被放到目前這個研究體制底下，作為一個對象來研究，所以他基本上原先的生命活力，其實反而會受到禁錮，甚至由於體制所帶來的權力（power）問題，他也可能被匡限、被竄奪。相對來講，像唐君毅，像熊十力反而就被忽略了，因為研究者只有一些，他們比較不受鼓勵，所以在這樣的過程裡面，這一點我覺得並不是很好的。那麼中國大陸的年輕一輩對於這些東西的研究來講的話，他們因為也有他另外一個儒學的傳統，像馮友蘭，像張岱年，湯一介這些，他們也會注意到唐君毅、徐復觀。總的來說，就哲學的深度與高度來講的話，有些研究還不及台灣，像中央研究院對牟宗三研究的深度，但一方面，當然就是，整個大陸現在正在發展中，未來是不是會有更大的發展，這是值得注意的。未來它的侷限會越來越少，這是肯定的。當然牟宗三的思想還是會影響比較大，有幾個原因，一個就是牟宗三的書，這幾年由上海古籍出版社出版，他發行量很廣，特別他重要的著作，像《心體與性體》，像《中國哲學十九講》，像《中西哲學會通十四講》，還有《圓善論》，還有其他都陸續在發行中，所以這個影響力會更大。這樣的影響力大基本上對於整個大陸的中國哲學研究來講當然是有一股新的生命力，不過因為整個大陸的新儒學的研究課題，近十多年來，新儒學研究課題是顯學，相對來講的話，中國哲學的研究，譬如說以船山學來說，這十年來反而停滯，這其實並不好。不過現在伴隨經濟的發展，整個學術也在發展中，我想這個會有變化，而且原先那新儒學的研究課題已經結束了。

問：我發現最近幾年大陸那邊發表論文，好像先秦的，和這個宋明的來相比的話，還是先秦的越來越多，宋明的越來越少，這個對於新儒學會有什麼樣的影響，會帶來什麼樣的影響？

答：我想這個牽涉到大陸這些年來有很多竹簡啦、帛書啊，這些東西，地下考古資料的刊行，這當然還牽涉到國家的研究課題，也牽涉到一個學問的客觀性，各方面種種。它比較有客觀性，因為這些東西它總要整理而且又有經費，那麼這些東西的出現，它會對於整個中國古代思想史有一些重新的理解。那對於儒學的發展來講的話，未必那麼直接，但是總的來講，客觀學問性的講求會越來越高。明顯地，大陸目前學問性的講求已經超過原來意識形態的方式很多了，意識形態慢慢在淡化中。但是以研究新儒學來說，也有一些研究者，他們把它當成信念了，而目前來講，作為信念的儒學，作為你先前提問講的「意識形態」，或者「信念」，或者「教」這個儒學，在大陸其實也在生長中，這當然不是很多。

問：不是很多！恐怕沒幾個吧？真正把自己當成一個新儒者。

答：應該這麼說，就是說自覺把自己稱為新儒者的不多，但是伴隨著整個大陸經濟發展，跟官方有意扶植儒家、道家，整儒道兩教作為意識形態的發展，其實正在民間裡頭影響著，包括這些年來，大陸的年輕人乃至小孩的讀經運動，其實官方是有意放手，讓它自己生長的狀況之下，正方興未艾。

問：不過，那還不是很普遍吧？

答：嗯，還不是很普遍，正在生長中，所以這個地方有待觀察。但是依我看來，伴隨著整個大陸的經濟發展來講，整個經濟在這個發展的狀況底下，馬列主義，原來的教條性的馬列主義基本上幾乎是完全退落了。退落了之後，這裡繼續發展的，未來須依靠著，它必須要有一個調節性的力量，它不是一個控制性的力量，而最適合作為調節性的力量就是儒、道、佛這三教。中國傳統經過了幾千年，特別到了明代中葉以後，這些東西已經成為人們心靈的一部分。我在一九九〇年第一次到中國大陸的時候，就覺得中國的民間百姓其實骨子裡面，心靈的深層結構裡面，仍然具有儒，具有道，具有佛的因子在的，這必須肯定。這真是「野火燒不盡，春風吹又生」啊！現在其實還在生長中。大陸改革開放十多年了，未來十年左右（也就是二〇一〇年左右），可能必須面臨非常嚴重的，我覺得是個非常嚴重的一個轉捩點，能不能經受得起，這也很難說，這很辛苦，我認為大陸也自覺到這個問題的嚴重性。

問：嗯，這個後新儒學在大陸可以扮演著什麼樣的角色？

答：「後新儒學」大陸現在大家也留意到了，因為我在一九九四年以後開始有這樣的一個提法，正式提到文獻上則是一九九六年間。我當時的提法就是牟宗三先生之後，因為整個新儒學的大師，牟先生的仙逝，那真是一件天大的事。就台灣來講，儒學的思考，一直牟宗三先生的影響力非常大，包括我們鵝湖月刊的朋友，鵝湖月刊的朋友雖然各個不同想法很多，但基本上還是以牟先生的思考為主導的。在中國大陸來講的話，其實還沒有那麼自覺到所謂「後新儒學」，他們只是也開始思考到整個儒學在發展。「後新儒學」這個詞，他們並沒有很清楚意識到說，是針對著何者來說，怎麼樣繼承與發展。就我個人來講的話，是很清楚意識到在理論系統上的轉折。這個轉折就是從牟宗三先生的「現象」與「物自身」的兩層存有論，有一新的發展。我現在的提法就是我之前提的「存有三態論」，從「存有的根源」，到「存有的開顯」，到「存有的執定」。我這個理論可能必須還一段時間才會正式把它寫成一本專著，但是在整個發展裡面，我大體來講，現在是發展到一定的程度。我認為我現在這個提法，比方說對《中庸》、《易經》這個老傳統來講就與牟宗三先生所說的「一心開二門」的系統是不一樣的。「兩層存有論」並不是當代新儒學的共法，而是牟先生的獨創，唐君毅就不是一心開二門的兩層存有論系統。唐君毅在他《生命存在與心靈境界》那部書，他所提的就不是牟宗三先生「一心開二門」的系統。在熊十力的《新唯識論》也不是這個「一心開二門」的系統，而是比較接近我說的「存有三態論」的系統。我的「存有三態論」系統，其實是從熊十力的《新唯識論》裡做一個創造性的詮釋（creative interpretation），進而有的一個重建（reconstruction）與發展。我認為這個地方還有很多東西必須要去面對，譬如說你面對一個新的現代化的社會，你必須怎麼去處理，教育的問題你必須怎麼處理，各方面的問題怎麼處理，而這裡頭，我覺得它必須要有一群人的努力，當然是不是能夠有一群人的努力，這個是一個很大的考驗。

問：香港呢？請您談談香港的新儒學。

答：香港的新儒學，以前我們談新儒學，常合稱叫「港台新儒學」，就香港跟台灣，香港以新亞書院、新亞研究所，那麼現在有個部分是在香港中文大學的哲學系，以前錢賓四先生、唐君毅先生、牟宗三先生、徐復觀先生都曾在那邊任教過，這四位先生都已經故去。後起的劉述先教授也退休，回到了台灣。香港中文大學哲學系屬於新儒家的調子也就少了些，新亞研究所也少了些。在香港，我想還有少部分的牟宗三先生、唐君毅先生的門人，那麼他真正還有實踐的動力的，最強而有力的，其實是霍韜晦先生，霍先生自己創造了法住文化書院，「法住」其實是佛教的，它與佛教結合在一起，對香港社會有相當的貢獻。但從這裡，我們倒可以看到，儒學在現代社會的發展中，如果要走進去而有力量，可能必須面臨很大的挑戰。

問：那新加坡呢？現在有沒有人參加新儒學活動？

答：新加坡一直是華人活躍的舞台，儒道佛三教的思想都有。像以前牟先生的學生，像蘇新沃教授，他也是唐君毅先生的學生，他在新加坡國立大學哲學系任教，目前來講他們幾年前成立了另外一個「新加坡儒學會」。「新加坡儒學會」也參與國際儒聯。整個國際儒聯在整個儒學的發展上有它一個組織跟結構上的一個作用，而新加坡的儒學會因為伴隨著新加坡的政治社會總體，仍然代表一個很重要的象徵。

問：我提到香港和新加坡，從八五以後，恐怕就很少有人寫有影響的文章和專著，就是從這個新儒學的角度。

答：當然以前牟宗三先生很多著作是在香港寫的。八五年以後就很少，沒有錯，我想這個理解是正確的。或者說即使有寫，基本上都是一個 research，就是一個研究。作為學院裡頭的一個研究，它其實對整個民間社會，整個 civil society 的影響非常有限。

問：台灣和大陸學者之間還有什麼隔閡？你們溝通上有沒有什麼隔閡？意識形態上還有隔閡嗎？

答：我想，看是哪方面的學者。當然比如說儒家的學者，儒家的學者來講的話，我認為隔閡是在減低中，在消融中，幾乎慢慢接近到沒有什麼隔閡的境地。如果說早先，因為跟大陸的學者，依我接觸的經驗，在十幾年前接觸的時候，他們受馬克思主義教條的影響比較大，而這些年來他們馬克思主義的教條的影響越來越少。那我個人從另外一個角度去看，就是說其實馬克思主義的成分在大陸的學者裡面仍然扮演一定的角色，但是這個一定的角色比較是一個學問性的角色，而不是一個意識形態的指導方針了。

問：不過，那這麼說的話，方克立怎麼說？

答：我想方克立也是一個很重要具體的例子，他代表的仍然是比較堅持在馬克思主義的傳統下，來發展所謂的儒學。但是，你如果從他前後期的著作看下來的話，其實腳步也在調整中，我想這是值得重視的。方克立推動新儒學的研究，這十多年對大陸學界起著重大的作用。

問：現在好像沒有類似的推動者，就是新儒學的一個推動者，他當然不是一個信徒或者一個傳教者，但是，他推動了這門學問。

答：以大陸來說，作為官方的一個推動者，我想，就目前來講大概是這樣的。就是說，整個大陸在發展的過程裡面，現在大概就會，因為他們，我記得應該是從國家的發展計畫裡面變成幾個重點基地，像是倫理學研究基地，像是中國傳統文化的研究基地，乃至素質教育的研究基地。素質教育就是我們說的 general education，或者 liberal arts，那麼它基本上來講的話也在發展中，但是它並沒有特別標舉。這裡如果說要舉出具體的人，武漢大學的郭齊勇教授應該會是比較重要的推動者之一，像上海的楊國榮、陳衛平，北京的陳來、陳明、鄭家棟等等。尤其是陳明十年來的《原道》已振動了中外。

問：我們之前提到過，大陸現在還有人自稱為新儒家嗎？

答：嗯，就我所知，應該是有，譬如說羅義俊，我想他是很清楚把他的 commitment 放在新儒家，這是肯定的。那蔣慶的話，他提的是較接近「外王」這一面。他用了一個詞，不是很好的詞，也容易被誤解，叫「政治儒學」。我想他的意思是儒學必須通過政治來實現，而不是一個政治化的儒學，而是儒學本身必須通過一個，在一個具體的政治的活動裡頭，他有他要扮演的角色。

問：是經世儒學嗎？

答：沒錯，「經世」，我想這個詞用得很好，就是經世濟民，經世儒學。

問：嗯，台灣本土化運動和新儒學運動，這兩個運動之間有沒有矛盾？

答：如果就學理上來講，不應該是矛盾的，但是就政治上講的話，目前碰到了某種矛盾的狀況。因為就學理上來講的話，台灣所謂本土化運動是不能離開漢文化運動的，既然不能夠離開漢文化運動，漢文化裡頭的儒、道、佛的整個生長是必須被肯定，必須被正視。不過，由於台灣海峽兩岸的政治關係，使得台灣的本土化運動跟原來的母文化，有著一種很奇特的關係，就是所謂的矛盾關係。但是我認為這樣的矛盾關係是暫時的，或者是假象的，也就是因為台灣畢竟以漢人為主體，以漢文化為主體，即使有意要區隔所謂的「中原文化」與「台灣文化」，但是骨子裡頭，仍然是以中原文化做主導的，所以我認為這個矛盾關係只是表象的，或者是一時的，當政治的氣氛變得比較緩和的時候，會有一些新的、進一步的發展可能。這樣的發展也好，因為這會使得台灣的儒學可能會有新的向度，其實在十幾年前，蔣年豐教授與我就有一個提法叫「海洋儒學」，有別於原來的中原的「大陸儒學」，「海洋儒學」更具有國際性的，更具有開放性的，更 liberal。

問：這個「海洋儒學」，它指的是台灣、新加坡、香港，還包括北美嗎？

答：也包括。我當時提法是說，是「邁向海洋的，朝向全世界的」。當然這個提法背後都有一些時代的因素，但是我認為這個提法也沒有什麼不好，它也可能是一個新的發展。但是整個來講，可能海峽兩岸的關係會趨近於緩和，然後達到一個我所謂「一統的境地」。我用「一統」這個詞跟「統一」不太一樣，統一的話就是中國傳統的帝皇專制的，以中原為核心的，而一統我用的是「春秋大一統」這個觀念。「一統」是多元的，而「統一」是單元的。我認為秦漢帝制是統一，而秦漢之前的春秋那才叫「一統」。

問：也不見得，當時不是戰國嗎？

答：對，我是借用一個 model，借用那個模型說的，戰國再往前是春秋嘛，就是孔老夫子想法裡面「春秋大一統」，「大一統」跟「大統一」是不同的，統一就小啦，因為它是霸道，是小統一，「大一統」對比於「小統一」。因為中國以前是一統而多元的，多元你才能夠「邦有道則入，邦無道則隱」，孔老夫子才能夠周遊列國。

問：文哲所（編按：即中央研究院中國文哲研究所）的新儒學提倡者還有創造性的貢獻

嗎？

答：以台灣的文哲所目前所做的新儒學研究，基本上比較偏學術性的研究。因為整個台灣的中央研究院的特質，基本上是受到歷史語言學派影響的，歷史語言學派是認為學問（包括 human science）是有它一種科學性的，它是可以對象化，作為一個客觀實證研究的，這個影響非常非常大。新儒學也好不容易成為中央研究院研究的一個對象，我覺得很難避免在一個學術的體制裡面，在科學主義主導底下的某種客觀性，而這樣的客觀性往往是犧牲了人文的可生長性跟可創造性，我並不認為在中央研究院的文哲所所做的新儒學研究是新儒學的創造，我認為它是一個研究，這個研究基本上是一個對象化的研究。至於說對於新儒學本身的發展，我認為應該起著一個「間接的影響」，但是並沒有「直接的效用」。而另外就是在台灣非常複雜的學術權力的鬥爭跟平衡底下，它其實只是聊備一格，作為某一個大的系統裡面某一個小的部分，它也不可能有太大的作用。不過，有總比沒有還好，這是肯定的。如果另外說它有的功能，可能因為它在一個學術的龐大知識體系裡面，它有國家的力量來支持，那麼它跟國外的互動會多一點，說不定也因此而引發了更多國外的學者來關心這個問題，所以我說在間接的效用上，它是有的。

問：台灣的當代新儒家有誰？代表人物是誰？我說的當代是當今的，今天的？

答：一般來講，台灣的新儒學，從牟宗三先生之後來講的話，老一輩人有中央研究院的戴璉璋，東海大學的蔡仁厚，成功大學的唐亦男，還有台南師範學院的周群振，再來就是王邦雄，曾昭旭，之後，就是我們這一輩人了，包括我、楊祖漢、袁保新，包括李明輝，包括王財貴，包括高柏園、顏國明、陳德和、周博裕，這樣下來，數起來應該還有二十個以上的學者。

問：那麼，這些學者的人數是不是越來越少？

答：應該說，這些學者的學生輩也不少，在發展的過程裡面，新儒學的旗幟，這個色彩逐漸減淡，甚至不見了，如果用這個角度來看，是不是剛好符合你說的越來越少。當然我認為這個問題是不是有什麼發展，或者說是不是如鄭家棟所說的，是一個「正在消解的群體」，我認為這個倒未必，我想應該說是一個「重整」。

問：但是重整的證據是什麼？我們怎麼能證明它是在重整中？

答：我想從幾個角度來看。就學問性上來說，新儒學研究的論述並沒有因此減少，還在增加中。對於新儒學理論的反省原先阻力非常大，但是這幾年來我覺得那個阻力減少了，大家意識到必須要去反省了。譬如像我的朋友，像楊祖漢，包括李明輝，以前他們大概是會很強烈完全站在維護的立場，但這些年來我覺得，特別最近這兩三年來我覺得他們也正在調整，他們也覺得必須要重新去思考這個問題。當然他們是比較保留、比較保守的。這個重整，我想有幾個向度，必須要有人去做的，我想姑且借用杜維明教授區隔的三個向度「道、學、政」來說。在「道」方面，其實就是必須要從 teaching 到 religion，教化到宗教，這個向度上來努力。在教化這個層面來講的話，王財貴教授提倡「兒童讀經」，讀經運動一時之間還未能發榮滋長，真正能夠長起來，這我想是也要再經過五年十年，這個部分還必須要有更多帶有一點宗教性的人格去實踐。就學問方面來講，我認為當代新儒學面臨到很大的挑戰，這個問題牽涉到全球文明發展的 human science 非常不景氣。這個部分我想是必須要看什麼樣的辦法。人文學（human science）是不是能夠，特別在台灣，在華人地區，能夠慢慢走出自己具有 creativity 的 human science，我想這是一個很大的挑戰。因為基本上在西方的核心國家的主導底下，我們往往喪失了主體性，我們只是在西方的主導下的一個螺絲釘。怎麼樣掙脫出來走出自己的路，從新儒學裡頭走出來，這裡頭必須一方面要有 continuity，一方面也要有 discontinuity，連續與斷裂的 tension，在這裡如何有一個理論性的建構，我認為這個考驗很大。我自己在這裡做過一些努力，但是我覺得就能力、各方面種種，都面臨到很大的挑戰。還有時間，還有因為學問還是必須要有一 community 一起討論的，但是整個台灣的學術社群現在如果比起牟宗三先生他們那個年代，看起來好像比較大，但是那個力量卻是比較小的。這問題牽涉到學問的方法，因為整個學術性的結構它越來越客觀化、體制化，我們全部被消磨在那個體制裡面，我們怎麼樣走出自己的路來，這面臨了一個很大的挑戰。「道、學、政」這個「政」不只是 political，包括放在整個 society 裡面，我想就是你剛才用了一個很好的詞，就是「經世」，「經世儒學」。這個部分，我想是一個很重大很重大的考驗，我認為這個部分不長出來，儒學的發展空間會被壓縮得越來越小，所以最好的方式是有一群人，能夠有一個類似像基督教民主黨，這樣一個在政治上的儒教民主黨，但是它是否可能，目前並不樂觀。

問：現在台灣的黨派已經太多了吧！

答：我想如果有，那就看上蒼能不能找到這樣的人了。

問：「儒學復興熱」在大陸是不是已經過去的事了？

答：我覺得還沒有，應該說大陸的儒學復興熱必須進到第二個階段了。也就是說，第一個階段基本上那個復興熱，如果借用辯證法來說，它只是作為對立面的一端，現在大概跨過了那個階段，必須是一個好好紮根，好好生長的年代了。

問：我發現在大陸上發表的文章，題目裡用到「新儒學」的好像比例上少，但是用到「儒學」的多，這個要怎麼解釋呢？

答：我想這個代表一個新的調整，因為起先大陸這十年有一個新儒學的研究課題，所以用到新儒學這個詞多。而現在這個課題已經結束，整個大陸現在其實發現到馬列主義，應該說教條化的馬列主義，其實已經退潮，已經不可能了。

問：但是實權還有！

答：是，還有實權，但是這實權正在轉化也在妥協中，所以整個中國文化必須再重新生根，因為十年的文化大革命把這個東西，好像樹木一樣，都砍伐了，現在必須重新種樹，而重新種樹依我看，至少要十年至二十年，文化來講的話要到二十年、三十年。最快，以目前的傳播、教育，各方面來講的話，一代人，一世三十年，可能還需要三十年。但是大陸以目前整個社會轉型非常非常快，它是否在這個轉型的過程裡面，我認為十年就必須面臨到一個非常非常大的考驗，這個考驗就是整個社會的結構轉變，政治結構也必須轉變。這個轉變是否是一黨多派呢？是不是還是共產黨一黨專政呢？這都很難說。可能還是，但是它可能是一黨多派，或者別的政治方式，這個地方它有多重的變數，但是它勢必要調整。我認為這是儒學、道家與佛教的新契機。當然儒學可能面臨擠壓，它得發展但同時也得面臨很大的擠壓，不一定能夠發展出來。這部分就要看大陸這方面的知識份子怎麼發展，這個部分有待觀察，也頗值得注意。台灣的話其實也是有待觀察，但是台灣其實比較容易發展一點。

問：我們以後可以跟馬列，或者跟佛教，或者跟道教，像以前傳統社會不是有三教合一嗎？類似的一種發展。

答：這我非常贊成，而且我覺得不止三教合一，可能跟基督教，跟伊斯蘭教，跟各方面的，它是作為多元文化發展裡頭的一元。我的意思也就是說，它已經失去了原先帝皇專制、血緣性縱貫軸的那個護符，現在必須謙虛一點，作為那麼龐大體系裡面的一點點，所以這時候，不要強調一個太強的主導性，它沒有主導性的力量了。

問：這一點在你的著作裡面，有特別強調嗎？

答：我有提到。基本上我的關心是「作為多元文化裡面的一環」，這個是我想現代人必須要有這樣的一個心情，而且作為一個學者也不能太強調你有多大的使命，因為你的力量是很有限的，你必須謙卑地去面對自己的有限。

問：那麼，既然你有這種看法，為什麼不去創造一個新的方向，一個新的哲學，一個新的思想體系，而不要依賴過去的？

答：我想現在就是。當我在談，譬如說我自己學問的發展系統裡面，其實對佛教、對道家，我非常善意。甚至應該說，我對道家非常喜歡，對佛教也很喜歡。我自己也讀 Bible，而且我覺得在大約二十多年前，新儒家跟基督宗教曾經有一次論戰，大概是以蔡仁厚教授與周聯華牧師為主，周聯華是基督宗教的牧師，蔡仁厚是牟宗三先生的大弟子，他們的一個論爭。他們的那個論爭就在宇宙光雜誌社出了一個叫做《會通與轉化》。我認為那基本上是各說各話，而且基本上是在牟宗三先生的系統裡，彼此的態度應該說是不友善的。最主要的原因是因為民族主義（nationalism），那是因為他們那時代的因素，他有他的背景。這樣的民族主義，基本上，我認為應該要給予一個同情的理解，但同情的理解的目的是要給予恰當的安頓、恰當的放下，放下之後進一步才能夠真正談溝通。我自己在閱讀 Bible 的時候，我自己覺得也深有感動，而且我覺得華人跟作為一個 Christian，作為一個基督徒，並不是矛盾的。在牟先生的想法裡面，說是矛盾的，我認為那不是矛盾的。一樣地作為一個西方人，譬如說你作為澳洲人，如果你是一個 Confucian，我覺得也並不矛盾，因為基本上這個地方，當我們開始有一種文化多元主義的想法，宗教的一個多元對比的想法的時候，我覺得我們的心胸就會寬廣了。當然這個地方也關連到整個宗教學的發展，比較宗教學、宗教史的發展。所以學問性的發展很重要的。

問：那麼你覺得儒家有什麼宗教的因素？

答：這個部分就是我那天給你那本書（編按：即《中國宗教與意義治療》一書）裡面其中有兩章提到的，如果通過美國神學家 Paul Tillich 所提的「終極關懷」（ultimate concern）來說，我想從這個角度來理解所謂 religion 的話，那儒學當然有 ultimate concern，當然有其終極關懷。

問：儒學這個 ultimate concern 是很入世的，不像基督教是超越的，是上天堂的！

答：是的，沒錯。我在《中國宗教與意義治療》的第一章、第二章大概談了這個問題。第一章寫的是東西方宗教的對比，通過兩個神話的對比。一個是中國的「絕地天之通」，在《尚書》，在《國語》裡頭的「絕地天之通」，跟基督教 Bible 裡頭〈創世紀〉裡面的巴比倫塔（Babylon tower），在那個對比裡，從神話的原型來談宗教的不同。基本上，我的理解是，東方的宗教是在「存有的連續觀」，天、人，物、我，人、己是連續的，構成一個連續體（continuity）；而在西方神、人，物、我，人、己，是斷裂的，有其 discontinuity。因為是斷裂的，因此得有一個 agent，是很重要的。一個代理者，這個第三者，把兩個連在一塊。顯然地，在西方，他這個「他者」（the other）的傳統很強，它形成一個客觀的第三者的傳統很強。相對來說，在東方、在中國這邊比較弱。它另外有一個優點就是我們這個「我與你」（I-Thou relation）很強，而在西方則是「我與它」（I-it relation）很強。這個部分我是借用馬丁．布伯（Martin Buber）的話語來說的。我以為東西方文明就有很多必須要互動的地方，它成為我們在 dialogue 過程裡很重要的東西。我覺得，整個新儒學發展到我們這一代應該要有一些新發展的可能，因為整個時代在往前走，所以我們現在談學問的時候，民族主義的氣氛應該減到最低。

問：這一點，大陸是一個問題，我覺得有一部分人，或者社會的某一個階層，在利用儒學，做民族主義的一種旗幟。

答：我想是有，這是歷史發展必然會有的階段，我覺得只需要正視它就好了，好好去看它，它會繼續發展的，它會變化的，伴隨著經濟的發展，而且國際化，它整個會慢慢往前走，我認為這樣的民族主義發展將由對抗逐漸轉到共生，進入二十一世紀談儒學，不能夠太我族中心主義，這是中國人所該戒慎的。

問：這方面，杜維明做了一些貢獻！

答：我覺得是，這一點是要肯定的。杜先生在這方面有一個相當包容的態度。一方面因為他的出身背景，一方面因為他博雅的學養，他受到西方人的肯定，西方人的信賴。在這個過程裡面，他成為非常好的橋樑，非常好的bridge，這非常重要的。但是我覺得他可以進一步的，不只是停留在一個學問性的橋樑，慢慢有更多，用你的話來講，就是意識形態性的互動跟溝通可以更多一些。

問：我覺得他已經做到了不少意識形態方面，可能對他要達到的那個目的不一定有利。

答：對，因為哈佛燕京社畢竟還是一個學術性的組織跟結構，Harvard university畢竟還是一個university，而不是一個church，這很大不同的。當然就是還有另外的一個問題可以討論的，整個中國近一百多年來，基本上在西方文化的衝擊底下，問了很多虛假的問題，問了很多我認為是「假問題」。

問：是誰問的？虛假的問題！

答：譬如說，我們常聽到這樣的問題，「中國文化傳統是否妨礙現代化」？這基本上我認為是犯了一種方法論上本質主義（methodological essentialism）的謬誤，它認為文化有固定的本質，徹底的反傳統主義者以為中國文化的本質不能發展出民主跟科學，只要全盤西化就好了，從根把這個本質取消掉，那才有新發展。當代新儒家深刻體察到徹底反傳統主義的荒謬性，回過頭來肯定中國文化傳統，並且強調中國文化傳統可以開出現代化。但是骨子裡，還是一種本質主義式的思考，只是思考向度與徹底的反傳統主義者恰好相反。為了要辯護說那是可能開出現代化的，所以就說中國文化本質可以轉化創造，可以經由「良知的自我坎陷」以開出知性主體，進而開出民主科學。我認為當代新儒學面臨了一個非常重大的假問題，但我覺得是應該跨過去了。

問：那你覺得這個本質本來沒有？

答：我的意思是說，不應該用一個恆定不變的本質去範圍。當我們用 essence 這個詞的時候，其實我們是拿它作為理解的方法，也就是說，在方法論的層次必須用到 essence 這個詞，但不能夠把這個 essence 當作 ontological 層次去緊抓著它。在方法的層次上，它當然必須要用到 essence 這個詞。須知：在整個文化的發展、歷史的發展過程裡面，它是一直在調節的，而調節的時候，它沒有一個固定的 essence。

問：但是儒家這個「道」的概念，不是有一點像 essence？

答：「道」它作為「總體的根源」，當然有它 absolute 的部分，但是一落到人間，這個所謂，我們講的一個 life world 裡面，它在各個不同的 tradition，各個不同的地區，各個不同的人群，它就有不同的表現方式。

問：但是，既然你承認它有那麼一個「體」，那不就是一個 essence 嗎？

答：這個「體」是一個「totality」，它一直在調整，它不是作為一個 metaphysical reality，不是一個「敻然絕待之物」。這是很重要的，必須要這樣調整。因為不做這樣的調整，你就會覺得我是中心、我是對的。這個部分我想我在方法論上，我採取的比較是一種 conventionalism，一種約定主義，或者說一種 nominalism，一種唯名論，這樣的一個思考方式。也就是大家共同約定用一個詞去說它，而它一直在調整中。包括孔老夫子所說「仁」這個概念，它也在變化中。一樣的，各個民族，各個宗教，各個思想都是這樣子的。所以什麼叫做「先驗的」，什麼叫 apriori，我認為那只是一個政治社會總體下的一個大家共同認定的東西。我的理解是這樣子，包括康德所說的 categorical imperative、孟子所說「良知」。我認為這只是一個在歷史的發展過程裡面，大家心靈積澱所成的，或者可以用 C.G. Jung 的集體意識來闡釋。我這個想法，某個意義下可以說比較唯名論一點，也可以說比較 practical 一點。

問：所以說換一個社會，不見得有同樣的概念？

答：對，它會變化，它在變化中。我認為只有這樣想才可能慢慢是一個多元的互動的融通，而且我覺得這個是比較合乎道家的。其實儒家應該也是要同意這個，就是「乾道變化，各正性命」，所有的存在事物是就它的存在事物而好好活著。這個地方我想是必須要做這樣調整的，儒學如果不做這樣的調整，我想儒學可能到最後連最基本的、應該有的作為多元文化的一部分，都沒有了，它可能就被擠壓到最後沒有了。這大概是一個時代變遷所必須面臨到的。

二、二〇〇四年的訪談

問：您在《台灣、中國：邁向世界史》中提到「雙重主奴意識」，後來在《儒學革命論：後新儒家哲學的思維向度》一書中也提到，請您談談所謂的「雙重主奴意識」，該做如何理解？台灣這些年來強調「本土化」，請問您如何理解這個概念？

答：這個概念在《台灣、中國：邁向世界史》這本書裡談得很多。其實，我所針對的是有關「文化霸權」的批判，我想掙脫出這個霸權，我想建立一點文化的主體性。我覺得這幾個相關觀念，應先從「連續型的理性」與「斷裂型的理性」說起。「連續型的理性」與「斷裂型的理性」是對比於「存有的連續觀」與「存有的斷裂觀」思考而成的。「存有的連續觀」其實是受到張光直先生與杜維明先生的影響，張光直在他的《考古人類學專題六講》裡提到所謂「瑪雅中國文化連續體」，那是以考古人類學的研究來講，是一種文化形態，杜維明先生也提到過，我後來把這樣的一個論點擴大了，就強調「存有的連續觀」強調的是天人、物我、人己之間是連續的，它不是斷裂的。相對來講，西方的基督宗教、羅馬法律乃至於古希臘的學問性格，我認為它剛好反映了另一個側面，相對於此，我造了一個詞，叫做「存有的斷裂觀」。「存有的連續觀」強調天人、物我、人己是通而為一的，「存有的斷裂觀」則強調神人、物我、人己分而為二，分而為二它中間必須要有一個中介者，一個agent，把兩端連在一塊，神與人就是透過耶穌基督甚至教會，物與我之間，就是透過概念（concept）或話語系統而造成學問性的發展，人跟物我就是透過法律、契約等連在一塊，而中國基本上則是天人、物我、人己是通而為一的。我說西方文化重在「話語的論定」，中國則強調「氣的感通」。通過這樣的對比釐清，或者可以脫出雙重的主奴意識。

問：我請教一下，「超越」跟「內在」這兩個觀念有沒有關係？

答：這有點關係，基本上，在我的處理裡面，神人、物我、人己分而為二，才有所謂的「超越」跟「內在」，這兩者是區隔開來的，而在天人、物我、人己都通而為一的情形下，它就無所謂「超越」與「內在」的背反了。按照牟宗三先生他們的提法，就是既超越又內在，人可以從有限通到無限，但我現在比較不是那麼喜歡用「超越」與「內在」這兩個詞，而是比較喜歡用「根源」這個詞。

問：為什麼這麼喜歡用「根源」這個詞？而不喜歡用「超越」和「內在」這兩個詞？

答：因為就「超越」與「內在」這兩個詞，在西方哲學的用語中，會形成一個背反，所以安樂哲（Roger Ames）就寫了很多文章來強調「超越」與「內在」這兩個詞是圓枘方鑿，不能夠放在一塊！其實這是對比於「存有的連續觀」與「存有的斷裂觀」之下的不同。「存有的連續觀」之下的理性，跟「存有的斷裂觀」之下的理性是不同的。「存有的連續觀」的理性強調的是一種我名之曰和諧性的、調節性的理性，而「存有的斷裂觀」之下的理性，我名之曰一種指向對象，一個對象化的、主體的對象化的活動，是一種執著性的，指向對象的，那它就不是一個調節性的理性，而是一個「決定性的理性」，而是一指向對象的決定性的理性。這個地方就是整個理性狀態的不同，所以我們的「理」可以名之為「道理」，或者名之為「性理」，但這與西方之重理智的理性是不同的。從這個角度去看東西方理性的狀態不同，在一個 Typology 下的不同。

這裡也牽涉到我所說的「咒術型的因果邏輯」與「解咒型的因果邏輯」，「解咒型的因果邏輯」下，它所重視的因果邏輯，也就是 natural causality，基本上是在一個對象化的，通過我們的心靈、腦子所指向的一個話語所思的這個世界裡頭的那個連結，就是它的 relation，這個關連是 aRbRcRd……這樣一直下去，它是可以通過科學驗證的，即使在社會科學與人文科學中，雖然不是如同自然科學般的驗證，但它基本上所要的還是盡量能夠是一種學問性的驗證。相對於此，「咒術型的邏輯」不同，它非常強調與主體內在的關係，跟宇宙冥冥之中的那種關係。譬如說，我今天早上起床時突然跌了一跤，跌了一跤其實是很簡單的一件事，或許是因為不小心嘛！但是我就開始想了，這是不是什麼不祥的預兆，果真今天出去開車就擦撞了，我們就把這兩件事連在一塊，而這個是不能夠通過科學的因果性去驗察的，但是在華人的思考裡面很容易把它視為是一種因果關係，這就是我所謂的「咒術型的因果邏輯」。

問：那這在中國傳統來講，這個跟民間信仰思想有什麼關係？

答：有密切關係。這個地方牽涉到「連續型的理性」與「斷裂型的理性」的不同，這個也牽涉到韋伯（Max Weber）所說的解咒，解除咒術，或者解除一種 magic，也就是他所謂的 disenchantment，disenchantment 的後果就使得人們不往那邊去思考，他認為那叫做「迷信」，如果從這觀點來看榮格（Carl Gustav Jung），榮格對於中國的《易經》，對於共時性等，他充滿了興趣，若站在西方近代科學的角度來說，其實那樣的因果性都是迷信。榮格其實很東方，他很喜歡東方的東西，他並不西方。我在那本書裡面強調，整個華人要走向現代化，要留意這個問題。

問：咒術型的因果關係跟民間信仰的關係還是很濃厚了？

答：我舉一個很有趣的例子。譬如說一九九九年「九二一」大地震時，這民間宗教有一個很有趣的說法，那年李登輝提了「兩國論」，民間宗教的說法就認為他的「兩國論」觸怒了毛澤東，毛澤東已經死了，但是毛澤東是蛇精，這個蛇精就鑽到台灣中央山脈的附近，然後翻動了一下。

問：我記得一九七六年的時候唐山大地震，它發生在毛澤東死前的幾個星期，後來也有很多人就認為這是天人感應。這和你提的例子差不多。

答：這個其實一直都存在華人的心靈裡面。

問：那麼，這種傳統或這種思想要徹底否定嗎？

答：我覺得不是，不需要徹底否定。你再怎麼否定，它都還是存在。包括西方，雖如韋伯所說的 disenchantment，但是我認為它還是陷入另一個 enchantment 之中，也就是他所說的 Iron cage，但是它還是要做一個區隔，這個區隔很重要。

問：你這些年來的哲學反省，真正的對象是牟宗三？

答：我的意思是說，像這些問題應該好好去留意，因為牟先生所強調的「良知的自我坎陷以開出知性主體」，因而開出民主、科學，那我認為他這個「良知的自我坎陷」要如此開出，那仍只是一種咒術型的開出，也就是說，他這個提法太強調人的主體具有這樣的一種能動性，可以這麼轉過來，太強調人的主體性的優位，而他所說的這個主體，與康德所說的主體是不一樣的。因為他所說的主體是通到天地宇宙造化之源的。就他是通到宇宙造化之源來說的話，它一樣帶有咒術性，也就是說它並不是這麼一轉就可以。我要探索的是，中國這個咒術型的實踐因果邏輯為什麼和我們這個主體那麼密切結合在一塊？這也就是為什麼我去寫《儒學與中國傳統社會之哲學省察》。因為它跟我所謂的「血緣性的縱貫軸」是密切結合在一塊的，因為它缺乏一個公共論述的傳統，它因為缺乏這個傳統，所以到最後它有很多東西不能說，也沒處說，說了也沒用，到最後只能強調你必須面對你的良知，這是很有趣的。

什麼總要提到「良知」，你的良知就必須擔負很重的責任，因而「天理」、「人欲」之間的張力就很大。人們便須得努力地通過「天理」、「人欲」的天人交戰來考驗自己。良知的力量越來越神聖，越來越厲害，但是在現實的考驗它常常是失敗的，這非常有意思。所以這裡會出現一個非常有趣的後果。譬如說在《大學》裡談格、致、誠、正、修、齊、治、平，儒學自來都強調從內聖開出外王，其實這個地方出現一個非常嚴重的問題，把心性修養作為根本，然後要開出一個外王實踐，基本上在這個地方會有一個麻煩的問題。因為「心性修養」與「社會正義」其實都很重要，但是在一個不義的社會裡努力地要去強調心性修養的後果，它其實是一個一直往內的收斂，最後常常是整個社會正義方面就越來越少，社會正義越來越少，它就越強調心性修養的重要性。所以宋明時期常常出現這種狀況，非常努力地強調心性修養的重要，滿口仁義道德，但社會卻仍不免男盜女娼，產生了這種嚴重的後果。我認為台海兩岸，整個華人社會要進到現代化最嚴重的問題就是「公共論述」必須打開，但是華人要打開這個公共論述是非常艱辛的，因為他不習慣，他什麼都放在這個人情、面子這樣的一個邏輯裡在運作，我就把這樣的情形名之曰「咒術型的實踐因果邏輯」，他認為在現實都動不了了，他就會去想到還有一個最獨特的東西，這最獨特的東西在儒家的話就是人的良知，在一般民間宗教的話就認為是一種冥冥之中的奇怪力量。

問：你既然有這個背景，那麼你對人性的了解是怎麼樣的？人性與天道到底是怎麼樣的連貫性？

答：我常常說，孟子強調人性本善那是就應然的層次來說，就開發人的價值根源去說，這提到一個價值的應然根源去說。至於怎麼去描述人呢？我喜歡用這個詞：「人是一個可墮落的存在」，他的「可墮落性」正是隱含了他的「可超升性」，他的「可受誘惑性」正隱含了他的「自由自覺的可能性」，也就是覺醒的可能性。所以他基本上是一個一體之兩面，自由這個概念就隱含了一個往下墮落的可能性，要不然就不叫做自由了。自由也隱含了一個往上升的力量，那是自我的覺醒。孟子是強化了人的價值的根源性，價值的根源是在整個歷史文化傳統去累積起來的，所以我是這麼說，孟子的性善論只是一個文化的產物，它是在一個文化發展的過程裡面，才會出現孟子的性善說、性善論，它是一套 theory，一套「說」，一套「論」，所以當整個性善說、性善論的「說」與「論」的文化氛圍不見了，「性善」就彰顯不了了！這點大概就是我跟宋明理學家的理解所不同之處，與當代新儒學者理解也有不同。

問：這是很大的不同。你怎麼看呢？

答：我強調必須有一個 horizon。那麼從我剛剛那個角度去想的話，我認為不應該是強調心性修養作為社會正義的基礎，可能應該學習以社會正義為心性修養的基礎，而社會正義它是一種低度的倫理，由這裡，再進到高度的心性修養。

問：那就是離開了哲學脈絡的政治世界？

答：對！所以我這些年來，將「內聖」、「外王」的次序調了一下，強調由外王而內聖。你大概有看過相關的文章，在成功大學的一個學術會議上發表的。這個很重要。整個華人要打開公共論述，要強調整個話語系統的使用，它就必須要解除咒術型的因果邏輯的思考。或者說區隔，因為它不可能整個解除，區隔就是劃分出來。這個地方就是整個「連續型的理性」它有什麼限制？它可以透過什麼樣的一個機制或制度來調整？我覺得大概這些東西要連在一塊來思考。

問：您好像比較傾向於荀子？

答：從某個角度來想，會有某些相關，但是不完全，甚至應該說不是。

問：當然不完全。

答：我還是認為孟子是很重要的，只是孟子的性善論要怎麼去理解。

問：如果了解這個文化的背景就會有恰當的理解。

答：對！會有恰當的理解。

問：但是孟子本人或許並沒有直接提到這個論法。

答：但是我想可以從這個角度去重新理解。因為假使我們處在一個蠻荒而完全沒有文化的地方，我想我們的人性基本上是處於一個自然的狀態。自然狀態本身並無所謂的性善或不性善。孟子雖然也提到「舜之居深山之中，與木石居，與鹿豕遊，其所以異於深山之野人者幾希。及其聞一善言、見一善行，若決江河，沛然莫之能禦也」，這個地方就有一個很重要的解讀了，他是聞一善言、見一善行，因此他的性善才能「沛然莫之能禦」，不然它是隱含而不彰顯的。因為這個問題是我們常會聽到的，孟子不是說「今人乍見孺子將入於井」，每個人都有怵惕惻隱之心嗎？但是有些人就是沒有，這是文化敗壞之後的結果。在我的思考裡面，我非常重視文化教養的向度，我認為所有的哲學不能夠離開歷史社會文化，否則哲學會太空洞，或者他的哲學是很專技的，作者可能很接近科學，是一種純理的思考，而我認為哲學不只是一種純理的思考，它涉及到整個人。

問：但是有的西方哲學家就會說，照你的說法那就不只是哲學了！

答：這就要看你怎麼去理解了。我認為這是哲學最重要的問題，所以西方哲學家如早期的邏輯實證論者，他們認為黑格爾根本是錯的！但是我的思考裡面，這是哲學中很重要的問題。

問：請你回到前頭我問起的「雙重主奴意識」，談談你的看法。

答：「雙重主奴意識」這個詞基本上指的是台灣的狀況，這在《台灣、中國：邁向世界史》這本書裡面有提到，另外，在《儒學革命論》的其中一章也擴大了相關的討論。「雙重主奴意識」指的是「外力性的主奴意識」與「內力性的主奴意識」。「內力性的主奴意識」主要談的是台灣與中國大陸之間的關係，或者台灣與外來者之間的關係，其中特別強調的是與中國大陸的關係，而現在這個也還沒有完全克服。台灣人現在一直想追求獨立，這個獨立的想法其實是不徹底的，如何說它是不徹底的呢？它其實是在這個主奴意識之下，它沒有真正走出主奴意識要去做主人，也就是它是作為這個主奴意識的對立面這一端，我不願意作為由主人所控制下的奴隸，我只要從這裡區隔開來，但他沒有意識到的是，我把這個「奴」去除掉之後我是真正的主人，這就是這幾年我一直發表相關的文章去討論台灣與中國大陸的關係，台灣人其實大可以去想，作為全中華民族發展的主要的參與者，而不要只是想努力地區隔而已。那為什麼台灣人會這樣？這有台灣人本身的限制、台灣人的悲情。「外力性的主奴意識」其實很容易理解，那就是歐美，或者廣義的西方文化的霸權。「內力性的主奴意識」到現在還沒有克服，而比以前更為嚴重。以前是作為「內力性的主奴意識」下的「奴位」，而現在則是努力地要從奴位撇清，然後走出來，但是它沒有真正克服。現在的台獨論者，仍然陷在新的主奴意識之中，真正克服是回到真正的民族大義之中，那才叫做克服。

問：這在書中寫得很簡略，不太好理解。

答：我後來寫的有些東西都和《台灣、中國：邁向世界史》中的論點有點相關。這本書在剛開始閱讀時會比較辛苦。

問：《儒學革命論》也是相關性的東西，是把它擴大了。

答：這是台灣特殊的歷史。後來我在《鵝湖月刊》發表一些相關的東西，包括一些演講稿也提到了這個部分。最近有另一本將要出版的書，叫做《台灣．解咒—克服「主奴意識」建立「公民社會」》，就是收錄我的一些講稿而成的著作。

問：你對整個「本土化」的傾向的態度是？

答：台灣目前的本土化是不太健康的本土化，這是在我所說的「主奴意識的氛圍」底下的本土化。

問：那麼，當代提倡儒家思想的人，他們是怎麼面對這個問題？

答：我自己是強調「保台灣以存中國文化之道統，存中國文化之道統以保台灣」。我認為台灣在整個中國近現代的發展裡面有一個使命，就是保住了中華文化。

問：那不是有一點不一樣的道統觀？那麼誰有資格繼承道統呢？

答：這道統觀與以前是有些不同，但仍然是一種延續與發展。誰能夠作為道統的繼承者，這基本上要有一種 commitment，有 commitment 者也可以繼承道統啊！

問：但是假如我和你所繼承的道統是不同的兩回事，誰做裁判？

答：這個地方就是要討論了！比如說你梅約翰在澳洲，你說你繼承了孔老夫子的道統，另外又有所謂的波士頓儒家，這個問題就可以在這個過程裡去思考，它是一個發展。

問：那麼你對於將來台灣儒學的發展情況感到樂不樂觀？

答：審慎的樂觀。審慎的樂觀就是不太樂觀。為什麼不是太樂觀？就是因為儒學必須面對一個新的時代，這新的時代就是它必須參與到整個公民社會如何建立的問題，但是我覺得儒學的研究者，或是儒學的參與者、實踐者、乃至於發揚者，在這方面的意識不是很夠。有些人可能有意識到，比如說我有意識到，但是我的朋友裡面，我的 community 裡面，我的學術社群裡面，對這個意識並沒有很強。還有目前來講，在整個國家的學問性機制裡面，大概也慢慢把整個儒學漢學化了！也許漢學化的後果就是它變成一個研究的對象，那麼這個從事儒學研究的人他是在研究，而不是參與者或實踐者。但是之所以講審慎的樂觀，其實本來儒學在民間的發展、發揚就不是靠學者，在民間裡還有一大堆知識份子、民間的宗教，以及民間的教養性社群，在台灣來講還是很深厚的。

問：不過現在的情況與十年前的情況相較之下如何呢？現在更健康、更健全？還是？

答：沒有更健康，也沒有更壞到哪裡去，它是一個加加減減的過程。比如說現在兒童讀經那麼多了，以前兒童讀經卻很少。那麼現在政治意識上雖然「去中國化」比較嚴重，但是基本上在民間來講，即使台獨意識強了，但是整個華人的傳統文化意識還是很深厚。

問：我發現兒童讀經在大陸上好像商業化了？

答：商業化大概是一件很難避免的事，在台灣還比較還可以避免，大陸比較難。但是，這就要看他們實際狀況怎麼發展了。大陸現在號稱五百萬人讀經，有人說八百萬……

問：這是就他們課本銷售量來講！

答：對！那個不得了！

問：我在大陸那兩個月給我的印象是，他們研究儒學的勢力越來越強。可能在某些方面已經超越台灣……

答：對！你這個觀察是正確的。基本上第一個他們國家在這方面努力在整頓，他們國家給的叫做「科研基金」，就是科學研究的學問研究基金，這比台灣多，同時這幾年來也帶動了讀經的風潮，新儒學的研究也繼續在往前做。另外，他們現在強調「以德治國」、「以法治國」，「以德治國」現在最重要的便是儒學，這又把他們那一套倫理學等種種連在一塊，這就變成不只是哲學界、漢學界在做，連教育界也去做了。你現在也可以感受到大陸上的馬克思主義思潮大概已經完全退了。

問：不過還沒有消失。

答：對！現在其實中國共產黨也擔心，因為在整個發展過程裡，經濟方面上來之後，人的自我概念變化了，社會解組，社會慢慢解開，解開之後必須重建。在社會解組與重建的過程裡，他靠什麼精神資源呢？他不能再靠馬克思主義的精神資源了，他就開始強調必須靠中國傳統文化資源。所以現在中國大陸是極力地要恢復中國傳統文化。於是他有很多各方面的計畫與政策，政府、地方與各方面總總都如此。我去年去過幾個地方，其中一次到東北，那吉林大學，他們辦了一個講座，那個講座叫做「人類文明與生存發展」，這講座每年安排境外學者八至十名前往講學，我專門就為了那講座從台灣飛去了，他們已經完全有能力經營這樣的一個講座。我講的題目是「論語：走向生活世界的儒學」。另外，為了開徐復觀會議我到了湖南，湖南他們就成立了一個「儒商學會」，他們把「儒」與「商」結合在一塊。

問：這個不是很矛盾嗎？

答：子貢就是儒商啊！他就結合在一塊了！這個地方你就可以看到說，像這些東西都可以被立案嘛！都可以登記，官方也都承認嘛！有的連共產黨的官員都參加了，這表示他整個已經不再是批孔揚秦了。

問：這也有共產黨員參加？

答：這當然是會有的！一定會有的！那到時候就看是儒學比較強？還是馬克思比較強？應該是儒學會比較強！或者是說兩者結合成一個總體，是儒家型的馬克思主義，也是馬克思主義的儒家。

問：我怕的是在過程會歪取儒家的本質。

答：那是肯定會的，但是不用太擔心，只要社會慢慢朝向開放，也應該慢慢會朝向開放。總在過程中，我們應相信開放的論述，可能會有些好的後果。

問：那台灣有什麼資源可以帶領大陸？

答：我是覺得台灣如果自己的方向穩住了，朝向一個更寬廣的、未來的、新的華人世界，新的華人世界也不只是台海兩岸，台灣作為一個參與者，心胸放大一點，放在一個更寬廣的世界裡去看，看看會有什麼新發展。台灣目前正邁向「公民社會」，而這正是全世界華人所有目共睹的，大陸未來也會朝公民社會走，台灣在此應可以作為一個實踐的先驅。

〔本章兩篇訪談稿的訪談時間分別為二〇〇三年一月二十二日與二〇〇四年二月十二日，地點位於台灣師大文學院。第一篇訪問稿由研究生廖崇斐、李彥儀、何孟芩等人根據錄音稿整理，第二篇由研究生李彥儀等人根據錄音稿整理。兩篇訪問稿最後皆由本書作者校閱後定稿，並曾以「John Makeham 訪談林安梧論『新儒學』與『後新儒學』」為題，刊於《鵝湖》第三十卷第八、九期（總號三五六、三五七），二〇〇五年三月。〕

第十一章

倫理道德觀的轉化：發展公民儒學，提倡大公有私

在大陸，中國文化傳統、西方文化傳統以及馬克思主義傳統三大傳統可以在交談中互動發展。儒學與馬克思主義有共通之處——都包含人文主義，以人作為核心性思考，強調人的平等。今天，大陸處在走向公民社會的學習進程中，從「無我的自我」過渡到「有我的自我」，道德倫理必然大變，而大陸的倫理學尚來不及面對這一巨變，出現問題很自然。台灣是大陸一面很好的鏡子，台灣代表的是一個舊世紀的揚棄和新世紀發展的可能。大陸應進行倫理道德觀的轉化，通過與其他多元文明的互動融通，發展公民儒學，提倡「大公有私」和人的共生共長共存共榮。

問：能否談談您對大陸近幾年來傳統文化熱的觀察，您是如何評價的？

答：大陸傳統文化熱，我以為是從所謂的文化知識份子熱起來的。我覺得這樣的熱是浮在表面的，它必須落實到民間，好好生根發展，否則就只是知識份子的一個炒作過程，只是他們取得聲名的一個工具而已。當然，大陸也有一些文化知識份子對於自己的文化土壤深耕易耨，很認真地在紮根、在發展，譬如讀經運動，等等。我特別注意到，有很多知識份子呼籲：要讓中國傳統文化紮根，必須與整個民間日常生活結合在一起。譬如說禮樂教化本來就是一體的，所以要配合自然與人文，恢復中國傳統的節慶，不要只是五一、國慶長假。這一點，台海兩岸的知識份子其實都同聲呼籲，例如要有中秋節、教師節，而且應該以孔子的誕辰為教師節，以孟子的誕辰為母親節。這些呼籲慢慢地大陸的政府也聽到了，今年就取消了五一長假，而有了清明節、端午節與中秋節，我想這是一件好事。

所以我認為大陸傳統文化熱基本上是一個剝極而復的過程。我常常想，在中國傳統文化發展過程中，現在這個階段很像從秦到漢、從漢初文景到漢光武的時期，是一個儒學重新生長的年代。這個重新生長的年代倒不必像漢武帝時那樣罷黜百家、獨尊儒術，而應該讓百家互動，共生共存共長共榮，有更多的溝通與交談。所謂更多的溝通與交談，最重要的就是紮根，而紮根就不能離開現實生活路線。我知道大陸在這方面花過很多工夫，包括對於民間宗教的調查研究，譬如福建地區的三一教（明朝林兆恩創立，也稱夏教）等。在台灣，宗教只要不違背刑法、民法，基本上是完完全全被保障的。而大陸在這方面，在這樣一個改革開放的過程裡，只能夠慢慢地一步一步發展，而台灣在改革開放的過程中也是這樣的。所以有關宗教的問題，我認為一定要謹慎，不能夠太快，在開放的過程裡面也要有深入的理解。

問：您如何看待蔣慶先生的政治儒學觀點和方克立先生呼籲官方對政治儒學加以警惕的意見？

答：這兩位先生都是我非常熟悉的朋友。蔣慶先生強調政治儒學，其實這個名稱我以前與他提過，我並不贊成，因為政治儒學會讓人誤認為是一種政治化的儒學。不過我想經過他多年來的努力，大家都已經很清楚，其實政治儒學的意思是政治面必須展開實踐的儒學，而並不是被政治化的儒學。他的政治儒學是一種外王學的儒學，強調中國傳統以公羊學為主導開啟的一套外王思想。這一套外王思想經過他的調理以後，形成了他所謂的「三院制」，以及其他種種。我認為，蔣慶先生這個想法有點理想化，甚至有些烏托邦，並不現實。但他這個觀點是重要的，因為能夠引發更多的討論。在一個文化的發展過程裡，有人提出一些不同的想法是很有價值的，它能引發更多的討論。當然有人會問，蔣慶這個想法會不會太封閉？有沒有可能帶著某種專制性？我想，不用擔心，因為這個想法不可能具有「主導性的力量」，它具有的是一種「引發性的力量」，能夠引起討論。

方克立先生呼籲官方對政治儒學的警惕，我想這是站在馬克思主義傳統的立場所做的呼應。也有人對方克立先生提出很嚴重的批評，我認為這批評過頭了。在中國大陸這塊土地上，中國文化傳統、西方文化傳統以及馬克思主義傳統是三個很大的傳統，這三個傳統其實是可以交談、互動、發展的。方克立先生做的這樣一個呼籲，會引發馬克思主義傳統好好地來面對儒學和西方整個哲學傳統，來做交談和互動。

馬克思主義作為一種意識形態，在大陸經過幾十年甚至上百年的發展，它其實已經累積、積澱了非常可貴的核心性的東西。而這些東西在這塊土地上所發展出來的思想裡面，扮演了十分重要的角色。更何況，在人類發展史上，馬克思主義傳統也是一個重要的傳統，它有正統馬克思主義，有新馬克思主義。正統馬克思主義，夾帶當時的政治力量，有它突破性的發展。至於新馬克思主義，其實是強調回到《一八四四年經濟學哲學手稿》，那時候它所面對的「人的異化」問題，後來開啟了所謂法蘭克福學派、新馬克思主義學派，而這兩個學派對資本主義之後的發展，給出了非常清楚並有反省力的批判。這個傳統是不容忽視的。

二〇〇〇年，我與郭齊勇、歐陽康、鄧曉芒在武漢大學有了第一次中、西、馬的對談。二〇〇五年，武漢大學開了一個當代新儒學會議，會議之餘，我們四個人又做了第二次對話，我與郭齊勇代表中國文化傳統，歐陽康代表馬克思主義傳統，而鄧曉芒代表西方文化傳統。四個人雖然立場不同，但有一個立足點是完全一樣的，就是大家相信中、西、馬可能互動流通，可能交談對話。我相信，以後這樣的討論會繼續增加，這也是可貴的。

問：您如何看待官方對儒學的提倡、支持和期待，以及儒學對官方馬克思主義意識形態的衝擊、威脅和挑戰這一矛盾現象？

答：我知道中國共產黨以前反對儒學，批林批孔，是關連著政治的，中國是在徹底的反傳統的氛圍下生出了馬克思主義傳統。馬克思主義二〇世紀初傳入中國以來，既反中國文化傳統，也反西方文化傳統，它具有非常強大的力量，帶有非常強的公平性、正義性、普遍性和絕對性，開啟了翻天覆地的運動。

共產主義在整個中國的發展史上有其合理性，目前改革開放的路子，也有其合理性。在這個改革裡面，大陸官方對儒學，對道學，包括對佛教，基本上都是支持和期待的，特別對儒學和道學給予了更多的提倡。就此來講，我認為是一件好事。我以為不用太擔心，因為儒教還很有發展空間，可以繼續發展。儒道佛所形成的調節性原理、和諧性原理對於當前中國大陸是極為必要的。

儒學對官方馬克思主義傳統是有些衝擊，但這個衝擊不算太大，為什麼呢？因為官方馬克思主義所受到的衝擊，不是來自於儒教、道教和佛教，而是來自於西方資本主義的發展。後資本主義時代的社會，已經不是原先馬克思主義所面對的資本主義社會。新資本主義已經調整了早期資本主義的方式，而這樣的方式，一方面看起來是比較人性化的，但同時它也因太人性化而造成更嚴重的後果。這個問題不是現在的大陸知識份子所直接面臨到的，他們最直接感受到的就是改革開放可以帶來些什麼樣的立即性的後果。而改革開放到目前為止，整個大陸國民所得翻了幾翻，中國從原先的外匯存款很少的國家，到現在成為全世界外匯存款最高的國家。所以我的看法是，並不是儒學、道學與佛教衝擊到馬克思主義的意識形態，而是馬克思主義的意識形態在整個大陸改革開放的過程中，必然要根據形勢發展而不斷充實、創新，當然，也因此有很大的挑戰。

再者，我以為儒學與馬克思主義有一個共通的地方，就是它們都包含人文主義（humanism），都以人作為核心性的思考，都強調人有平等性。當然，就這一點來講，原先的馬克思主義更強調的是「革命的實踐」，而後來的馬克思主義有一個新的發展是強調「社會的批判」，像法蘭克福學派就強調這一點；相對來說，儒學強調的是「道德的省察」。但我認為儒學可以從「道德的省察」而轉向「社會的批判」。就「社會的批判」這一面，強調一個公平正義的社會，一個回到人、回到事物本身，物各付物、人之為人的社會。就此來講，儒學與馬克思主義應該有可接頭的地方，而且是有一個重要的接榫點。所以我並不認為大陸對儒學的提倡、支持與期待，會導致儒學對官方馬克思主義意識形態形成很大的衝擊、威脅與挑戰。其實，儒學對於馬克思主義意識形態的整個發展，會提供一個調節、融通、交談、對話的可能，這一點我的理解與大陸的一些朋友並不一致，我想這是一個值得檢討的地方。

問：儒學熱應當與當下社會的道德狀況有關，您如何評估目前大陸的道德狀況？

答：大陸目前的道德狀況如何，我並不完全知道，但是這十年來非常強調以德治國，以法治國。一個很簡單的道理，「人恒言其所不足」，強調以德治國，是否這社會上很多人無德？而強調以法治國，是否這社會上很多人不守法？那麼，為何會無德？為何會不守法？我想也不是那麼「無德」，只是在發展的過程裡，原先以共產主義為主導的這樣一個體制的社會，目前已經開始轉化為改革開放。既為改革，它就變動了；既為開放，它不再是原先封鎖的。所以它已經在逐漸轉化，從原先整個國家的一個控制的經濟，慢慢走向了所謂中央調控，其實已經走向市場經濟。

須知：公有制下人的存在，與私有制下人的存在，狀況是不一樣的。在公有制、社會主義為主導下的人的「自我」概念，與私有制、資本主義社會即所謂現代化社會下的「個人的自我」，概念是不同的；連帶地，他們的道德實踐方式也不同。我認為在這個過渡期裡，原先社會主義公有制下的那「無我的自我」的道德觀，其實已經不敷現代使用。從一個「無我的自我」，過渡到一個「有我的自我」，整個道德倫理必須有一個很大的變化。就中國大陸來說，現在的倫理學來不及面對這個變化，所以必然會出現問題。不能說現在中國人的道德就比以前低，而是說現在的道德狀況與以前的道德狀況的評估起點已經不同了。在這個轉化過程裡面，其實還沒有找到一個恰當的立足點和評估點；對於如何重新建構現代的道德，也還沒有找尋到一個恰當的起點。這個問題，我想是很多大陸的學者朋友都在努力的。

問：在「原子社會」（一種非熟人社會）裡，道德如何可能？也就是說，我們這個時代的道德如何保證？您認為儒教之於道德培育和約束有多大的有效性？

答：這不是一個通過理論去說明就可以了事的問題，它其實是個實踐的過程。套用一個術語「摸著石子過河」，只能一步步往前走，好好重新調節。從理論上說，在一個非熟人社會裡，道德最重要的是必須放在一個法律契約所構成的公民社會的公共性、普遍性上面來談，它不只是人與人之間的一個私下的交往與溝通，不是原先那「親親而仁民，仁民而愛物」的思考，也不是原先威權掌控下的社會，由威權者的道德實踐來落實起。它必須通過交談、互動，必須落實到生活中來，讓每一個人知道他如何成為公民，什麼是公民的公共性與普遍性，如何喚起自己的個體性與公共性、普遍性之間的張力的覺醒。這種張力的覺醒，如果夠的話，那麼道德就會從目前的狀況日趨平穩，而慢慢生長。

當然，你會問，如何是充分的張力覺醒？這問題就牽涉到我們必須有更多的交談互動，必須好好去反省：原先中國傳統文化中的社會特質是什麼？到後來以正統馬克思主義意識形態為主導的狀況下，那個特質又是如何？而現在改革開放已經三十年，發展已經到什麼程度了？它的特質又是如何？在這樣的發展過程裡，我們可以發現，最重要的不是如何強調儒教有什麼核心性的概念能夠來做主導，而是強調儒教、儒學有何核心性的概念可以落實在生活世界裡頭生長。而如何生長？它必須通過多元互動、融通，與其他各種不同精神文明更多地交談對話，共生共榮這樣來生長。儒教有益於道德的有效性，其實是在這樣的過程裡面來說的。如果在這過程裡，我們去重視《論語》這樣的儒教典籍，我們大可以說，應該對它有更高的信心，因為整部《論語》所呈現出來的是一個孔老夫子與他的弟子、與當時的賢者、與當時人之間的一種對話。這種交談對話的經典，不同於基督宗教的啟示經典，它非常強調彼此對等的互動與融通，就此來講道德建設是恰當的。其實，道德不是限制，也不是強制，它強調的是「生長」，一種彼此互動融通下的共生共長。我認為，即使在「原子社會」，非熟人的社會裡，道德仍然是重要的。它其實還是必須回到人與人之間的互動融通，人不能夠只是一個封閉的單子。但是，放在公共性裡面，人是一個個原子。這裡有兩層，這兩層必須要有更多的交談，更多的理解。

問：「人是一個可墮落的存在」，您如何看待人的「可墮落性」一面？

答：人的「可墮落性」就隱含著「可超升性」，「可受誘惑性」就隱含著「自由」與「自覺」的可能性，這是連在一塊的。如同佛教所說的，這「一念無明法性心」，一念既是無明，也是法性。也如同孟子所說，人的心是「出入無時，莫知其向」，所以孟子講心善論、性善論。性善論是就性說；把心提到「志」，「志於道」的「志」，心有定向，是就心的「定向」去說性善論。但就心本身之所發來講，「意」它可上可下，往上為「意志」，往下為「意念」，所以心是「出入無時，莫知其向」。

回到你所提的這個問題上來。其實「可墮落性」與「自由」有關；而「可受誘惑性」就代表著自由自覺的可能，這「可能」就意味著「也可能不自由不自覺」。「自由」的特質是它可能往上也可能往下；「覺」的話，「一念覺即是聖」，而一念無明、一念不覺即是凡夫。就人來講，都有這兩面性。

我一直強調必須要有一個良好的生活場域，一個良好的公民社會。公民社會的可貴是在一個法律契約的公共性、普遍性底下，人必須按照這個法律的、契約的公共性和普遍性來過活。作為一個人，作為一個自然的存在（natural being），進入到這個社會裡，成為一個「社會的存在」（social being），這樣，你才能夠說人作為一個道德的存在，而這個道德更往上提，可以提到那個道德的理想人格之為何。

不管可墮落與否，其實最重要的是強調我們是否可能建構一個良善一點的制度。在一個公民社會底下，人們願意成為一個公民，來讓自己更能夠安身立命。而作為一個公民，他必須衣食無虞，他的生命財產、自由安全必須受到保障；不是唱高調地強調如何無私無我，而是更強調與清楚地知道公私分明。也就是說，不再是原先只強調的「大公無私」，而是「大公有私」，公私分明，讓「私」能夠獲得恰當的安頓，同時「公」的公共性與普遍性能夠真正獲得保障，真正好好地被建構起來。這是我非常強調的，我認為公民社會應該是這樣的一個社會。

在這樣的公民社會下的儒學，我認為是一個比較健康的儒學，它不再是原先帝王專制、威權體制、父權高壓、男性中心底下，非常強調人民無私無我地去成就那個全體，而誰代表那個全體呢？就是父權、君權、夫權。這其實是由有權力的那一方代表的全體，而沒有權力的那一方，你的個別性必須要犧牲掉。這一點我認為不是一個現代化的公民社會所應該有的。所以我認為大陸在發展的過程裡，要從一個無私性的道德，開始真正正視、知道「有私」不是一個不好的意思，正視每一個「個體性」的道德。這個發展是必要的。

台灣也就是在這個發展過程裡面慢慢取得一定的平衡，發展出來的。就這一點來講，台灣基本上是經過了一個非常艱苦的過程，但整體看起來還是非常順適的。在這過程裡，以漢民族為主導的文化傳統，加上西方傳進來的基督宗教傳統，以及原住民的文化傳統，構成了一個非常豐厚的文化土壤，作為人們的心靈積澱，使得整個台灣地區的人民能夠有非常好的調節性力量。台灣的公民社會，雖然現在從電視上看到，你會覺得台灣好像很亂，但其實不是，這是台灣的政治和媒體亂，而台灣相對很穩定。大陸到過台灣的學者，都對台灣的社會有非常高的評價，認為台灣的社會充滿著愛心。這樣的理解，給我一個很深刻的感受。我認為是我們的儒、道、佛的文化傳統，再加上其他幾個文明重要的傳統，給予台灣一種非常重要的精神資源，這是非常肯定的，也非常值得我們去強調。

這樣，我們來看待人的可墮落與否，就會很平情而論，也就不會太強調人的主體自覺的絕對優位性。人的主體的自覺，總的來講它絕對重要，但是你不能夠說人如果能有主體的自覺，一切就好了，自覺只是作為一個最重要的起點而已。而如何能夠主體自覺？良知當然是最重要的自覺。良知最重要的是「覺」與「健」，就是我的老師牟宗三先生所強調的——覺醒和剛健不息。但是如何能夠「覺」與「健」呢？良知會不會放假，會不會偷懶，會不會躲藏起來呢？我想我們必須給它一個可能性，你給它可能性，它就會好好地、很自然而然地這麼做。我一直強調在現代化的社會裡，在合理的公民社會裡，在恰當而有人性的、溫馨的氛圍下，人在這個生活世界裡面是平等、互動、融通的，是共生共長共存共榮的。在這樣的狀況底下，我覺得儒學的發展會更穩當。不必有太多的口號，太多的高調，它自然而然地就發展出來，而且它也會謙虛地認為自己只是諸多文明傳統中的一個重要的傳統而已，不會再強調它是最重要而且唯一的，我想它應該要努力的是：如果我要強化我的重要性，就必須要有更多人來參與、從事，而且更尊重其他不同的文化傳統。我想，這個年代會慢慢來臨。

問：您說現在「不是從內聖怎麼開出外王，而其實是從外王重新調節出一個新的內聖」。如果這樣，儒學不再是著眼要生發出現代化，而要依現代社會來做自我調整。能否告訴我們這一內聖是什麼？是您說的公民儒學嗎？

答：對，的確是「公民儒學」。我並不是說由外王生出現代，也不是說由內聖開出外王，如果硬要說內聖如何開出外王，外王如何開出內聖，我就藉用王船山「兩端而一致」的論式來說：「內聖與外王是交與為體而互為體，交與為用而互為用。」內聖為體，當然可以開出外王之用；以外王為體，也可以開出內聖之用。

我的意思是說，我們已經在一個現代公民社會的學習過程裡，在一個現代資本主義化、資本主義化之後的社會的學習過程裡，或者在大陸的一個嶄新的所謂具有中國特色的社會主義裡。當然什麼叫具有中國特色的社會主義，這是有爭議的。不過它實際已經在發展了。公民社會整個組織結構、生產方式、制度，以及人的生命脈絡，與傳統社會是不一樣的。在這發展的過程裡，人的生命狀態如何理解？人的修行修養方式如何重新來處理？這牽涉到所謂內聖，而這樣的內聖，當然是從外王回過頭來處理。我想所有的人都可以慢慢理解到，公民這個概念與儒家的君子概念是不同的。但是一個公民意義下的儒學，與原先傳統社會下的君子儒學，是不是相互違背呢？其實不然。它是重新的轉化、重新的調節發展。

問：您說以前人們所思考的「中國文化傳統是否妨礙現代化」是個虛假的問題，並說這是犯了一種方法論上本質主義的謬誤，因為這種思路認為文化有一個固定的本質。照您的說法，「五四」新文化運動似乎正犯了您所說的「毛病」，那您如何看待和評價「五四」精英主導的「新文化運動」呢？

答：沒錯，「五四」就是我說的方法論上的本質主義（methodological essentialism）的一種思考，反「五四」者也是一樣。那個年代百分之九十甚至百分之九十幾的知識份子都是這樣思考，那是一個時代，帶著一個時代的精神。而我們評價它的時候，必須把它放到一個方法論上的非本質主義的思考，放在一個歷史發展過程裡。我們現在重新去看「五四」新文化運動，發現其實它有一個觸動、引發的功能，有一個重新開啟我們如何去與傳統、與現代對話的功能，而以前是有一些走偏了，離開了正途。所以我們現在去看它的時候，千萬也別落進方法論上的本質主義而徹底把它推翻，說它毫無價值。我們應該正視它的啟蒙性，它開啟的文化互動與融通的發展可能。

如果我們從這個角度重新去看待它，我想我們這個時代也應該有一個新的文化運動，但它並不是所謂的「新五四」。現在是一個「後五四」、「後新儒學」的年代，整個中國文化傳統其實已經到了總結二〇世紀進入二十一世紀的新發展階段。台灣是一面很好的鏡子，台灣其實代表的是一個舊世紀的揚棄和新世紀發展的可能；而中國大陸這三十年來，其實也可以把它當成很重要的過渡。這個過渡中，我認為應該有更恰當的方向而不必重蹈覆轍。所以這個時候如果用本質主義的思考方式，認為只要我們發展個什麼就可以發展出民主、科學，這種思考是不對的。

我盡我之所能，在我所專業的領域裡好好地去做我能做的工作；落實在生活世界裡，與廣土眾民結合在一起；在自己的學問傳統、經典教養裡，提出自己的詮釋與見解，並且用開放的胸襟，接納各種不同的文明和它們的詮釋者、發揚者。在這樣共生共榮共存共長的交談互動下，我認為新的文化運動會有新的可能。當然，大陸目前來講與台灣不同，因為台灣的整個文化基底是比較深厚的，它的交談互動已經達到可調解、可融通的機制，而大陸恐怕還沒有這樣，所以它可能會有偏激的發展。就這一點來講，我倒是肯定「中央調控」的重要性。在發展過程裡，不只是經濟要中央調控；我認為在一個文化發展過程裡，仍然應該要有一個中央調控，不過這個調控的幅度、強度各有不同。經濟上如果是「強調控」，文化上應該是「弱調控」，這個調控應該給出更多空間，更多可能。

我認為在這個發展過程裡面，中國大陸在兩岸和平的基礎條件下，再發展個二十年，整個東亞的和平是能夠穩定的，而東亞的和平穩定，使人類的和平能夠穩定。因為整個基督宗教的文明，以及以基督宗教為主的文化傳統，其實目前面臨極大的危機，早在亨廷頓《文明的衝突》裡頭已有這個呼聲。站在亨廷頓的立場，也就是白人的立場，他當然認為是危機，因為基督教的文明不再能夠取得優先的地位了；但對我們來講，這其實是人類文明發展的一個新的契機，一個新的交談年代的來臨。而我認為中國文明可以與包括日本、韓國、印度等在內的文明做更多互動，並且以同樣的方式與西方文明做更多互動，當然很重要的是，我們與伊斯蘭文明、猶太文明一向有非常良善的互動，這一點我想是中國文明裡面非常可貴的部分。

在這種狀況底下，我認為在二十一世紀中葉的時候，我們的民族，我們的文化傳統，我們華人將會在人類文明裡面扮演最為重要的角色。台灣海峽這一岸的台灣，在原先它是扮演著為整個中華民族接受西方帝國主義欺凌的一個受過、受罪的角色；而且對我們這個民族有非常重要的貢獻。而目前，它有幸能發展出這樣的現代化，這樣的民主，這樣的一個公民社會，我覺得這是全華人的光榮，也是台灣人重要的努力。這一點，是值得我們去重視它，並且鼓舞它的。你去重視它、鼓舞它，將會使得台灣人對整個中國文化、中國傳統有更深層的認定，而在認定底下，將會保障兩岸發展出更美善的和平，這一點我想是非常非常重要的！

〔本文為上海《社會科學報》編輯陳占彪先生對本書作者林安梧的訪談內容。訪談錄音檔由台灣師範大學國文研究所蘇柏誠、楊雅婷、郭宗彥等人整理成文字，其後陳占彪先生以「倫理道德觀的轉化：發展公民儒學，提倡大公有私」為題，刊於北京《綠葉》雜誌第五期，二〇〇八年。〕

第十二章

儒學革命：從新儒學到後新儒學

林安梧似乎喜歡學術論辯，也善於論辯。他說：「哲學問題必然與先賢、前人的成果有密切的關係，西方是個論辯的傳統，我們是個注疏的傳統。注疏與論辯有很大的不同，論辯非常強調問題的問題感、問題意識，針對這些問題，展開一些論辯。」他不光與同行同輩人論辯，也與他的師輩、先賢「論辯」。牟宗三先生是他的博士指導老師，而他的「後新儒學」的提出，其實正是與他的師輩們的「學術論辯」的理論成果。比如，他說像牟先生這輩新儒家畢生所論證的「中國文化是可以不妨礙現代化」這一問題其實是一個虛假問題，而他所說的「後新儒學」正是對新儒學的反省後一個批判性的發展。「後新儒學」之提出是儒學發展的一個「革命性」成果，學界反響頗大，林先生及其理論亦成為一個研究對象，海外亦出現對他及他的學說進行研究的相關學術成果。鑑於大陸學界尚不熟知林安梧的「後新儒學」理論，本報特別邀請林先生就「後新儒學」提出的學術背景、主要觀點、與新儒學的聯繫與區別、現實意義等問題做出一個總的回答，提供學界討論，促進海峽兩岸的學術交流。

一、

問：您所建構的「後新儒學」目前業已成為一個研究對象，但大陸學界尚不十分了然，請您談談「後新儒學」提出的學術背景與經過。

答：我提出「後新儒學」是在一九九四年的二月多，我當時在美國威斯康辛大學（麥迪遜校區）訪問研究，突有靈感，寫了《後新儒學論綱》。關於「後新儒學」，其實是在寫博士論文《熊十力體用哲學之詮釋與重建》時就有想法，後來這個書印出來，就以「存有、意識與實踐」做主標題，「熊十力體用哲學之詮釋與重建」做副標題，當時，就已經隱約地提到了新儒學之後的一個發展。在一九九四年，當時因為我在威斯康辛訪問，訪問一年。訪問研究是很好的事，訪問時期沒有事做，每天讀書，而且你可以增廣見聞，你想聽什麼課去聽一聽，想找什麼人，做什麼事，都可以。就在這樣的氣氛下，我開始寫作我的《儒學與中國傳統社會之哲學省察》，也因為拉開了一個空間，因為你在太平洋那一岸，來反省太平洋這一岸，那就有很大不同，你的體會與感受就不同。我記得在一九九三年八月二十九日，我從台灣到美國，那是我第一次到美國，在威斯康辛下飛機的時候，深深地感受到我終於來到一個沒有儒、道、佛的地方，那是我第一次離開亞洲，到了一個沒有儒、道、佛的地方。這個地方的人一樣樂天知命，一樣溫文儒雅，一樣有「志於道，據於德，依於仁，游於藝」，只是不一定是一樣的字眼而已，但是「游於藝」可能比我們漢民族好一些。我覺得這個地方很好，這很好笑，你一時明白原來世間其實是可以沒有孔子之道的，這種感覺非常強烈。以前我們會一直認為儒、道、佛的思想應該會成為全人類非常主導的力量。後來我們發覺到，很多不同的精神文明，他最後所通的地方是一樣的。我們都知道是這樣的，但是沒有那個存在的體會與感受是不一樣的。我到了那裡感受很強烈，那麼，之後我就在反省，其實很久以前就有反省，但是經過那段時間就更為切要了，於是就在一九九四年的二月間，寫了《後新儒學論綱》，這個論綱，後來在《儒學與中國傳統社會之哲學省察》的附錄先發了，後來這個論綱，我把它改寫成一個比較長的文章，就收在《儒學革命論》那本書裡面，那是在一九九六年於成功大學的一個會議上發表，繼續思考這個問題，大概整個來講，後新儒學就是對新儒學的一個反省。

問：那麼，這個反省是什麼？也就是說，「後新儒學」的基本內容與主要觀點有哪些？

答：「後新儒學」的基本內容，正如我在《儒學轉向》這部書裡面一個很簡單的提法所云：「儒學轉向」是從「新儒學」邁向「後新儒學」，是從「心性修養」轉向「社會正義」，從原來的「內聖外王」的一個格局，轉向由「外王」而「內聖」這樣的格局，從「兩層存有論」轉向「存有三態論」。我認為儒學是到了一個轉向的年代，這個轉向依著儒學而開啟一個新的轉向，這樣的轉向又開啟一個嶄新的後新儒學。我也提到，儒學轉向，「六經責我開生面」；轉向儒學，「生面責我開六經」，也就是說這代表一個新的時代，所以我們會討論到「心性修養」與「社會正義」的問題。我寫過幾篇有關以「社會正義論」為核心的儒學思考，因為「社會正義」與我們講「君子道德」是不太一樣的。「君子」這個概念和「公民」這個概念是不一樣的。我所謂的「後新儒學」基本上所面對的一個時代，是一個已經現代化了的社會，是一個公民的社會，它即使還沒有進到公民，但是它已經是擬公民的社會，已經是民主憲政的社會。特別在台灣，而且它是整個人類目前的核心價值；也就是說它是在一個現代化了的社會下，我們來談儒學如何發展。這與新儒學最大不同的是：新儒學是在傳統社會過渡到現代社會的一個發展過程裡面，強調如何從傳統開出現代，如何從傳統開出民主，開出科學；而後新儒學其實是強調一個是在已經現代化了的社會裡——這個現代化了的社會中是否已經達到民主憲政、公民社會這當然還可以再有異議，但是，它其實已經進到了現代化的社會，在這個現代化了的社會之中，我們來說儒學該做如何的一個轉向，所以那個問題就不再是新儒學的問題。

新儒學的問題是一直在問「如何從傳統過渡到現代」；而後新儒學的問題是問「如何在現代化的社會中，重新讓儒家的經典的智慧釋放出來，參與到整個現代人的生活之中，開啟互動交談，讓它有一個新的生長可能」。這大概是一個關鍵點，這個關鍵點一打開，它的變化會是嶄新的，最主要就是你所面對到的社會不再是「傳統社會」，而是「公民社會」。所以「後新儒學」必須花很多工夫去釐清，傳統社會下的儒學是一個什麼樣意義下的儒學，而在公民社會下的儒學，應該是一個什麼樣的儒學，這是第一層。簡單地說，也就是它不再是原來的、老的文化傳統底下的以三綱為核心意義的一種「心性儒學」。「後新儒學」不是這樣的「心性儒學」，所以，它必須面對的是一個公民社會，這公民社會是由公民所構造的社會。這個公民社會底下所安身立命的每一個公民，需要正視每一個個人的「個體性」。這種個體性放在一個公共的事物、公共的群體中，有它的「公共性」，有它的「普遍性」。在這種狀況之下，公民應該有基本修養，它與傳統的儒學的君子概念必須做一些區分，這個區分是必要的。但這個區分並不是說你如何從原先的君子的心性修養轉為現代公民的一般素養。它其實是在公民社會裡好好去陶養，好好去重新開啟一個新的公民修養的可能，進一步再去做它的理性工作，這一點大概是我所要說的。

問：您在大學時就參與了《鵝湖》月刊的編輯工作，並且長期親炙牟宗三先生門下，牟先生又是您的博士指導老師，能否談談牟先生大致的學術路向。

答：在處理整個哲學問題上來講的話，當然當代新儒學的哲學系統有很多種，比如說：熊十力先生其實是一個系統，唐君毅先生也是一個系統，牟宗三先生也是一個系統。牟先生的「兩層存有論」是由康德哲學所獲得的啟發，康德哲學區別了「現象」與「物自身」，而認為人的知識只能及於「現象」，不能及於「物自身」。牟先生通過了傳統的儒、道、佛思想，通過那修養工夫論，去證成了儒家的「性智」，道家的「玄智」，佛家的「空智」，就等同於康德所說的「智的直覺」（intellectual intuition），因為人通過這樣的一個修養工夫，他可以開啟這個智的直覺，所以他也能及於物自身。這不像康德系統認為，只有上帝才能及於物自身，因為上帝才有智的直覺，人只有感觸的直覺。這一點牽涉到一個重要的問題，就是人到底是有限的還是無限的？在西方來講的話，它是通過一個存有的兩橛觀來說的，人是絕對的有限，而上帝則是無限。但是在我們的傳統裡面，則是一個「存有的連續觀」，是一方面強調人雖有限，但卻可以無限。人雖有限而可以無限，所以在這種狀況之下，在存有的連續觀裡處理這個問題的方式，當然會與存有的兩橛觀（存有的斷裂觀）的處理方式不同。

問：您是如何看待牟先生不同於康德那樣對人的無限性的強調。

答：我並不贊成牟先生這樣過於強調了人的無限性，因為在牟先生的兩層存有論的系統裡面，太強調了人具有智的直覺這一面。這樣一來，變成了是人具有智的直覺，而人因為在智的直覺下及於物自身，而不能真正以知識好好面對現象。正因為如此，他才需要有所謂「良知的自我坎陷」以開出「知性主體」，由這個「知性主體」之所對的為現象界。所以我的意思就是說牟先生因為通過一種本質性的把握，把握到了儒、道、佛最為核心的那個部分，他認為那就是儒家的性智，道家的玄智，佛教的空智。這就彰顯了人無限性的可能，並且通過這樣來說人具有智的直覺。

因為人具有智的直覺，所以人能及於物自身；所以他論整個中國文化的問題，就變成其實中國人的一個特點就是因為我們對於物自身的智慧太高了，而對於現象的知識的把握太忽略了。所以才那麼強調要從指向「物自身」的這個「智的直覺」，如何轉折為指向現象界的知性主體，所以他才安排了一個從那個智的直覺轉折為那個知性主體，強調良知的自我坎陷，以開出知性主體，來曲折地開出所謂的民主與科學。因為他認為所謂的民主與科學都是「對列之局」，這是一個知識的主客對列之局。至於智的直覺，那是一個完全收攝到你那一心，而你那一心就是你的本心，也就是道心，所以就變成只在於那一個物自身界。他安排了這樣的一個轉折，就如同菩薩下凡到人間，留惑潤生，這是他的安排方式。這個安排本身來講的話，我認為基本上在他的詮釋系統裡，很高調化、很超越化地強調那個本質的部分，並且通過那樣的方式，希望有一種轉折與開出。

其實，這只是給出了一套我名之曰「理論的、詮釋的次序」，或者是說「在詮釋學意義下的理論的次序」，或者說「詮釋學意義下的邏輯的次序」，它其實不是一個「發生的次序」。也就是說要開出所謂的知識之學，開出民主與科學，它其實在發生的層面來講，並不是你良知如何自我坎陷開出知性主體，開出民主與科學。其實它是落實在這個經驗世界裡頭，經由你感性的覺知，覺知這個世界，覺知你所及的是什麼，再經由你知性的構造，構造此知識為何。所以這並不是一個「良知的自我坎陷」的問題，而是如何真正地面對一個活生生的生活世界，從最具體的生活感知作為一個思維的起點的問題。

另外，如果放在整個中西文明的對比之下，我們是在現代化發展的過程裡面，其實我們並非現代化的「原生地」，我們是現代化的「衍生地」，被衍生出來的。也就是說我們不是一個現代化的核心國家，我們是在一個現代化的核心國家所帶動的全球體系的周圍的、周邊的國家。而且是作為第二波的，第一波像日本，我們是作為第二波的。也就是說，我們現代化其實不是我們「原生型的現代化」，我們基本上是一個學習，從學習而來的一個現代化。從學習而來的現代化，這個學習的次序，既非原生的「歷史的發生次序」，也非理論的、邏輯的次序所安排的那個樣子。所以我覺得大概要做三層區隔。一個是「理論的邏輯次序」，也就是詮釋學意義下的理論的邏輯次序，另外一個就是「歷史的發生次序」，還有一個叫「實踐的學習次序」。

從傳統到現代，其實以我們來講，要如何「從傳統走向現代化」，對我們來講，現代化是一個「實踐的學習次序」。這實踐的學習次序，它不是一個歷史的發生次序，也不是一個詮釋學意義下理論的邏輯次序。它實踐得如何，其實在台灣我們可以看得很清楚，或者你到日本你也可以看到，到韓國你也可以看到。這個發展我們實在沒有理由可以去說它與當代新儒學——以牟先生的系統來講的「良知的自我坎陷」，以開出知性主體而發展出民主與科學，有什麼極為直接的關連。

問：那麼，牟先生最終要開出「民主與科學」這一論斷方式的價值何在？

答：我認為，牟先生的這個論斷方式只有一個價值，這個價值就是證明了儒學所說的良知學，或者說佛教、或者道家，他們所說的以「空智」為主的佛教哲學，以「玄智」為主的道家哲學與以「性智」為主的儒家哲學，它們並不妨礙現代化，牟先生證明了這一點。

為什麼牟先生證明這一點還那麼有價值？因為當時的時代風氣是非常反傳統的，認為以儒、道、佛為主的中國文化傳統妨礙了現代化，而牟先生基本上一直在回答這個問題。牟先生所回答的問題其實是一個虛假問題，反傳統主義者認為中國傳統文化會妨礙現代化；相反地，當代新儒家一直回應中國文化是可以不妨礙現代化，而提出了一個答案。他闡明中國傳統文化可以不妨礙現代化。

他說中國文化的本質是以儒學良知學為主、以道學的玄理學為主、以佛教的般若空理為主，儒、道、佛的文化基本上它只要經過轉折就能開出現代化。我以為這是以一種非常委屈的方式，來面對徹底的反傳統主義者、科學主義者。這一點就是我認為牟先生他們那個年代為什麼對儒、道、佛思想會這樣理解而有一種本質性的把握，或者說他會落到以方法論本質主義的方式來思考這個問題。因為不管當時是徹底的「反傳統主義者」或者「傳統主義者」，思考這些問題的時候，基本上都落入「方法論上的本質主義」（methodological essentialism）。他們誤認為我只要通過對傳統文化本質性的把握，再經由這種把握到的本質，經過一個什麼樣的工夫，它就能做什麼樣的轉換，或者經過什麼樣的揚棄，我就能掌握到什麼。這樣的思考方式本身有非常嚴重的限制，而這個限制是他那個時代所帶來的，這就是我所說的新儒學的限制。

問：既然傳統主義者和反傳統主義者一樣都陷入您所說的「方法論上的本質主義」的陷

阱，並帶來它自身的局限，那您對新儒學的反省和思考呢？

答：新儒學之後的發展，到目前為止，我以為可以有不同於這樣的思考，我的立場比較接近於「約定主義」（conventionalism）的思考。「方法論上的唯名論」（methodological nominalism），或者說是「方法論上的約定主義」（methodological conventionalism），依我的立場，以這樣的方式來思考問題的時候，就不認為傳統文化有一個固定不變的本質，它可能用不同話語去說出不同的傳統可能有一些什麼樣核心性的概念。這核心性的概念都可能隨著時代而變遷的，隨著全球化的互動過程裡它可能長出新的東西，並非不變，也不是非得如何。這是因為我認為新儒學他們走在前面的整個現代化的發展，就問如何走向現代化，而他所要面對的是徹底的反傳統主義者，西方而來的科學主義者，尤其在整個文化霸權主義的欺壓之下，他必然要趕快找尋到一個永恆倫理的象徵，而作為一切的基礎，這是那時候本質主義思考者的一個限制。在那個年代裡，大部分都會這麼想問題。

因此，我們可以說牟先生他們那個時代所面對的問題是如何去抵抗「徹底的反傳統主義」（radical anti-traditionalism），如何從徹底的反傳統主義的掌控以及結合著西方文化霸權底下逃脫出來，而開啟一些新的可能。所以我認為牟先生、唐先生及幾位前輩先生是完成了他們那個時代的使命，這點是應該肯定的。

問：聽您這麼一說，約略清楚「後新儒學」與「新儒學」思考路向的分別。

答：其實，我們也可以說，「後新儒學」並不完全反新儒學，它其實是繼承了新儒學而批判地發展。去了解新儒學的可貴、限制為何，而進一步的發展。我認為這是我們站在前輩先生們已經走過的很多路徑，甚至有一些是歧途，但正因他們走了一些錯誤的路，而讓我們後生知道不應該再走那樣的路，讓我們有一些新的發展可能，所以後起者一定要對先行者給予一個批判的繼承及進一步的轉化與發展，我認為這是作為後起者給予先行者應有的敬意，若只是隨順著先行者，那反而是不敬的。就這一點來看，我以為「後新儒學」與「新儒學」的關係應該是這樣的。

問：「後新儒學」思想建構還有其他人嗎？大致情況如何？

答：在新儒學之後，「後新儒學」其實有兩層意思：一是新儒學之後，一是指向一套新的系統脈絡建構。指向一套新的系統脈絡建構，就好像其他新儒學的前輩一樣，還有很多不同的向度，但它是一個大的方向。比如說唐先生、牟先生、徐先生的系統都不同，但是他們的方向是一樣的。到我們這一代現在所說的新儒學之後，如果統稱叫「後新儒學」的話，我想就在新儒學的發展裡面，比如以我所做的就是以「存有三態論」作為一個核心的理論建構。這是重視以「公民正義」為主的儒家哲學，除此之外，它還擴及到以儒、道、佛三教所涉及到的領域，強調在當前社會的情境，以開啟一「意義治療學」（Logo-therapy），這是我關心到的幾個不同向度。除此之外，曾昭旭先生關心到男女兩性、親子兩代之間的問題，他對現代的家庭倫理有極深刻的反思，曾昭旭的儒學建構強調的是這個向度。梁燕城基本上重視的是如何讓基督宗教與當代新儒學結合而開啟新的可能。大體是這樣。在稍老一輩的思想裡，成中英先生開啟了他「本體詮釋學」，還有「管理哲學」，我以為這些都可以作為新儒學之後的發展。劉述先先生這些年來論「理一分殊」，談到現代化之後的多元倫理問題。賴賢宗先生，他是成中英先生的學生，非常強調的本體詮釋學，他對佛教與新儒學也有些深入的理解，特別對日本京都學派有頗深入的理解。當然，像吳汝鈞先生這些年來，對純粹力動現象學有了新的建構。這邊只說了港台兩地，大陸地區暫時略去不說，有機會再補充。

問：依您所說「後新儒學」與現代公民社會息息相關，那麼，「後新儒學」的現實價值與意義是什麼？

答：這個問題，我前面也約略地稍微提到了。「後新儒學」的現實價值最重要強調的是「公民社會」建立的重要性。須知：在「公民社會」之下，公民的價值，公民的倫理，公民的修養為優先。它最重要的意義是強調，在進入二十一世紀裡，中國文化傳統儒、道、佛，如何參與到整個人類二十一世紀的文明發展。我不喜歡聽到說，二十一世紀是所謂的中國文化的世紀。我喜歡聽到、喜歡宣揚的是，二十一世紀是中國文化傳統參與到人類文明發展的過程裡面，它必須扮演著一個更重要的對話者的角色。我的意思就是說，二十一世紀是一個從原先文化霸權裡掙脫出來，而不是又由另外一個文化霸權來取代原先的歐美文化霸權。這是由原先文化霸權主導的世紀到了一個新的、所謂文化交談、文化對談的世紀。整個「後新儒學」的體系安排上，已經不再是以儒家為主導的。例如牟先生的《圓善論》，是以儒家為主導，道與佛為其次，而以西方文化為對比，認為儒學是一切圓滿中最為圓滿者，我想這比較傾向一個宗教的實踐態度。我的態度則是在一個文化交談與比較，是一個學術上多元互動融通、共生共存、共長共榮的態度上來說的。

二、親炙牟宗三先生門下

回憶起進入台灣師大國文系四年的本科學習，林安梧說，當時他和大部分同學一樣，最受不了文字、聲韻、訓詁等學科的折磨，也被國學導論、文學史、哲學史壓得喘不過氣來。但是現在想來，老師紮紮實實地照文獻講，倒是迫使他養成閱讀文獻的習慣；古文、詩詞的習作訓練，也讓他隨時可以提筆抒寫自己心志。

後來，林安梧轉入台大哲學研究所攻讀學位，從碩士班到博士班，林安梧在台大待了九年，根據他的形容，那時候有一種「每天都在進步」的喜悅。他說，台大哲學所的老師，大體上把西方哲學潮流的發展做了基本的介紹，尤其是方法論讓他受益最多。因為對林安梧而言，他的哲學問題感很強，他一直帶著問題意識思考問題，加上了台大給他的哲學知識，這無異是如虎添翼，這方面的訓練到今天他都十分感念。

除了師大國文系和台大哲學所，林安梧另一個知識養成來自新儒家——早在大學時期，他就參與了《鵝湖》月刊的編輯工作，並且長期親炙牟宗三先生門下。但是很顯然的，他並沒有按照國文系、哲學所，或是新儒家的路子走，反而吸取精華後走出一條自己的路。因為就像他所說的，師大國文系給了他樸實溫厚的學習環境，並且培養他閱讀文獻原典的能力；台大哲學所則開啟他的西方哲學視野，也給了他方法論的訓練；於是他雖出身新儒家，卻沒有局限於新儒家的講法，反而繼續向前思考（節自胡衍南〈後新儒學的存在挑戰——專訪林安梧教授〉，《文訊雜誌》，一八五期）。

〔本文為上海《社會科學報》編輯陳占彪先生對本書作者林安梧的訪談內容，曾以「儒學革命：從新儒學到後新儒學——本報專訪『後新儒學』理論建構者、台灣師範大學教授林安梧先生」為題，刊於《社會科學報》，二〇〇八年，六版。本文第一部分的訪談初稿，是由台灣師範大學國文研究所蘇柏誠、楊雅婷、郭宗彥等人整理錄音檔而成。〕

第十三章

社會統序與公民儒學：專訪台灣儒家林安梧

五月三十日、三十一日和六月一日（編按：二〇一五年），台灣慈濟大學宗教與人文研究所所長、台灣新儒家的代表人物之一林安梧教授，分別在長沙天心閣、中南大學、嶽麓書院做了不同主題的演講。林安梧先生談及近現代湖湘文化之盛況，並談了當下台灣的「湘水餘波」——馬英九、宋楚瑜、劉兆玄、龍應台等皆為湘人後裔中的翹楚、台灣政界文化界的豪傑，為中華文明在台灣另開生面，確為世所罕見，不禁感慨系之。而林先生的碩士論文研究的也是明代大儒王船山的學術思想，博士論文研究的是民國大儒熊十力，他與湖湘人文精神的聯繫，亦可謂深厚。

在演講中，林安梧先生對中西文化差異做的譬喻，給湖湘學子留下深刻印象：「筷子」文化代表的是中國文化，「叉子」文化代表的是西方文化；「筷子」與「叉子」充分體現了中西方文化的差異。筷子是主體通過「筷子」這一仲介連結客體，使主客體達到均衡和諧後，方能舉起客體；而叉子是主體通過「叉子」這一仲介，使主體強力侵入客體，達到控制客體的目的。由此可見林先生的中華文化情懷。

針對今年上半年大陸新儒家與港台新儒家的論戰，本人原欲邀請林安梧先生與大陸新儒家的代表人物之一、「儒家憲政」的首倡者杜鋼建老師，舉行一場「大陸新儒家與港台新儒家對話」，以消彌其中的差異和誤解，達到兩岸儒家融合的目的。遺憾的是杜鋼建老師其時不在長沙。於是本人針對大陸新儒家和港台新儒家的種種問題，對林安梧先生做了訪談。

一、新儒家的歷史回顧：應對「西方文明」的挑戰

問：我今天談新儒家，先還是對於歷史稍微做點回顧。有人說宋朝理學，已經是新儒學了。是否可以這麼理解，所謂新儒學，就是本土的儒家文明面對西來文明的挑戰產生的結果，佛教文明可以算是「西來的文明」，希臘文明和希伯來文明當然更是「西來的文明」，這是兩次「西方文明」對中華本土文明的挑戰。

答：一般來講，研究中國儒學的，就把先秦儒家稱為「原始儒家」，把宋明的儒家稱為「宋明新儒家」，把熊十力、馬一浮、梁漱溟、張君勱到唐君毅、牟宗三以下的儒家稱為「當代新儒家」。所以儒家的脈絡就是先秦儒家、宋明新儒家、當代新儒家。宋明新儒學可以說是面對佛教文明的挑戰回應的結果，在回應中自己有了進步。當代新儒家就是繼續面對更遙遠的西方文明的挑戰。

當代新儒家，從梁漱溟、熊十力、馬一浮、張君勱往下談，最主要是面對民國初年以來五四運動徹底的反傳統主義，造成了所謂「存在的意義」的迷失，為了克服這種存在意義的迷失，開始提出一些新的可能，希望在理論上有所建構。

一般我們是順著張灝，張灝針對五四運動，在上個世紀很早的時候就寫了一篇文章，是〈新儒家與當代中國的思想危機〉。我們把視野放得更寬一些，這是一個文明的碰撞所慢慢

導生出來的結果。我想這個文明的碰撞就是跟西方文明的碰撞，從鴉片戰爭之前以來就開始了。

問：今天林老師正好在我們湖南。按照這個脈絡，「新儒家」跟我們湖南人太有關係了。因為宋明理學的開山鼻祖是湖南人周敦頤，不知道台灣那邊是不是這麼認同的。周敦頤融合了儒釋道三家嘛。到了明朝時又有了個大人物——王船山。

在這之前，我與伍繼延先生也做過一次訪談，也是談新儒家。他認為，要談新儒家，可追溯到王船山。為什麼？因為宋明理學到了最後「空談性理」，不能應對滿清鐵騎的入侵，所以王船山就全面反思中國的文化，更關鍵是王船山經世致用的思想啟發了後面的曾國藩這一批人，逐步引入了西方的器物文明、工商業文明，把中國帶入了近代化、現代化。那次我訪談的題目叫「新儒家要從曾國藩談起」。

答：王夫之的確是非常偉大的，他一直是我的的研究學習導師。你說當代新儒家要從曾國藩談起，這各有不同的提法。

宋明理學之後，顧黃王三大儒是很值得重視的。顧炎武、黃宗羲、王夫之三個人的影響都很大，在儒學的造詣方面黃宗羲和王船山的影響可能比顧炎武大。顧炎武是影響到整個清代的考據之學嘛。王船山影響到後來的曾國藩，而曾國藩雖然也讀了很多王船山的書，但曾國藩的學問其實一般，並沒有自己特別的理論創建。所以你說當代新儒家要從曾國藩談起有點嫌早，我想當代新儒家最主要是去面對近現代西方政治社會的變遷，當然這種變遷從曾國藩已經開始了。

如果從曾國藩說起，那麼康有為、梁啟超都應該算新儒家了，那就有一大堆人物了。一般來講，我現在記起來，我在二三十年前講中國當代哲學，基本上是回溯到那個年代，康有為、梁啟超勢必要講到。

問：我和伍繼延先生認為當代新儒家要從曾國藩談起，這個話說得還是比較有彈性的，只是說從他那裡談起，而不是認定曾國藩是當代新儒家的開山鼻祖什麼的。因為這個新儒家是面對西方文明的挑戰，而恰恰從曾國藩開始搞新洋務運動，是以西方的工商業文明為著眼點的。因為中國的古典文化應該說是建立在農耕文明基礎之上的，在這種文明之上延伸出了相應的制度、文化形態。

從曾國藩開始，中國的確是面對一個全新的文明，還不僅僅是佛教文化，佛教文化其實早就融入中國文化的一部分了。而西方的工商業文明以及民主自由的現代政治文明理念，對中國來講是完全不同的一種文明。他是從這個角度認為應該從曾國藩談起，因為從他開始，已經把大量的西方的東西引進來了。

答：我想這也是可以的，要看怎麼斷代。如果你要這麼說，從宋代的理學到明清，一直到現當代，的確周敦頤、王船山、曾國藩都具有關鍵性的影響力，代表了歷史的非常重要的轉向。像曾國藩打敗了太平天國，興起了洋務運動，引進西方的東西，雖然他的思考基本上還是傳統中國文化的思考方式，但是他顯然已經在努力地接受西方的東西。

問：剛才我們談了三個人——周敦頤、王船山、曾國藩，這三個人都跟我們湖南人，與湖南有密切的關係。作為外鄉人，您會不會覺得我們湖南人有點自戀？

答：（笑）這個無所謂，任何一個地方一定會強化自己家鄉的先賢，這是很自然的事。

問：其中有這麼一個原因，宋朝開始，中國的文明逐漸南移，湖南的確成了一個文明中心，湖南人近代以來的表現更不用說了。譬如您在中南大學演講時，也說到台灣的很多政治文化人物如馬英九、宋楚瑜、劉兆玄、龍應台等等，都是我們湖南人的後裔，可看作「湘水餘波」吧。而馬英九、劉兆玄都是宣導王道政治，都是尊儒的。

答：好些人台灣名流都是湖南人後裔。湖南人有個特徵，強調講究經世致用，強調篤行實幹，什麼事情先做出來再說。從立德立言立功的角度，湖南人更重事功，這無妨也是梳理新儒家的一種方式。

曾國藩雖然沒有理論方面的建樹，但若從事功的角度講，他顯然可算近現代以來首屈一指的儒家人物，政治、軍事、工商富民都有建樹，更重要的是他確實把中國帶入了近代化，康梁都為之遜色，而更多的新儒家人物，基本上都還只是描繪理論藍圖，「紙上談兵」。

二、大中華文明視野：儒釋道的互通互融

問：之前我發了一個微信給您，表達了我自己對中華文明的認識，這個跟大陸新儒家代表人物杜鋼建老師有關。他提的一個觀點是，「儒釋道都源於上古湖湘文化」。這個湖湘，當然不是指的現在的行政區域湖南，而是長江流域的一個文明區域。

這是建立在最近幾十年的考古發現基礎上的。不知道您有沒有關注這方面的考古。原來大家都認為中華文明是以黃河流域為中心，上下五千年，只有五千年，如果從夏商周算來，中華文明只有四千年。如果不突破黃河流域文明中心論，中華文明的歷史很難再向前拓展。

但是根據最新的考古，長江流域以兩湖為中心的文明遠遠超過五千年了。湖南有三大考古發現，常德有個古老的城頭山城市遺址，大概六千一百年左右；懷化有個高廟，大概是七千八百年；永州有個玉蟾岩，那裡已經有栽培稻、陶器了，已經有一萬四千年了。所以這是對整個中華文明的一個重新認識。

答：長江流域的上古文明確實讓人耳目一新。包括四川的三星堆文明，都有近五千年歷史。

中華大地是怎樣統一在一塊的，現在變成一個新的課題，顯然不是我們以前所認識的。其實整個中華大地到處都有文明。現在還有很多資料還在挖掘中，但是我們可以想像到，以

前我們對於古代歷史的認識有所偏差。可能南方很早就參與了中華文明的進程。

談一個很有趣的問題，比如現在談西周時，其實南方現在出土的一些東西，說明以西周初年的國力、國勢所具備的文明，南方也都有。這是一個怎樣的過程，很複雜、很難理清。我想這可能會引發我們對整個中華文明的重新理解，乃至對整個世界文明的重新理解。

問：建立在對中華文明重新理解的基礎上，我認為遠古時代，中國的道文化、道家文化應該是發源最早最悠久的。杜鋼建老師概括為上古湖湘文化是「修道文化」、「修煉文化」。中華文明在長江流域的巫文化慢慢過渡到理性文化，這個理性的文化就可以叫「道文化」，因為我們平常談文化，就叫求道、修道。

這樣，以上古湖湘的修道文化為核心，在南方的本土文化就是道家文化，往北方發展就成了儒家文化，往西發展到四川、青藏高原、尼泊爾乃至更西的西方，就成了佛家文化。我個人認為是一步步傳過去的。有基因考古學講分析，釋迦牟尼其實是古羌人，羌人其實是我們西邊的一個少數民族。最近，著名礦物學家、考古學家張如柏為首發表了文章〈四川廣漢古蜀國驚現佛像實物及佛像載體的重大意義——對佛教起源的新思考〉，再次驗證了杜鋼建老師的這個論斷。

所以說文明是有一個共同的起源，但是它是在不同的地域，在南方發展成道教文明，在北方發展成儒教文明，在西方發展成佛教文明。

答：我們講巫祝信仰、巫史信仰，這是非常早的。我們在原始部落裡還可以看到巫，甚至在我們的少數民族裡至今還保留著。

你在雲南、貴州等地可以看到儺文化，其實跟整個中國古代的文明是連接在一塊的，不是斷裂的。很多少數民族的巫文化保存著，華夏文化傳到那裡後，又融合在一起形成一種新的文化。我記憶裡很深刻的一次，在麗江看到有人進行納西鼓樂演奏，我也買了一些光碟回去看。我心裡想，這納西鼓樂像極了漢樂，甚至可以說就是華夏族的音樂。其實這很像我們在閩南聽到的一些古樂，而且有一些是古時候道教的音樂。

它是更加原生態的華夏文化。這是怎麼一回事？都是從中原文化傳過來的？恐怕不是。它就是在這樣的地方生長，生長以後跟中原文化互動。所以，我認為對中國的整個文化的理解，應該是多元發生論，多元發生、交流、互動、生長，就是各個地方同時並起，在互動過程裡交流。這是我的猜想。

至於杜鋼建老師提出文明起源和文化擴散論，這個可能需要等具備更多的考古材料才能再做論斷。你們現在的猜想有些道理，但是不足以證明，目前需要整理更多的材料。

問：關於文明的起源論，這裡也許對應了一個哲學命題，「一即一切，一切即一」，一可以變多，多又變一。按照杜鋼建老師說，儒釋道文化發源於上古湖湘文化，但最後到了宋朝時周敦頤糅合儒釋道三家創立理學。

其實在漢武帝時，漢文化本就是以南方的楚文化（道文化）為基礎，而董仲舒提出「罷黜百家，獨尊儒術」，就已經是把南方的道家文化（陰陽五行，天人感應等）和北方的儒家倫理文化進行融合，成為一種政治學說，只是說用了「獨尊儒術」這一術語。「儒」是一個很寬泛的名詞，我開玩笑講，「儒」就是一個籮筐，把其他很好的東西裝進來就是了。

答：其實原先司馬談〈論六家要旨〉時，就歸本「道」。「道」這個字也不只是先前道家所說的「道」，是道術將為天下裂的「道」，「道」它是全民族所共用的。

在中南大學講這課時，我講了儒釋道三家的通融，說明中華文化是歷來是比較包容的，是「通」的文化。包括西方的文明，也會相容並蓄進來。只要一步一步走，一定來融進來，這沒有問題。

三、李明輝的問題是偽問題：應宣導「兩岸一家親的儒家」

問：今年上半年大陸學術界最熱鬧的事情之一，莫過於「台灣新儒家」李明輝一句話「我不認同大陸新儒家」引發的廣泛爭議。李明輝一句話，就一棒子打死了大陸這麼多新儒家學者，然後引發了大陸新儒家的群體反擊。這樣一方面刺激了大陸新儒家集體登上歷史舞台，另一方面確實也暴露了大陸新儒家和港台新儒家的一些學術分歧。作為台灣新儒家，您怎麼看待這個問題。

答：當時我的感覺是，李明輝根本不能代表台灣新儒家，他的一句話引起了大陸新儒家的強烈憤慨，蔣慶、陳明他們其實上了李明輝的當。我今天來講這個問題，是要消除這之間的誤會，消彌大陸和港台之間的界線。

我接觸和理解的大陸新儒家，是很開放的，跟其他不同的學術思想也有很多互動，而它們內部本身也有很多不同。陳明的想法跟蔣慶一樣嗎？很不一樣的，他們都是我很好的朋友，他們的想法跟我也不一樣。這個無所謂的，很好的。他們是多元的、互動的。

這個關係中，你說台灣新儒家跟大陸新儒家有什麼徹底的分隔嗎？根本不是。本身是連在一塊的，都是儒家，兩岸一家親的儒家。硬要說一個台灣新儒家、大陸新儒家，可以這樣方便地說。但不要硬著說，好像大陸新儒家都不算儒家，台灣新儒家才算，我作為台灣新儒家覺得這樣有點丟臉，我不接受。

李明輝他們為此事還在台灣專門搞了一個學術座談會，我認為意義不大。第一個，你不能做代表。台灣還有多少人，你又沒找他們來談，你只是幾個新儒家的學者。結果大陸新儒家回過頭來反擊，這就有點無謂了。

問：李明輝說他「不認同大陸新儒家」，那麼每個儒家學者心中，對儒家有個基本的要求和標準，您心中的儒家應是什麼樣子？

答：你在微信上跟我說，想做「大陸新儒家和台灣新儒家」的對話活動，我心裡想著也可以，但是興趣沒有很高。我的想法是它們本來就都是儒家。儒家是什麼？儒家是講三才，上承天道，中繼道統，下接地氣。台灣新儒家如果沒做到這個，我們就要批評，大陸新儒家沒做到這個，那麼也要批評。

所以廣義地講，誰能夠承天命、繼道統、接地氣，那他就是儒家。誰強調人倫孝悌、仁義道德，他就算儒家。不是你研究儒家就叫儒家，我看很多研究儒家的一點都不儒家，他只是研究的學問、對象是儒家。不要以為研究儒家的就是儒家，研究儒家的也可能是現實功利家，為了升官發財也有可能！為了聲名顯赫也有可能！為了什麼都可能。像這些以外在目的，展開權力與利益競逐的，儘管他宣稱自己是儒家，但恐怕配不上個真儒。

我覺得自稱儒家的不一定能做得到儒家的標準，所以我比較喜歡說我是道家。因為道家沒那麼複雜嘛。我偶爾寫寫詩，但我不是詩人。我偶爾寫寫字，但是我絕對不敢宣稱是書法家，你一說是書法家就寫不好了。填填詞，作作詩，但我不能跟人家說我是古典文學家。這些某某家太沉重了，叫新儒家其實蠻沉重的。

問：如何消除這次學術事件的誤會呢？如何讓大陸和港台新儒家能更好攜手共進呢？

答：我認同一個廣義的「當代新儒家」，不管港台還是大陸都是當代新儒家。李明輝對於蔣慶、陳明不理解，對大陸新儒家的學術路徑不理解，有很多資訊來源不準。再者，他不能代表台灣新儒家，至少台灣的儒家相當多元，幾乎都不統一；第二，這很無謂，還拿出來對陣一下，接下來還要討論一下。所以如果你要找我談大陸新儒家和台灣新儒家，我認為應該要消彌掉這個界線。它本來就是疊在一塊的。

但是，台灣新儒家可能比較重視宋明理學這一脈的傳承，強調整個心靈意識乃至自由意識這塊，接著是面向西方的現代化。但是不止這些，當代新儒學發展到唐、牟、徐（唐君毅、牟宗三、徐復觀）是這樣，但在他們之後，比如說我主張「公民儒學」之後，思考可能就不完全一樣了。這個可能不會是李明輝思考的，而且他們參與民間的不多，主要還是當作學問去研究。陳明跟蔣慶參與民間多一些，我參與民間的可能比他們要更多。我參與民間不分儒道佛，我的學生也參與民間。所以，不應該因為李明輝所引發的一個虛假問題而成為問題，他講的就是一個虛假的問題。

兩岸新儒家的區別哪有那麼大的問題？兩岸新儒家本來就應該合衷共濟，好好地為整個中國文化大業往前邁進，成為人類文明更多交談對話的一員。他沒有一種真正的理解，這種心態就不儒家。心態很儒家的話，他要有一種同情共感去理解對方。為什麼會出現蔣慶的想法？為什麼會出現陳明的想法？為什麼會出現康曉光的想法？你要美人之美啊，要與人為善啊，這都是很好的思考啊，為什麼他們不是新儒家？這種強分為二的做法，這一點，我就覺得不夠儒家了。我其實不願意講出這麼重的話，對不起，今天講出來了。言責自負，呵呵。

所以我認為台灣新儒家跟大陸新儒家是一個不可分的儒家，方便說他們的重點有不同，前後彼此各方面的觀點有差異，但是都應該為整個中國文化努力，為人類的文明努力，也不只為儒家努力，還要為更大的開放的文化空間努力。

四、大陸新儒家和港台新儒家的分野

問：如果我們從文明的區分出發，所謂大陸新儒家和港台新儒家之分，也是這樣延伸出來的。中國固有的文明面對西方的挑戰，其一是引進了工商業文明，這和我們原來的生產方式完全不一樣，其次是引進了西方的民主、自由的這些理念及其制度。

我看了大陸新儒家、港台新儒家的一些分析，大陸新儒家的意思是首先要保守中華文明，還要創建自己的制度文明，再嵌入所謂的民主、自由的因素，於是大陸新儒家就更側重制度儒學，要全方位地創制。也就是說，要在中華儒家文明中融入西方民主、自由的合理制度因素。

而港台新儒家認為只要實現了民主、自由的憲政，不管儒家文化還是佛家文化，他們只是作為多元文化的一種，多元文化中還包括基督教文化等等，這樣港台新儒家就退守為心性儒家。實際上港台新儒家，只是在西方制度文明中保留一些儒家文化因素。

這裡有個背景，港台新儒家認為台灣已經實現了民主選舉制度，香港也在朝這個方向發展，跟西方文明已經很接近了。儒家根本不需要再創制，只需要在相應的領域，也就是心性領域發揮作用就可以了。

答：這個當然是這樣的，主要是大陸有一個文化大革命，文化大革命對傳統文化破壞很嚴重，所以在改革開放過程中，要回到自己的文化道統必須費很大的勁，所以大家新儒家更強調中華道統，這是一個。

另外一個，大陸的政治制度跟港澳、台灣是不一樣的，所以這個狀況下，大陸新儒家也必須呼應著大陸目前的實際狀況。而且大陸目前的狀況從人類文明來講，它的政治統治方式既不同於中國古代，也跟西方的政治不同，它是一黨制的現況，而且一黨制也在摸索新的可能性，而且目前來講，大陸社會至少這三十幾年來是中國帝制崩潰後最為穩定的，政權交接、領導換班的過程中也是最為穩定的。在所有的發展中國家來講，大陸政權也是最穩定的，社會發展也是最穩定的，經濟發展也是最穩定的。

現在西方的一些政治學者其實也在反思，是否一定要兩黨政治嗎？這是一個問題。因為以兩黨政治為主的發展中國家，很多都陷入動亂嘛。所以我覺得在大陸的復興過程中，大陸的所謂新儒家們，思考問題的向度就會跟台灣不一樣，也不會跟香港一樣。台灣是順著以前的西化的路子再往下走，而且本來孫中山的想法還是所謂的五權憲法那一套，但現在其實台灣已經不按照三民主義的方式，基本上是西方兩黨政治。因為台灣只有二千三百萬人口，只有三點六萬平方千米。

問：台灣小，兩黨制好操作一些。

答：它好操作。我常說其實民主政治的操作是非常高耗能的。美國擁有全世界百分之五十的資源，人口只有中國的四分之一還不到。在這種狀況下，要來操作它的民主憲政都是很辛苦的。如果中國用兩黨政治去操作，以目前的狀況可以想像到一定是亂糟糟。

在這種狀況下，西方也面臨整個政治社會共同體該如何建構，國際關係該當如何建構的問題。他們也開始反思這個問題。大陸新儒家當然這個時候也要反思這個問題，所以儒教憲政或者儒學憲政自然而然就會提到檯面上來，而且是一方面重視到這個問題，一方面也會因為這樣而被重視到。但對於港台新儒家而言，這個問題就沒那麼急迫。因為大陸問題跟港台問題是不一樣的。

問：回到港台新儒家，你講李明輝其實不太算港台新儒家的代表。那您講講台灣新儒家包括香港的新儒家，到底是什麼樣的狀況？

答：我是覺得這影響基本上應該慢慢地消解，他是學界裡面研究儒家的一個學者，一個流派中的一員而已。對社會的影響力很有限。

港台新儒家的一些代表人物，他們對社會的影響力其實都很小。因為那裡基本上都已經是在自由派的制度設計下，依照西化的老路子往前走的。儒學參與社會的各種運動，它可能滲透到各個地方去了，但沒有形成一個明顯的強有力的領導者，以及他領導下的團隊力量。佛教的力量更大。但佛教汲取了很多儒家的東西，並做了轉化。

相對來講，儒家的研究學問的學者，通過研究儒家來立身，他們的個別人物影響到了民間，但不是那麼顯著、集中而清楚看到它的影響力。因為儒家在台灣的力量是分散的，它可能就在一個社區裡面、一個社團裡面、一個宗教裡面。佛教裡面有很多儒家的因素，最明顯的是一貫道，儒家的因素非常重。

新儒家其實是一套學問的派別，它要與時俱進往前創新，但與時俱進、往前創新的人比較少，還是守著老路子生存著，做的是新餖飣考據，這是受到西方漢學研究的影響。學界的力量很弱。台灣人文的、學術的力量，在現代化、資本主義化、消費化的消彌下，力量出不來。倒是大陸這些年來，卻顯豁出他的動能來。大陸的學問可能沒有那麼精緻，但是大家關注啊。舉個例子，比如國學班在台灣辦不起來的，因為社會不需要，而在大陸卻辦得起來，而且變成一種風氣。很多企業的老總覺得參與了國學班，這代表的是身分，代表我對文化的關注，在裡面可以學到很多新的東西。在台灣不是這樣的，它不重要，整個社會很西化了。

問：問題就出現在這裡，因為台灣的政治是民主政治，作為民選的領導人就不可能對某一家特別地推崇。為什麼港台新儒家和大陸新儒家有很大差異，可能就跟不同的制度有很大關係了。因為習近平掌握了這個國家的資源，中國這麼大的國家，歷史上有「大一統」的需求，他某種程度上需要大一統的思想來維護社會穩定統一。

答：台灣不可能，也不需要推崇某一家學術或某個宗教。他最終是要得到選票。所以你說我們的學問，那當然比很多佛教界的人好得太多了，比各種宮廟的、道教裡的人物學問大多了，但是政治人物不會來請問國學大師，不會來請教哲學大師，他們寧可去佛寺、去道廟，他們能可去那裡參拜，不過那也只是個樣子。他會聽他們的嗎？不可能。

台灣因為它小嘛，它靠非常多的社團、NGO、NBO和非常多的宗教團體，這些儒道佛乃至中國傳統文化的種種國學，都在這裡面。所以學者就好好做學者嘛，不需要管那麼多事，因為你也管不了，別人也不聽你的。

在台灣，公共知識份子的概念很重要。你作為公共知識份子，即使是個小的知識份子也是很有意義的，而不是要成為一個大公共知識份子。

問：大陸時不時還會出現一個所謂「國師」的概念了。有些人對大陸新儒家提出批評，說你們儒士會不會利用這個公權力把儒家扶上政治舞台。

答：在台灣不可能，台灣就沒有這個所謂的「國師」。我個人是比較傾向於避免古時候傳統的「國師」概念出現，學者更應該成為這個社會的公共知識份子。社會公共知識份子某種意義下就是老師，社會群體的老師，而這個群體是有小群體有大群體，所以有諸多的老師。我時常提到，不是要「但開風氣不為師」，而是要「為師」，但不一定要開什麼風氣。你讓這個社會真正好好地生長就行了，要有這樣的一種「功成而不必名就」、「功成而不必在我」的境界。

問：「功成而身退」，道家的思想。

答：這也是儒家真正的觀念啊。儒家本來就是：「君子有三樂，而王天下不與存焉。父母俱存，兄弟無故，一樂也；仰養不愧於天，俯不怍於人，二樂也；得天下英才而教育之，三樂也。」這很清楚啊，君子有三樂，他不一定要成為「國師」啊，沒有說成為國師是一樂。君子三樂，人倫之樂，對得起天地良心，對得起社會，能夠傳習學問，樂在其中。

五、大陸新儒家面面觀：蔣慶、杜鋼建、秋風

問：既然我們談到具體的制度的建設，現在大家很關注的也是非議很多的，就是蔣慶提的「三院制」，根據他的天道合法性、民意合法性、歷史合法性的三重合法性，他設計了通儒院、庶民院、國體院的架構。您是如何看的？

答：蔣慶有些想法，但具體的設計不太現實。他提出國體院由孔子後裔、歷代聖賢後裔、宗教界人士來擔任。但是，孔子的後人，未必就一定那麼懂孔子。台灣還有個衍聖公，

以前孔德成先生當然懂得一些東西，他過世時大陸新儒家也很悲傷嘛，有人問我，我說沒有感覺。第一個，我不認得他這個人，我跟他沒有交集，就好像一個前輩先生過世了，所以很真誠地說，這對台灣的社會沒有任何影響。因為他也不能代表孔子，也不代表什麼，基本上意義也不大。當然我這個理解跟在大陸的狀況不太一樣。但如果我的老師過世，我當然很悲痛，我的祖父祖母過世我當然很悲痛。

其二，他是孔子的後人，他有沒有好好發揮孔子的思想呢？我看沒有。他作為一個封建貴族的最後象徵，這個象徵也沒有發揮出什麼來，所以我並沒有很在乎。至於是不是一定要衍聖公，我不反對，但我覺得衍聖公最好要做出一些事來，或者說政府在這方面設計出一定的功能方面。就好像英國的皇族一樣，他沒有辦法影響到政治，但是可以做一些事。台灣的這個只是個殘餘，現在好像又換了一個叫孔垂長。我看他對孔老夫子理解更少，比孔德成理解的還少，當然他還年輕，有待努力。你說我們對他有很大的敬意？那不會的。

我的想法是很自然的。我可能對我的老師還是比較崇敬，儒家尊師重道嘛。所以發揚孔老夫子的思想不一定是孔子的後人，孔子的後人好好發揚孔子思想，我們很敬佩。我的一個學生就是孔子的後人，他非常投入，也很尊師重道，我覺得他也不錯。但是其他人我不認得，沒有特別感覺。這個地方要看淡，歷史是不可逆轉的，也不必再造新貴族。以前都努力把貴族打掉，為什麼還要造新貴族呢？

問：造精神的貴族就可以了，未必一定要造血統的貴族。

答：血統貴族不需要了。不一定要是血緣生命的相續，而應該是慧命相續、道業傳承。本來大道就在天下間，誰努力了、誰擔當了、誰領受了天命。

問：前陣子，有人問秋風，儒家憲政有什麼具體的設計，他說沒有。基於大陸目前的現實政治，您具體要主張什麼，要改變什麼，這不是你說了算的。那麼，從現實的角度出發，您覺得新儒家可以植入到現實的一些制度有什麼？

答：看著整個大陸的發展，我提了兩個具體的想法。一個是讓祖輩、父輩、兒孫輩能夠儘量在同一個社區買房子。應該擬一個政策，凡是祖輩、父輩、兒孫輩在同一社區買房子，給予無息貸款或者低利貸款，這很容易做到的。或者前十年無息，之後慢慢加點利息，這樣就會鼓勵三代人住一塊。三代人住一塊，人倫的載體能夠慢慢建立起來。

另一個就是天地君親師的牌位應該立起來。君這個詞其實沒什麼不好的。或者改成國也可以。其實君沒什麼不好的，「君者，能群者也」，君也不是講皇上的嘛，不是天子，君就是一個領導者。這個領導者是一個影響力的領導者，神聖意義的領導者，而不是代表某個人。如果「天地君親師」這樣一個神聖的空間在家裡能夠立起來，有神聖教養的空間，這樣就會好很多。其他的再一步一步來。

大陸新儒家首先應該要對這個社會有貢獻。至於政治怎麼樣，這部分也應該去思考，但是不必太急。中國現在最重要的就是要改善這個社會，讓這個社會的人能在這裡安身立命，在這個社會上活得有滋味，這個很重要。

問：大陸新儒家的另外一位代表人物杜鋼建，他有自己的一套表述，我個人更加認同一些，可行性也更大一些。

他的思路是兩個，一個思路是他把儒家裡面的「仁義禮智信」這些古代的名詞和概念與現代的民主自由人權觀念進行對接和轉化。他認為《論語》的仁學思想主要由仁道、恕道、義道和政道這四部分組成，仁道、恕道、義道和政道是傳統仁學的四項基本原則。而在現代社會，仁道對應人權主義，恕道對應寬容主義，義道對應抵抗主義，政道對應新憲政主義，人權主義、寬容主義、抵抗主義和新憲政主義構成了新仁學的四項基本原則。

因為現在的民主自由人權這些概念跟法律制度是密切相關的，而我們原來的儒家更多是提供一些道德觀念，所以很多人認為儒家的道德觀念作為修身養性還可以，但是作為一種制度的建構是不夠的。而現代人更多是生活在憲法法律下的，不是生活在傳統儒家道德中的。杜鋼建老師做了這方面的轉化工作，我覺得還是蠻有意義的。

尤其是，他對於「憲法」的概念做了創造性的重新解釋，對中國傳統「憲法」的歷史淵源做了很多追溯和挖掘。原來大家都認為不成文憲法是從英國開始的，成文憲法是從美國開始的。他舉了個很有趣的例子，你說世界最早的成文憲法是一七八九年的美國憲法，日本人絕不認同，他會認為世界最早的憲法誕生在日本，因為在唐朝時日本人就制定了一部憲法叫《憲法二十一條》，而裡面的很多憲法思想來自於中國的儒家和佛家思想。

答：一個國家立國，一定有它最基礎的東西，就相當於憲法，可能名目不一定叫憲法。這個方面的缺失比較嚴重，我們這方面的學者還太少，研究得太少。杜鋼建老師若做了這方面的工作，就應該把它拿出來，供大家一起討論。

問：二〇一二年十一月，我們舉行「秋風、杜鋼建對話儒家憲政，千年學府演繹『新朱張會講』」的大同學術會講時，杜鋼建老師發表了一個觀點：箕子陳述了中國第一部憲法。這部憲法就是《尚書》中〈洪範．九疇〉，這是殷商遺留下來唯一可以徵信的文獻。而中國第一部憲典是《周禮》（又稱《周官》），展示了一個完善的國家典制，規定了國都之神聖、規範了地方制度，以及六官、陰陽等，影響千年。作為這部憲典的創立者，周公制禮作法，為周朝八百年基業奠定了基礎。當時這個觀點在媒體引起不小反響。

二〇一四年十二月我們舉辦「湖湘新儒家」第一場講座，杜鋼建老師又發表一個觀點：中華法治文明的源頭在湖南。他把中國的憲法歷史一步一步向前追溯，比如軒轅黃帝時代有一部憲法，叫《軒轅氏政典》。一九七三年馬王堆出土的《黃帝四經》中，也有關於憲法的原則、程式等一系列的表述。而神農炎帝時期，有一部憲法典叫《神農炎帝政典》。再往前追溯到伏羲太昊國，保留著一部憲法文獻《天皇伏羲氏皇策辭》，該文獻中第一次出現了

「依法」一詞。經過多年的仔細研究，杜鋼建認為，該部法典對治國理念、國家治理體系、百官設置等都進行了較為詳盡的論述。這可能是迄今為止中國乃至世界最早的堪稱「憲法」的文獻了。

答：家有家規，國有國法。一個天下打下來要如何治，它當然有一套根本大法。它要說明這個國家的根本治理原則，這一定會有。只是它不是西方近現代意義的那種憲法。

問：但在我們古代文獻中，「憲法」、「憲章」、「憲綱」、「憲令」、「憲則」、「憲典」、「執憲」、「違憲」、「司憲」等等概念，這些跟「憲」有關的詞語好像基本都有了。杜鋼建老師在這方面做的工作算是比較全面的。杜老師是把古代的東西挖掘出來，用我們現在聽得懂的一些概念通融起來，轉化起來，再進行理論系統的建構。讓大家更容易理解和接受中國古代的「憲法」歷史。這是解讀中國古代歷史的另外一個維度。也許這叫新的「六經注我」，打通了古今中西。

答：這個工作當然有意義。但是我個人覺得最重要的還是要面對現在的社會去做些什麼，要把一些古代的話語系統跟現代的話語系統、西方的話語系統連接。

但連接只是做學問的人在連接，跟日常沒連接不行。所以進一步要做的工作，是要讓現代的社會一方面了解這些，另一方面，現在社會的人怎麼安頓自己？舉個很簡單的例子，台灣在室內全面禁菸，起初也有些困難，但久而久之，習慣了，就慢慢不再抽菸了。

這個問題怎麼做到的？比如說過去有亂丟菸蒂，現在根本不會。這是怎麼做到的？它是一個過程。要參與整個社會的文明建設，怎麼參與？儒道佛乃至其他各種不同的精神文明要參與，現在儒家只代表參與的一部分，是諸多部分裡的一個。

問：杜鋼建老師的思路，一方面把儒家的道德話語向現代法律話語轉化。另一方面，是「托古改制」，就像康有為曾經做過的一樣。共產黨作為執政者，既不能走老路，也不能走邪路，走老路是回到文革、回到階級鬥爭肯定不行，走邪路則是全盤西化，完全照搬西方的多黨選舉制，肯定也不會。中國是泱泱大國，豈能照搬他人。

要防止所謂的西方的「和平演變」。西方用所謂的「普世價值」橫掃過來，年輕人招架不主，被洗了腦，他肯定不放心。那麼我們怎麼做？托古改制，第一，反正古代早就有了，我們的老祖宗早就有了民主的價值理念，這樣就不會有人激烈反對；第二，暗渡陳倉，把民主的價值理念更好普及了。

答：中共也不可能照西方的。我的意思是說應該有進一步的可能。比如現在談的民主自由是怎麼一回事，我們古代用什麼方式，比如孔老夫子強調「老者安之，朋友信之，少者懷之」，這個理念很好，但我們現在看看，一個社區裡面如何能夠「老者安之、朋友信之、少者懷之」，這是可以去思考的。至於說怎麼做，就是好好去面對那個世界的事物，實事求是，讓更多的資源放進來思考。

你說西方的民主自由當然不錯，但是它有很多問題。什麼問題？包括西方主張民主自由的學者也在重新思考，驅使所有的人都去面對所謂的政治權力根源、權力合法性的問題，這一定是好嗎？那也未必。西方的選舉雖然是普選，但是投票率也很低，有很多人不願意參與的嘛。

中國大陸雖然不是普選制，權力合法性是很多人問的問題，但一定要往這邊去問這個問題嗎？這個問題先避開不談，應該先談這個社會怎麼樣變好。權力的最根源的合法性其實是打下來的，共產黨的江山是打下來的，除非幹得一塌糊塗才可能崩潰。那誰願意它崩潰？它現在能夠穩住，好好做，那也不是家天下，那是黨天下。其實也不是黨天下了，還是要照顧種種民意。還有其他的民主黨派，雖然民主黨派很難有作為，不太可能成為國家最重要的領導人，但是會是國家領導人之一。現在黨和國家領導人是兩屆就換人，所以有人說這是「新禪讓政治」。

問：新禪讓？

答：新的一種禪讓方式，因為它是黨內推舉制。黨內推舉制一定比黨內選舉制不好嗎？也很難講。因為其實這是一個很麻煩的問題，總之，這個問題先可以不用問。我覺得儒學應該要從事的是社會統序的建立。不一定要馬上投入到政統，而是要讓社會的統序如何建構起來，人能夠在那裡「老者安之、朋友信之、少者懷之」。能不能不碰政治，就能「老者安之、朋友信之、少者懷之」？顯然不可能，但是可不可以最低限度回避碰到政治和權力。

六、直面大陸現實：實質民主、形式民主、代議制民主

問：關於「民主、自由」思想的討論，其實我們大陸人民也不必避諱了。現在中共還搞了一個社會主義核心價值觀嘛，其實裡面已經有民主、自由、平等、法治了。人們評價說這是很聰明的。至少我們擁有這些觀念。

怎麼理解這些價值呢？民主是實質民主還是形式民主？民主是一種價值觀還是方法論？這是可值得考慮的問題。說是價值觀，〈禮運．大同篇〉裡面「選賢與能、講信修睦」，這已經具備民主的價值觀了。

至於說西方的多黨選舉，只是一種形式而已，不一樣的形式而已。所以作為民主的價值觀和方法論，可以適當區分開來看這個問題。

答：現在應該是有機會做這個思考。以前提這樣的話馬上會被民主論者、自由主義者罵一頓。

對民主自由的理解，當然是很多元的。你說到價值觀、方法論的問題，西方實踐民主的方法也有多種，不一定是普選，普選所造成的種種傷害其實也不是那麼簡單的。其實，現在

全世界很多地方也還不是這樣的，不是說非得通過普選來確立政權合法性。所以這個問題也一直在問，怎麼樣的方式才更適合。我覺得不一定要糾纏政權的來源問題，應該更關注社會如何生長得更良善。

中國現在不能搞普選，那太難。我覺得可以深入思考，中國要用什麼樣的方式來統治，來治理。我們可以更加追求所謂的「實質民主」，是不是政府的確讓老百姓生活過得很幸福了。老百姓生命、財產、自由、安全都獲得保障了，那就是不錯了。

問：中共用了一個詞語「治理」。這既是一個古老的術語，因為中國從古至今就講治理，當然也是個新詞，因為官方都頻繁使用這個詞語。這與西方過於追求所謂的權力的來源有巨大差別。「治理」是不問權力的來源是怎樣的，而是我把這個社會治理好了，獲得一個人民認可的結果，就說明治理有效，政權有合法性。我隱隱約約有這個想法，這裡可以深入思考。

有人說共產黨用「社會治理」、「國家治理」用得很好，很有智慧。首先人民得承認中共已經是這片土地的主人，我有無可置疑的權威性，我就是正統了，我把這個社會治理好了，你認可我就可以了。你別來問我權力的來源。你不要追溯過去我們的天下是怎麼打下來的，是不是合法的，是不是用的暴力等等，這樣永遠糾纏不清。這是一種「結果導向型」的合法性，西方是一種「程式導向性」的合法性。合不合法，關鍵是程式是否合法。

答：政權合法性的問題在大陸現在是不能追問的。在西方，政權合法性的問題是隨時可以問的。因為它定期選舉。

但是大陸的領導人也不是世襲，不是傳承給自己的孩子，但現在人家會說你是黨的世襲，黨的世襲還是必須經過推舉、換屆，在換屆的過程中可選擇更適合治理的人來治理。這也是在某種意義上的選舉嘛。但如果用西方那個問法，追問政權的合法性的時候，麻煩就來了。那段歷史充滿了暴力，而且階級鬥爭死了那麼多人。總之，那是一個不尋常的年代，是革命的年代，不是太平年代。

問：講到「民主」，帝制時期的儒家雖然沒有「民主」這個概念，但君主或者叫天子其實也是秉承天意來管理這個社會，他們是「民之主」、「為民做主」。他們的權利合法性來源於哪裡？來源於天，所謂的「天道合法性」就是這個意思。

因為受到杜鋼建老師的啟發，我認為所謂的「民之主」並非毫無道理，因為西方的民主選舉，其實還是一種代議制，人民不可能每個人都來做主、參與政治，還是要通過選舉一個代理人來管理人民。所以「民主」和「民之主」並非矛盾的，而是辯證的關係，民主解決人民怎麼選舉領導人的問題，民之主解決領導人怎麼領導和管理人民的問題。如果領導人不「為民做主」，這才是不負責任呢。

比較中國的古代政治和現代西方政治，古代儒家其實也有一套政治話語，在操作層面，更加重視打天下之後的治理，關於「天子—士大夫—人民」的治理體系是十分完善的，所以一個正常的王朝也能延續三百年左右。西方現代民主制度，更加重視選舉這個程序本身、權力的合法性本身，所謂得人才者得天下，選舉領導人本身是政治治理體系的第一步。

因為政治從程式上來講，本來就分為兩部分：一是通過選舉確立領導人的權力合法性；二是獲得領導權力後怎麼治理國家和社會。古代中國雖然沒有民主選舉（普選），但它又通過科舉彌補了民主選舉的空白。而且，古代的相人用人及治理之術更是讓人歎為觀止。所以，中國古代治國理政的治理經驗，還是蠻豐富的。值得今天的當權者重視。

答：古代儒家的政治論述和治理經驗當然值得今人重視。中國古代是君主制，但強調民本，「民為貴，君為輕，社稷次之」，這就很清楚了。但是它不是近代西方的民主制，近代西方民主制基本上是有關權力合法性。以前權力合法性問題在中國古代不成為問題。

古代儒家當然說天子代表了天意，這就是合法的。理論上如此，但它實際上是用暴力爭奪的，誰打贏了誰算數。打贏了再去解釋合法性。它也強調了自己的合法性，但是它沒有給出一套西方近現代意義的選舉方式來處理這個問題。西方更加強調程序合法性，就像它的法律辯論，沒有程序是無法進行辯論的。

至於說選舉後的管理上的民主，是不是每個人都來參與管理呢？西方還是通過代議制，實際上還是通過精英來治理國家，國家結構本分成了「管理者—被管理者」，這個是必然的，中西都是一樣的。但西方更強調「管理者」是如何誕生的。

民國初年大家也討論這個選票的問題。一人一票來決定國家大事，章炳麟就不同意，他認為他那一票應該抵過人家幾千票。我們都一樣，一人一票，阿貓阿狗一票，你也一票，你對國家有再深刻正確的理解也是一票。普選制就碰到這個問題，所以，在社會層面，國家通過民主教育、文化教育之後，提升公民的素質、培養精英人才，強調以理服人。所以憲法要賦予公民足夠的言論自由，更宣導更多的公共辯論討論，領導者要通過辯論來說服公民來支持你。

問：中國古代和當下更強調「協商民主」，這也是民主的一種方式，如何理解？

答：這個概念就叫共和制，只是共和的意義不是現代西方的共和的意思，但我們不一定說要西方的，這個可以重新思考。也不一定要去勉強古代有些什麼。時代變遷就是這樣，尋求一個更好的方式，讓老百姓的自由人權和生命財產保證的，這才是目標。

問：有人說大陸現在應該像新加坡學習。因為新加坡也是一黨制，一黨為主。

答：我覺得大陸跟新加坡很不一樣，很大不同。因為新加坡只有六百多萬人口。一黨制也和大陸很不同，畢竟新加坡的人民黨還是要用西方的方式來選舉，但大陸不是用西方的方式來選舉。如果用西方的方式來選舉，以目前大陸這個狀況，我想一選就亂了，肯定亂。

問：在我們宣傳儒家憲政的過程中，常常會遇到一個有趣的話題。一些受教科書或傳統觀念影響非常深的人就講，你們儒家憲政要找個皇帝啊。因為他們一想到儒家，首先就跟皇帝聯繫在一起。我就跟他開玩笑講，皇帝已經死了，但是儒家還活著。

答：這是一種錯誤的想法，誤認為儒家憲政必須在皇帝專制下才能展開。其實不對。它可以在一個現代的公民社會、現代的民主憲政下展開，至於它的體制如何，現在正在探索。蔣慶提了他的一套，秋風的思考不同，陳明也有一些不同的提法。我則更強調現代社會統序的建立。在道統、政統、學統，之外，我主張應強調「社統」。

問：我和朋友們討論的時候常說，中國大陸的未來政治制度可能有三種：一種可以用最古老的講法，叫做「禪讓制」，其實共產黨的領導人在形式上是傳下去的；第二種，就是一黨兩人、一黨三人等的選舉制，就是在堅持一黨的情況下，可能推舉兩到三個人選舉；第三種可能，當然說不定中國未來也會搞兩黨制。

我們講的這個儒家憲政，只是一種政治學說，一種大的框架或者方向性的制度設想，具體落實下來還是有很多方式可以實踐的，這個誰也說不定。最有可能的是，一黨兩人或者一黨三人的選舉，一個方面保證了穩定，另一方面至少有借鑑了西方選舉的這種形式。

答：現在的制度算什麼？是一黨推舉制是嗎？一黨推舉制，至少沒有把領導人傳給自己的子孫嘛。一黨兩人選舉制，你的意思是做普選嗎？

問：現在有很多種講法，可以從縣市一級開始選舉，一方面保證黨的穩定，另一方面，至少也是選舉制，不是任命制。台灣搞民主，開始時也是從縣市選舉開始的嘛。

答：這是一個值得思考的問題，但也不是那麼快的。這個問題，其實以前在中國大陸已經選了嘛，國民大會代表，就是國大代表制，選了蔣介石當總統。所以真正中國統一後當了總統的，只有蔣介石，就是那四年而已嘛，真正行憲只有兩年。兩年後，大陸就易主了，這個不堪回首。現在時過境遷，也不用回首。

問：現在有人分析，習近平這個班子是有意把極左、極右的勢力打壓，因為這兩個極端都是不安定因素。同時把儒家文化抬起來，因為儒家是溫文爾雅的。

而且左派右派吵起來，就是你死我活，要用暴力來奪權。儒家憲政是什麼？是信奉改良的，講究秩序的，宣導溫和的法治的。它不喜歡搞這種極端的鬥爭。左派右派都搞革命的時候，當然沒有儒家的事，而當一個國家穩定需要秩序的時候，儒家就順勢而來。

答：畢竟儒家道統是正統嘛，你自己是正統，但一百年中都被擠壓到地底下，兩個極端的勢力在吵。儒家是比較維護社會穩定的。左右兩派在那裡吵，一吵全部都是為了要權力。儒家文化叫「致中和，天地位焉，萬物育焉」。所以儒家當然是最好的維穩基石了。把儒家文化抬起來，勝過用很多經費去搞維穩。大家講秩序，整個社會就會穩定。現在黨校裡面也開設講傳統文化的課程。黨的領導幹部率先垂範，儒家文化就容易傳播開來。

七、大陸新儒家的未來

問：兩年之前，原來我們在大陸從事儒家方面的事業，應該說老百姓是不怎麼感冒的，而且尤其受到西方文化的影響和衝擊，可以說喜歡儒家的人少，而罵儒家的人更多一點，因為一提到儒家別人就說是「封建專制」。最近復旦大學的劉清平事件是一個很好的反映。

答：這是民國以來徹底的反傳統主義的延續。自由派對儒家是很敏感的，所以基本上傳統保守主義的力量本來就很弱，傳統保守主義後來都跑到香港、台灣去了，它也不是主流，台灣那邊還是自由主義為主。

大陸改革開放以後，要尋求自己的定位在哪裡，很明白的，就是定位在中國固有的傳統文化這條路子上來走，中國文化離不開儒、離不開道，現在佛教也是中國文化的重要部分，因為佛教已經本土化了，所以就離不開儒道佛，更重要離不開儒。可以看到習近平上台以後，大力弘揚儒家文化。

問：我很想問的一個問題是，您作為一個台灣人，以您對大陸這麼多年的觀察和交往，您怎麼看習近平的？

答：本來三年前，我認為他是西漢景帝（文景之治的景帝），現在顯然他不是景帝，是漢武帝。

我想他很清楚自己要當漢武帝。漢武帝是大有作為的。而且我覺得他很清楚的是要以中國文化的正統自居。就是我昨天提的嘛，從馬克思主義傳統到中國文化道統，他現在是以中國文化道統的繼承人自居嘛。中國文化的道統是一個與時俱進的道統，我看到是這樣的。而且中國文化道統現在是很廣泛的，不是宋明理學新儒學而已，現在是回到中國古代的各種可能，跟國際上接軌。

現在經濟發展到一個地步，它也要輸出經濟，就像我們坐的高鐵，高鐵要輸出。輸出的力量增長後，中國開始構思現代化之後的世界文明論壇、生態文明論壇、城市文明論壇種種，用各種方式去跟世界連接，這都是非常聰明的。所以他在展現大國氣象，這是真實的。

問：作為一個青年文化人，尤其是信仰儒學的青年，我認為他是一個扭轉乾坤的人物。假如沒有他的宣導的話，我們的大陸新儒家的發展估計像蝸牛一樣在爬，現在他把儒家推到舞台中心上來了。

二〇一四年五月的時候，網上有篇文章，標題是〈習近平是紅色新儒家〉。當時這篇文章我猜想應該是得到了習近平默認的。因為「儒家」那個時候還是一個不那麼受歡迎的詞語，媒體上這麼轉的話，習近平不默認，可能早就被官方封殺了。後來大同思想網動作比較快，一下子把它轉過來了。這文章首先是發表在香港《大公網》，當時就有人解讀說「習近平想做漢武帝」。這樣的文章都沒有封殺，應是得到了習近平這個班子的默認了。

答：因為習近平意識到要如何去維護整個政權的穩定，儒家是最能夠維護政權的穩定的。習近平留意到這個問題，而且是與時俱進的。也就是說習近平十年前要留意這個問題還太早了，十年後的今天他留意了。十年前，整個中國的 GDP 沒到那麼大，中國的整個國力也沒那麼強大，志氣也沒那麼高。現在底氣足了，洋人都看中國人的臉色。以前中國人到歐洲簽證都是很困難的，現在是巴不得你趕快來，有了很大變化。

習李這個班子應當是很清楚自己的歷史定位，並且與時俱進地發展。從歷史的對比來看，兩千年的楚漢就相當於民國的國共，項劉相當於蔣毛，蔣介石就是項羽，毛澤東就是劉邦。這些人物是對應的，江青就是呂后，林彪就是韓信，蕭何就是周恩來，那個曹參就是鄧小平。這個歷史是很有趣的。

問：中國歷史似乎就是一個輪迴。

答：它也不完全叫輪迴，你依稀可以看到有一些歷史作為前車之鑑。在三年多前，很多朋友問我歷史的走向，我說應該是到了景帝的時期。其實有個經歷景帝的過程，只是說還蠻順的，所以很快就到了武帝了。歷史進程快了一些。

我聽大陸的朋友說，習近平宣導儒家以後，原來文化圈就是左派、右派吵得不可開交，現在有人自居為中派，叫做中華傳統派，現在就是三足鼎立了，甚至儒家（中華傳統派）反而更加風光一些了。

現在國家都已經把《論語》、《孟子》、《大學》、《中庸》、《老子道德經》等，當作從小學到中學的一個必讀教材嘛。

問：我們回顧一下中國傳統的儒家和帝制的關係。別人講了漢武帝「獨尊儒術」，從某種程度上理解，其實就是把儒家的思想抬高到憲法的位置，人民有一個共同遵守的法則、規則。比如孝道，以孝治國，在社會上有一種普遍的認同和共識，就相當於憲法的地位了。儒家在歷史上就起著整合社會的作用。

科舉制確立以後，選拔人才都跟儒家的思想緊密結合在一起，通過這種制度把儒士都納入到國家的行政系統裡去，這可能也是中國的制度跟西方制度不一樣的地方。所以，中國雖然沒有選舉民主，但有科舉民主——一套公正的選拔人才的制度。

答：漢代是薦舉制，所謂舉「孝廉」。科舉最早在北周，北周以後是隋，隋以後是唐。西方的民主選舉的這些東西，也是到了近現代才有的。我個人認為中國是邊行船邊靠岸，一步步走，現在這個狀況是社會上好起來，人們精神要有寄託，要能夠有父母、祖先的概念，有聖賢的概念，有天地、鬼神的概念，慢慢人心就安頓了。人心安頓，社會就會慢慢好，政治也就會越來越清明，社會不好的話，政治很難有為。

問：聯想到儒家的歷史傳統，現在部分大陸新儒家有一種這樣的想法，第一就是新儒家通過習近平的推崇，利用國家權力把自己推到比較中心的位置；其次，就像歷史上的科舉要考儒家的四書五經一樣，現在把儒家思想、典籍也納入到公務員的考試體系裡來，現在有種說法要對領導幹部輪訓國學。而這，當然要受到很多人尤其是自由主義的反對。

答：我個人認為是要謹慎一些，更重要的是要讓它自己在社會好好生長。至於作為國家制度的一部分，是要有設計，但是要謹慎一點，不能夠說獨尊儒家，其他的都不要。不是這樣的，儒家要以更大的胸懷，包容更多了的學派。我不太喜歡獨尊儒家。

問：習近平目前還沒有「獨尊儒家」，他把佛文化也極力推崇和弘揚。目前佛文化在安定社會層面，可能比儒家起著更大的作用。至於以後會不會把儒家文化跟體制結合得更緊密，我們也只能拭目以待了。

而從另外一個角度，假如沒有習近平這麼高規格、高姿態地重視儒家文化，實際上關注儒家文化的人實在是太少了。這就是中國的現狀，也可以說是悖論，領導人過於推崇儒家，人家說你獨尊，搞專制，領導人不推崇，社會上從學術思想層面關注儒家的人寥寥無幾，稱得上「新儒家」的人，幾乎屈指可數。

答：因為大陸的特殊環境，很多人都很期待政治領導者起更大的作用。而我個人認為，應該讓政治領導者慢慢可以輕鬆一些，而讓社會的力量長出來，這個國家會更好。如果說現在什麼都仰仗這個政治人物，那我就覺得太辛苦了。

我們是否可以這麼考慮這個問題，儒家如果能夠不完全依賴政治人物而在民間也能生長，這才是重要的。也就是通過 NGO、NPO，在民間大力推廣儒家文化。據說大陸的政策已經慢慢放開，必須如此儒家才能健康成長。

隨著時代風氣的變化、政治的變遷，現在到了這麼一個階段，政權要穩定，多半要跟儒家有一個恰當的結合關係。這個時候，儒家要更清楚、更警惕的是去做更多富國利民的事，對社會有幫助的事。而不是一直想著政治權力，我認為一定要和政治權力保持距離。

我看得出來，有一些儒家朋友們比較急，希望自己就是國師，能夠影響到整個國家政策。我覺得可以，「國師」應該是很多元的，它不是具體的一個人，它是一個 idea，就是說我們通過網路等各種傳播方法，人皆可為「國師」。你的 idea 提出來了，大家討論覺得很好，這個 idea 也不一定是針對誰提出來，因為成功不必在我。

孟子在推行仁政、王道時，我想他不一定要強調我，以後你就要奉我孟老夫子怎麼樣，也就是說你照著做做看就可以了。所以君子有三樂，儒家應該要把自己當成一個君子，行君子之道，以君子之道來感化人。然後，在社會應該提倡以公民為優先、能跟公民意識配稱的一種權利義務的關係。而不是馬上想到誰是近代的國師，這個是無謂的。比如現在會不會有人說「誰是現在的國師」。

我覺得國師這個概念，還有就好像古代「天子」的概念，這個時代都應該變成了一種 idea，它落實下去是多元的。就像孫中山講的，政府的官員是公僕，那麼每個人都是「皇帝」，老百姓成了「天子」，所有的讀書人都成了「國師」。

問：講到「國師」這個問題，我聽佛教的一個法師講，這個社會要健康發展，必須「三王並立」，人王、法王、素王。人王當然是當今的統治者，法王是佛教大師，素王應該是各式各樣的知識份子，過去是孔子，今天叫「公共知識份子」，可以是儒家的，也可能是道家的，也可能所謂的自由主義的批判者，都需要。

答：都需要。

問：關於大陸新儒家的問題，某些自由人士憂心「獨尊儒術」也不是完全沒有道理，這涉及到文化包容性的問題。道家和佛家都強調無我，或「破我執」，不跟你爭嘛。而儒家承載了太多的政治使命，原教旨主義的護教心態會比較嚴重。而林先生您是儒釋道比較包容的。

答：所以不能夠有那麼強的使命，特別是政治的使命，我覺得應該對社會多一些使命。因為太執著的話最後會導致鬥爭，鬥爭就會兩敗俱傷。

大陸新儒家應更開闊一些。儒者，柔也，柔的意思是引導。假如太執著的話，可能會導致，第一太過於重名；第二，可能太過於重視所謂「大師」、「國師」的位置。

按照我的理解，「君子疾沒世而名不稱焉」，意思是君子最擔心的事情是他過世之後，名不稱實。孔老夫子說這話是深刻的。這不能理解為說名聲沒有得到宣揚，而是說名不稱實。你的名聲這麼大，卻只做了這麼一點點，這是一種恥辱。寧可名聲小一點，做更多實際的工作。

還有一種情況，往往認為自己掌握了唯一真理，認為自己是正確的，別人就不是正確的。可能會造成黨同伐異。甚至讓別人覺得某些新儒家，覺得他們怎麼是這樣的。社會有些人士對新儒家並不認同，因為現代學者也是現代性工具性的一環，他也有可能異化，甚至導致他的言行分裂。「難道儒家就是這個樣子」，甚至最後別人講「儒家這麼專制」。所以通過道家和佛家給儒家放鬆一些，消消毒，未嘗不是好事情。

問：儒家的傳統，是把堯舜禹湯文武周公當作一脈相承的道統，但實際上裡面有個明顯的界線，堯舜禹的權力繼承不是世襲的，假如按照民主的理解，它是能夠更多地體現多數老百姓即人民的意志、權利，堯舜禹時代應該是個（原始）民主社會。因為堯舜禹是為人民服務的。

共產黨也說為人民服務。從古籍裡面看，堯舜禹他們這些人也是兢兢業業，戰戰兢兢的，的確是為老百姓服務的，不能體現自己的私心呢。

答：談不上民主社會。因為聊民主社會這個詞就跟西方連在一塊。他們基本上還是部落社會。

有的人說現在共產黨的方式是新禪讓。現在就是幹完十年就走，沒幹好待五年，幹好的話十年一定走人。這確實叫人耳目一新。

問：所以，我覺得新儒家有必要回到堯舜禹這個傳統。到了夏朝的啟開始，就是世襲的了，你再怎麼說是繼承道統，秉承天意，行仁政，興禮樂，但只要權力是世襲的，就得首先維護自己的家族利益，就得「家天下」。所以儒家的道統也要具體分析的。

答：是要回到堯舜了。如果回到古代，也是要回到堯舜，回到堯舜禪讓，好好去理解。像《禮記》中〈禮運．大同篇〉的一些想法，基本上就是王道。就王道來講，中國治理之道就一步一步清楚了，那是一種多元化、多中心治理，大家不必去爭那個唯一的位置。比如你做一個有影響力的知識份子，貢獻並不比做省長、書記小，也許影響力還大。以前大家都爭著打天下，現在有什麼好打天下的。

我作為一個企業家，我作為一個佛教人物或者道教人物等等，我對這個世界的貢獻跟影響力也很大，獲得的尊榮有可能更多呢。按照習近平現在反腐的做法，在共產黨的體制裡你必須要廉潔，不能擁有很多的財富，想擁有財富做企業家就可以了嘛，財富還是可以世襲的，可以傳給子孫。而共產黨的權力是不可以傳給自己子孫的。共產黨的書記要為天下蒼生服務，真是累死人。如果真的到了這種狀況，整個世道都會變化。

八、「大同思想」展望：行大道、民為本、利天下

問：結合大同思想網，我特別關注習近平和李克強的講話，習近平的講話裡頻繁講到「大同」二字。去年他在歐洲演講時，我們開玩笑講，在歐洲共產主義起源的地方，他不談共產主義，但是談起了大同主義。李克強也至少談過兩次「大同」。你對「大同思想」有怎樣的看法，對未來有什麼展望？

答：現在中國已經強盛起來，中國的領導人已經很清楚，要昭告全世界「我們就叫中國」。要繼承中國的傳統文化，要作為中國傳統文化的道統的繼承人自居，這樣才是「中國」。馬克思主義之下的中國算中國嗎？老實說中共他們只是不好馬上提這個問題吧，這裡面還有種種問題嘛。如果記者追問他這個問題，他也要想個辦法回答，要不然會引起左派的攻擊，畢竟現在算是個過渡。

問：講到「大同」，李克強上任時答記者問，他說他的個人理想叫「行大道、民為本、利天下」，這就是〈大同篇〉裡面的觀點嘛。前面三個月時，他出席一個國家文史館的座談時，就講到「厚德載物其實就是一種大同思想」，因為厚德載物不可能只載某些人，載的是三教九流。

答：是啊。我們可以很明白看到，習近平、李克強上台以後，用的傳統語彙非常多，基

本上是儒家的。因為儒家涉及到治國之道的特別多，而這些傳統語彙最後都朝向最高的理想——世界大同、天下無公。在這個過程裡，很顯然中國領導人把中國傳統的王道推到全世界，全世界能夠對天、地、人三才都能夠重視的話，這世界會好很多。他的想法應該是很清楚的。當然因為他原來是馬克思主義出身，在這方面也要注意。

問：大同思想網在所有文化網站裡面，是唯一一個以「大同思想」命名的網站，當然這表達了我們的一種理想。網站是二〇一二年九月辦起來的，那時習近平還沒有上任。我們網站主要推的是兩個理念，一個是以儒家文化為代表（包括儒釋道）的傳統文化的復興，還有一個是依憲治國、法治中國，這兩個合在一起，是比較符合儒家憲政的理念。

習近平上台以後，中共提倡的理念和我們宣導的這兩個理念幾乎是一樣的。先是習近平空前重視和重推儒家文化，後來十八屆四中全會以依法治國為主題。把儒家文化和依憲治國這兩個概念很好地融合，在我看來已經有儒家憲政的雛形了。

答：我大概可以了解你的意思了。我的關注點是儒家更應該做的事情，就是立足社會，移風易俗，做一個社會的公共知識份子，讓整個社會變得更好。其他的部分不必太強調。我們能不能跨出一個新的可能，因為從歷朝歷代看，儒家都必須依附著政治權力來發展，所謂「致君堯舜上，再使風俗淳」，現在能不能跟政治保持恰當的距離，而不是攀附的關係。

「老者安之、朋友信之、少者懷之」，這是孔老夫子提的，這是最好的，也是〈禮運．大同篇〉的思想，也是《論語》的總體想法。大同思想網的格局可以很廣，可以從事和推動國際的文明交談、對話、互動，也可以落實憲政的問題、法治的問題，很重要的是紮根於整個社會，一個公民的良善社會怎麼養成，公民良善社會的君子之道該如何養成，公民之道該如何養成。公民之道、君子之道在這個良善社會下養成，世界慢慢就變好了。大同思想網可以在更高的前瞻性方面來想問題，而不是說目前政治的風到哪裡，就跟到哪裡。

〔本文為中國大陸民間青年學者、大同思想網總編杌戈對本書作者林安梧的訪談內容，曾以「專訪台灣儒家林安梧：社會統序與公民儒學」為題，刊於澎湃新聞網，二〇一五年七月二十八日。〕

附錄

「企業儒學」、「儒商智慧」與「陽明心學」

——兼及於人類文明對話與和平的開啟可能

一、問題的緣起：從近些年來講學經驗談起

二〇一六年春夏間，我接受了一些同道朋友的邀請來大陸講陽明心學，講學地點主要在廣州與深圳，參與的道友來自全國各地，從內蒙來的、西安來的、東北來的、四川來的、河南來的、山東來的、北京來的、上海來的、貴陽來的、杭州來的，當然也有較近從廣東、福建來的，最可貴的是有來自印尼的海外華僑，這些商者、企業家，對於陽明心學可謂求知若渴，令我十分感動。

值得一提的是，這不是一次講座而已，而是一年的課程，共有六次，一次兩天，兩天十二學時，總共七十二學時。這相當於大學院系一個學年，兩個學分的課。用我的話來說，這不是來聽歌，而是來練歌；這不是來看戲，而是來學唱戲。聽歌容易，練歌不免要辛苦；看戲有趣，但學唱戲卻得用工夫。換句話來說，這已經不是要著玩，而是要契入、真理解，理解了，要踐行。顯然地，不只是浮泛地過去，而是要承體達用。

我發現這些企業界的道友，有的對中國哲學有著相當的理解，他們的理解視域頗寬廣，也深入到一定程度。盡管不算專業，但卻有著專業以外的獨特氛圍，它們果於實踐、親知力行，十分接地氣。我深深體會到「企業儒學」的確立，「儒商群體」的興起，已經是不爭的事實。想起老友，中山大學黎紅雷教授二十多年來的努力，顯然地，已經朗朗乾坤，日月明

照，十分可觀。這不會只是黎教授一人的推動而已，在之前的推動者，有成中英先生、曾仕強先生，他們都是中國式管理學的奠基者。

二、從「文化搭台，經濟唱戲」到「經濟發展，文化生根」

上個世紀末，這個世紀初，常聽到的口號是「文化搭台，經濟唱戲」，這是順著鄧小平九〇年代中葉，兩次南巡講話，底定改革開放的路子，而生出來的口號。風生水起，雲行雨施，中國經濟的發展，可謂旋乾轉坤，盛況空前。伴隨而來的文化熱、儒學熱、孔子熱，甚至有人擔心熱過頭了。到了這世紀，約莫二〇〇五年後，我發覺已經有了新的轉變，口號雖沒有被強調要如何變，但卻也慢慢轉成了「經濟發展，文化生根」。要生根，就得深耕易耨，才能發榮滋長，但這談何容易。尤其，這已經不再只是在舊的範式下的進一步發展而已，它正在面臨的是範式的轉換變化。就儒學來說，這不再是以農業經濟為主導的、聚村而居、聚族而居的，以「血緣性縱貫軸」的儒學。已經是以工業、商業經濟為主導的、由鄉村進到城市，或者把鄉村改造成城市，人們從家庭拔拖出來，以個體的身分而加入到一新的社群而構成新的群體，這是以「人際性互動軸」為主導的儒學[1]。

伴隨著日新月異電子科技的發展，互聯網的廣泛使用，從微信的聯繫，到支付寶的充分使用，電子叫車服務，共用單車的興起，乃至微商、電商，可以說是不一而足，人們已經學會了，而且非得學會不可，在虛擬實境中，雲裡來、霧裡去，「雲端」已經是大家熟悉的概念。中國已非傳統的中國，或者說也非只是現代化的中國，甚且是現代化之後的中國，或者應該說，是一個前現代，邁向現代化，而且又交結著現代化之後，三者揪在一塊的中國。這樣的中國，有著前現代、現代、後現代三個截然不同的成分，但他們是和合為一不可分的總體。所謂「企業儒學」、「儒商群體」是在這脈絡下發生的，是在二十一世紀的場域彰顯的。

三、中國式的「企業儒學」與「儒家商道智慧」

何謂「企業儒學」？黎紅雷在《儒家商道智慧》一書中說：「企業儒學是儒家思想在現代企業中的應用與發展，它將儒家的治國理念轉化為現代企業的治理哲學，以儒學之道駕馭

---

1 林安梧《血緣性縱貫軸：解開帝制．重建儒學》，第九章〈從「血緣性縱貫軸」到「人際性互動軸」〉，頁一五五～一七四，二〇一六年三月，台北：台灣學生書局。

現代管理科學之術，不但解決了企業自身的經營管理問題，而且為儒學在當代的復興開拓了新的途徑；服膺儒學的當代中國企業和企業家，尊敬儒家先師孔子，承擔儒家歷史使命，踐行儒家管理理念，秉承儒家經營哲學，弘揚儒家倫理精神，履行儒家社會責任，在企業的組織、教化、管理、經營、品牌塑造、領導方式、戰略變革、社會責任等方面，對企業儒學進行了積極的探索」[2]。就此來說，他至少闡述了企業儒學的理念來源層面、企業儒學的管理與治理層面，還有企業儒學所擔負起的儒學復興層面。

黎紅雷認為中國企業家辦企業，是與其文化因素有密切關係的，他對此做了更完整的表述。他說：「中國企業家靠什麼辦企業？本書總結中國企業運用儒家思想經商辦企業的實踐，歸納出當代儒家商道的八大智慧，包括擬家庭化的企業組織形態、教以人倫的企業教化哲學、道之以德的企業管理文化、義以生利的企業經營理念、誠信為本的企業品牌觀念、正己正人的企業領導方式、與時變化的企業戰略智慧、善行天下的企業責任意識等，從而解讀當代中國企業經營管理的獨特經驗，為世界管理理論的發展提供鮮活的東方視野」[3]。值得留意的是，這本書不只是理論的鋪排而已，全書舉了許多生動的案例，以分析詮釋，並且上

2 黎紅雷《儒家商道智慧》，頁一八，二〇一七年六月，北京：人民出版社。

3 黎紅雷〈當代儒商的啟示〉，《孔子研究》，二〇一六年第二期，此文後來收入黎紅雷《儒家商道智慧》的〈引言〉。

升到相當高的思想層次，老實說，這真的對於當代中國企業的發展、管理理論，起了很大的提升作用，反饋回來，這實可以說是現代儒學研究新的前沿。

若關連著「現代新儒學研究課題組」成立來說[4]，從一九八〇年代中葉，到現在約莫三十年，這是一世，這一世的歷程，已經將中國的儒學推向了一個新的可能。這裡我們看到歷史的巨大力量。「現代新儒學研究課題組」的領導人主要是當時南開大學的方克立教授及中山大學的李錦全教授，而黎紅雷正是李錦全的學生。撫今追昔，在歷史的軌跡裡，我們得為這課題組的成立，感到可貴難能，因為他們真看到了歷史的飛躍進步。黎紅雷開啟的企業儒學，中國儒商智慧卻也是這時代可貴的珍品之一。

黎紅雷所說當代儒家商道的八大智慧，涉及了「組織形態、教化哲學、管理文化、經營理念、品牌觀念、領導方式、戰略智慧、責任意識」等，不可謂不備。或者，我們可以說，黎紅雷所說的中國當代的儒家商道智慧證成了所謂企業儒學的確立，而企業儒學的確立，則回過頭來證成了儒家商道智慧的有效性與實用性。或者，我們可以說「儒家商道智慧」是「體」，而企業儒學是「用」，他們有著「承體啟用，即用顯體」，體用一如的關係。

4 關於此，請參看〈現代新儒學研究十年回顧——方克立先生訪談錄〉，《社會科學戰線》，一九九七年二期，頁一二八~一三五。

四、「儒商」觀念與「公共知識份子」

在一次《中國慈善家》的訪談中，杜維明說「在中國的企業界，以嚴格意義上的儒商最高標準來論，我不認為目前中國的任何一個企業家有資格算儒商，儒商的觀念在當今中國已蕩然無存。目前中國還沒有儒商，儒商需要具備深厚的文化底蘊。但是，正走在成為儒商路上的人很多，因為在中國企業界，參與社會、注重文化的人現在越來越多」[5]。杜維明對儒商群體有著更高的理想，他以為「最近這幾十年，中國的思想界和學術界才開始自覺地發展儒商文化。用今天的話說，儒商就是關切政治、參與社會、注重文化的企業家。他們是企業界的知識精英和公共知識份子，是對世界大勢特別自覺，而且有公共意識的一批知識份子。作為商人，儒商不完全唯利是圖，他們非常重要的觀念是見利思義。義利之辨中，一個很大的錯誤認識是要義就不要利，這完全錯誤。義是什麼？是利益之和。義所代表的利絕對是大利，不是小利；是代表很多人的利，不是一個人的利。另外，他們獲得利，不是目的本身，而是創造使人能夠從事道德實踐發展的條件。所以，義比利高，利和義是沒有矛盾的」[6]。

5 請參看〈目前中國沒有儒商〉，本文原刊於《中國慈善家》，二〇一三年七月，由宋厚亮專訪。

6 請參看〈目前中國沒有儒商〉，同前註。

顯然地，杜維明的儒商概念更重視所謂「公共型的知識份子」，這樣的儒商概念重視的是企業界、商業界的傑出者，應當參與於整個政治社會共同體，整個生活世界，特別是整個現代性的社會，去促進其現代性的合理性。這樣的儒商概念與黎紅雷的儒商概念雖是相通的，但其倚輕倚重卻是不同的。

黎紅雷強調的更是內化在企業體本身來說的企業儒學，所謂的儒商智慧，也是內化在商業本身來說的儒家智慧。杜維明則較重視從此外發出來，落在公共型知識份子來說，充滿著現代性與啟蒙的味道。或者，我們可以說杜維明所提較是寬泛的、普遍性的、理想性的，但不夠接地氣。黎紅雷的理解、詮釋與理論，則是接地氣的，而且期待能通天道，更重要的是入乎人心、布乎四體。一個是海外的名人，周遊於各國，一個雖也有洋博士的學位，也常在國外講演，但卻是在中國本土生長的，他們的對比是有趣的。

五、「乾道難知惟誠立命，坤德未毀斯土安身」：一九九〇年的直覺

我所接觸到的儒商，儒家式的商人，這些人或許可能有著子貢般的嚮往，但果真還不能用杜維明的國士級的公共知識份子來說他們，而且我覺得要是這樣來要求他們也是不合理的。我一九九〇年首度來大陸訪問，曾寫下一副對聯，聯曰：「乾道難知惟誠立命，坤德未

毀斯土安身」。那時，一九九〇是乾道難知，現在呢？老實說，似乎有個好的傾向，但其實還是難知的。中國是否就此走向「承天命、繼道統、立人倫、傳斯文」的光明大道，看來是有些希望的，但畢竟這還是「一陽來復」，還沒到「三陽開泰」，不過，我看中的是「坤德未毀」。一九九〇年，正當八九之後，我首次到大陸，便直覺得「坤德未毀」，正因為坤德未毀，所以斯土足以安身。

一九九〇到現在，快三十年了，果真如此，這塊土地的坤德未毀，那大地厚德載物，中國大陸已然成為世界最具有生命力的地方，不管是經濟、政治、軍事，乃至文化都是。但我願意說，這仍只是大地母土發潛德之幽光而已，要如何能「乾知大始，坤作成物」，真做到「乾坤並建」，這可還需要一段漫長的時間，而且要是調適而上遂於道的發展，這「向上一幾」，可真也不容易。我之所以要說這麼多，最主要是要闡明，截至目前為止，中國現階段的企業儒學、儒商智慧能得如此發展，也是大地母土所發的潛德幽光，距離「大明終始」，這可還需好一段漫長的時間。

六、若人有眼大如天：從「即勢成理」到「以理導勢」

從《易經》的「時」的觀點看來，中國現在所處卻是一「形勢比人強」的年代，但如何

「即勢成理」，又如何進一步「以理導勢」，卻是一極為重要的論題[7]。在這形勢比人強的年代，只是順著勢往下趨，那這危險可是大得很，而且可能「勢不可挽」，這可以說會墮入嚴重的無明之地。但中國之為中國，應該是具有足夠文化底蘊及智慧，可以進到這勢態之中，去觀其變化，去理解詮釋此中的艱難，而做出調整的。我以為所謂具有中國特色者正在於此也。中國者，「中道為體和為用」之國也[8]。唯有在「中道為體和為用」下，才可能「即勢成理」，進一步「以理導勢」，中國文明的復興，此其時矣！

這麼說來，中國已經越過了「啟蒙」與「救亡」的緊箍咒了嗎？是，是該越過了，但卻還有不少朋友，耽溺在「啟蒙」的光輝之中，努力地要開啟「救亡」的志業。老實說，這是一「時間的錯置」，將這個時代錯置到清朝末年，這是嚴重錯誤的。中國，現在應該是如同楚漢相爭之後，越過了文景之治，進到武帝，復古更化的年代。這是一個大調整的大年代，需要有大智慧、大眼界，這是一極為可令人驚懼憂疑的年代，卻也是一令人驚喜敬畏的年

7 「即勢成理」、「以理導勢」之理論主要來自於船山哲學的啟發，請參看林安梧《王船山人性使哲學之研究》，頁一一八～一三〇，一九八七年九月，台北：東大圖書公司。

8 林安梧〈感懷（冠頂詩）——取「宏揚中華文化，促進兩岸交流」為題〉，原詩為上世紀末參訪青海西寧，參加學術會議，寫於一九九七年七月，後刊於《民主》，頁三〇，二〇〇六年十一月。

代[9]。我以為正在興起的「企業儒學」，以及正在生發的「儒商智慧」，是應該放在這樣的視角之下來看待的。若仍把它置放在啟蒙與救亡下的思考，那是不適當的。當然，若將它看作只是當權者的維穩，那真未免太小看了，那真是沒上到應有的歷史視角來看問題，也沒上到應有的理論高度來看問題。套用陽明年幼的詩來說「山近月遠覺月小，便道此山大於月，若人有眼大如天，還見山小月更闊」[10]。

七、從「啟蒙解放」到「現代性」的意義危機

二十世紀初，從晚清以來，不管是變法者、革命者，或者是西化派、俄化派，都努力地進行著其啟蒙的偉大志業。這啟蒙是現代性意義的，而且都是西方化意義的。這啟蒙說的是人的個體解放，人的權力解放，人的利益解放，而且相信在現代性的理性底下，就可以達到這些解放的可能，並且又可以在這些解放底下，尋找回來一現代性的共同體，在現代性的共

9 請參看林安梧〈從「馬踢孔子」到「孔子騎馬」：對中國大陸「國學熱」的哲學詮釋與闡析〉，台北：《國文天地》三十卷十期（總號：三五八），二〇一五年三月，頁四三～四八。

10 王陽明十一歲時的詩，請參見蔡仁厚〈王陽明學行年表〉，收入蔡仁厚《王陽明哲學》，頁一五七，二〇一四年四月，台北：東大圖書公司。

同體底下，人可以更合理地活著，而且活得更好。

更重要的是，中國當順著這樣的趨勢成為一個現代性的強盛國家，強國富民，這本是人人所嚮往的。這也就是我們所說的現代化的嚮往與努力，這嚮往與努力，無疑的，是需要的，也起了極大的作用，也帶來了極大的效益，讓人們果真活得好些，而且比以前更為合理。中國如此，當然置放在全世界來看，也是如此。換言之，我們對於近幾百年來的現代性的變革與進境是要肯定的，對於中國近百年來的啟蒙與救亡，及其相關的各種努力，終於走向現代化，我們還是要肯定的。

不過，在歷史的推移下，人類文明其實已經從現代邁向了後現代，現代性所帶來的種種可貴的「業績」當然值得肯定，但它所帶來的種種劣績，卻已經到了非得正視的年代。空氣汙染、水汙染，環境的汙染，從有形的汙染到無形的汙染，從外在物質的汙染到內在心靈的汙染。這汙染之所以汙染，其實骨子裡是由於人們的貪欲被啟動了，一個對現代性的適當調節性機制並沒有真正長養起來。

太重視人個體權力的解放，而忽略了人之為人的人倫關連。太注重利益的爭奪，並且相信有一種自由而放任的爭奪，會帶來理性的平衡。太注重此生此世，受限在個體生命的欲望之中，讓無明欲望的業力習氣無盡地延展。把欲望與需求混淆，加上商業經濟的炒作，讓一種生命的欲望之力的理性法則高張，並且相信它能成為維繫現代性的法則。這種欲望之力的理性法則伴隨著工具性理性的高張，人們被一種奇特而回不到生命之源的力量拖著往外奔馳[11]。生命離其自己，失其居宅，成為一個失喪的異鄉人，無家可歸，一種以為「處處無家處處家」的「當下」哲學又一時興起。突然間，又當下空無、了不可得，原來整個當下是另種虛無主義式的自我蒙欺。

八、生命覺性的呼聲：從「花果飄零」到「靈根自植」

當這波現代性的理性，伴隨著權力的、欲望的理性，構成了一嚴重而勢不可挽的業力，迎面沖激而來的則是人們的覺性，這長自我們生命深處的生命之覺性，必然應運而生。這不是現在才生長出來的，早在二十世紀初，這些生命覺性的呼聲，就以不同的方式吶喊著，但現代性熱鬧滾滾的眾聲喧嘩，這些覺性的呼聲也就淹沒於其中。在還沒有走向現代化的中國，這些覺性的智慧竟然被視為垃圾，要被扔入茅廁坑。現在想來十分可笑，但當時卻是救亡啟蒙，一種沒來由的過頭，一種不知道該怎麼走的過頭，但當時大部分人都認為這是唯一的復興之路。

11 請參看沈清松《現代哲學論衡》，頁一～二八，台北：黎明文化公司，一九八五年。

歷史的進程是十分詭譎的，在這無明的業力習氣的滾動下，在這沒來由的，莫名所以的，只能相信「物競天擇，適者生存」的弱肉強食的哲學指引下，生命就只能在鬥爭中，消解了「溫良恭儉讓」的懦弱，從死亡的邊緣活過來，而且果真活過來了。老實說，這怎活過來的都不知道，就只知道在漆黑中尋找亮光，一種發自大地母土的本能式的探索，居然也找到了亮光，居然也克服了過來，這民族的文化生命真有一不可自已的韌性，真有一不可知之的潛德幽光。唐君毅先生曾慨嘆中國民族文化花果飄零了，但文化命脈並沒有在種種磨難中被斬斷，眾多深思熟慮的先進卻埋深心、發大願，讓此靈根自植，逐漸發榮滋長[12]。經過近百年來的顛簸，不論台港、大陸，前輩先生們的努力，保住了文化命脈，承天命、繼道統、立人倫、傳斯文，其功其德必將載諸史冊，輝耀乾坤。

九、「可欲之謂善，有諸己之謂信」：從「文化自信」到「文明交談」

只是「文化搭台，經濟唱戲」，進一步要「經濟發展，文化生根」，文化生了根，才真正能生長，生長了才能結果實，才能再撫育下一代。還有這文化自信了，才真正能挺起腰桿

12 唐君毅，《說中華民族之花果飄零》，頁一〇四，台北：三民書局，一九七四年。

來與人平起平坐地談話，才能有真正的交談對話，對這早已失衡的世界文明，才能真正起個調整的作用。

欲望不是不好，但不盡的窮奢極欲，伴隨著權力、妝點著神聖、裹脅著理性、假恃著自由，這樣的欲望所成的無明的業力，將伊於胡底，真是令人擔心萬分。儒家從來不認為欲望是罪惡，但欲望過分高張之導致罪惡，卻是不爭的事實。儒家強調的是「可欲」。欲望之為可，何者為可，何處為可，在人倫共同體為可，在自然天地共同體之為可，進一步在如此兩個向度所成之政治社會共同體之為可。這樣的可欲，就不可能讓欲望只是順勢而趨，就不可能讓欲望窮奢極欲。欲望必然要有所節、有所度，有所調、有所理。

《孟子》書裡講「可欲之謂善，有諸己之謂信，充實之謂美，充實而有光輝之為大，大而化之之謂聖，聖而不可知之之謂神」[13]。這是生命的長育過程，是在人倫共同體、政治社會共同體、自然天地共同體共同體下長育成的。這樣可欲觀的哲學，中正平和、充實飽滿，可能是對治現代性的過度欲望的真正良方，值得重視。

13 語出《孟子．盡心下》。

十、工作是磨煉靈魂的道場：陽明心學煥發出來的心源動力

有趣而值得注意的是，由於大陸較為獨特的體制，所以圍堵了Google，也因此扶植了百度、搜狗、易網，微信；也因為大陸中間隔了一個文化大革命，又因為唯物論的關係，所以起了一個有趣的宗教的除魅作用，因此，儒家經典的帶有魅力的宗教性反因之而降低了，倒是其帶有教化性的宗教性與知識性，反而成為企業儒學及儒商智慧的核心。這是台港所少見的，大陸這波國學熱、孔子熱，從原先的實用性、功利性，卻也慢慢生根了。當然，他能生根到何境地，那還是有待觀察。不過，若從這角度來理解，就可以知道為何可以有陽明心學的私塾班課程了。我認為這在台灣、香港、澳門絕對是不可能的。

記得有次在珠海，我應邀論及陽明心學與現代管理，我論道：陽明心學的創始人，王守仁，字伯安，人稱陽明先生，生於明朝中葉，一四七二年～一五二九年；他是這五百年來，整個東亞最重要的思想家。清末民初的革命家、改革派，都與陽明心學密切相關。日本的明治維新，社會的改革運動，生命動能的喚醒，接壤現代性。許多日本的企業經營者「一生俯首拜陽明」，他們從陽明心學中，取得了實踐的動能，即知即行，知行合一，而且又能夠將陽明的「一體之仁」發揮到極點，既能照顧好所有的員工，而且推擴這樣的大愛能力，使得他成為整個企業的動能。一九三二年生於日本鹿兒島的道盛和夫，被認為是日本的四大經營

之聖，他的經營理念最主要的來源是陽明心學[14]。就連台灣的經營之神，王永慶其即知即行、說一不二的作風，也與陽明心學密切關連。

道盛和夫認為「工作是磨煉靈魂的道場」，他的「公司永遠都是保障員工生活的地方」。他的人生方程式：工作結果＝思維方式×熱情×能力，這裡你可以看到「企業家特殊的戰鬥力」[15]。這與陽明心學所強調的「心即理」所煥發出來的心源動力，密切相關。這甚至可以說就是陽明心學的核心「致良知」最重要的落實與發揮。這特殊戰鬥力表現為一次又一次「回歸零」的能力，這與陽明心學的「心外無物」是密切關連的。良知是知是知非，是當下的，是無所染執的，是清靜的、是純粹的，這就是他所強調的要「以善惡，不以得失來做判斷」，這也是《易經》講的「直方大，不習，無不利」的大智慧[16]。敬天愛人，自利利他，因為這世界是一體的，是包孕在一體之仁之中的。思維方式決定了整個人生和經營的向度。內在真能確定了，通而貫之，信任管理，這樣的領導力才能發揮到極致；順此落實，管理者、執行者，才能生機勃勃。這是外有天地場域、內有生機動能，兩兩呼應的一種管理者學，這可以說是儒家陽明心學所啟動的。

---

14 請參看稻盛和夫著、曹岫雲譯《心法：稻盛和夫的哲學》，頁一～二一，二〇一六年三月，北京：東方出版社。

15 請參看曹岫雲著《稻盛和夫的成功方程式》，二〇一三年六月，北京：東方出版社。

16 語出《易經．坤卦》六二爻辭。

十一、陽明心學的核心：一體之仁、致良知於事事物物

這群企業儒學的執行者、實踐家，其實他們不只是實踐應用，而且對於理論有著相當的興趣。總的來說：陽明心學的基本理念，以及他在歷史文化中的進程裡，所扮演的角色，並指出他當前的意義何在，其可開發之動能何在，落實於企業經營，又有如何之效益，記得課程的安排是這樣的：一、陽明心學的主旨：心即理、致良知、知行合一。二、陽明心學與禪宗哲學的異同。三、如何閱讀王陽明的《傳習錄》：閱讀、體驗、生活哲學與經營理念的淬煉。四、陽明心學的運用：從「修身養性」，到「企業經營」，到「治國平天下」。五、陽明的「四句教」對於企業經營的啟示。

記得我與他們說所謂的「知行合一」，就是「即知即行」，當下那知就是行。「知」是「知縣」的知，這是知理、管理、處理、掌理的知，這是「乾知大始，坤作成物」的「知」。我們說「張三知道孝順父母」的知道，意思是張三果真實踐了孝順父母，這樣才算是知道。陽明說「知是行之始，行是知之成」、「知是行的主意，形是知的功夫」[17]，「知行本體」當下必然喚起十足的實踐動力，去完成它，這才叫做「知」。「知」是「良知」之

---

17 以上索引知行相關理論，皆引自王守仁《傳習錄》。請參見蔡仁厚《王陽明哲學》。

知，是「致良知」，致良知是個實踐活動，必然要及於萬事萬物，致良知於事事物物，正其不正，使歸於正，這才是真知力行。就好像，你走過來，看到一個玻璃水杯置放在桌角，你馬上覺察到這水杯若不小心會掉落，你會當下心生不忍，這不忍使得你當下就會趕快將玻璃水杯，挪置到一個安全的區域。這就叫「致良知於事事物物，正其不正，使歸於正」，這也叫做「一體之仁」的實踐，這也叫做「心外無物」的實踐，這也是一「為善去惡是格物」的實踐。陽明說的「格物」其實也就是「正其事」，正其不正，使歸於正，將一件事好好完成它，這也就是致良知於事事物物。

王陽明的「一體之仁」，強調的是經由仁的實踐，使之關連成一不可分的整體的事物都能如其本然地成就其自己，人去成就這事物[18]。這樣的「一體觀」是去踐行仁，這樣所成的實踐的一體觀。這樣的一體觀便擺脫了境界形態的一體觀，而是知行本體，通而為一，這樣所成的實踐的一體觀。這樣的一體是總體之體，這可以是企業總體、是工廠的總體，可以是某個社群的總體，可以是國家社會的總體。它可以是由小而大，由內而外，由近及遠的總體，最後是可以擴及到天地宇宙的。所謂「宇宙內事即己分內事，己分內事即宇宙內事」，

18 請參看林安梧《中國宗教與意義治療》，第四章〈王陽明的本體實踐學：以王陽明《大學問》為核心的展開〉，台北：台灣學生書局印行，二〇一七年三月。

是通而為一的。這是一種崇尚和合，關連成一總體的世界大同、天下為公之學。

十二、從「中國特色」、「一帶一路」到「世界和平」

顯然地，企業儒學、儒商智慧，這是帶著中國特色的，它不再停留在廿世紀，缺乏文化自信的自我殖民，或者文化移民，他們不再只是追問：如何讓中國文化傳統開出現代化，而且他們充分發現到這問題帶有一定的荒謬性。因為根本不是中國文化是否能開出現代化，又要如何開出現代化，重要的是：在現代化的學習過程裡，我們如何一步步走向現代化，而這現代化又如何深深有自己的烙印。更重要的是，當我們逐漸現代化了，我們也成為全世界重要的參與者、治理者，我們的文化傳統能如何參與到這一波現代化的過程裡，展開交談與對話。我們又該如何用更具體的經濟、政治與文化的策略，參與於其中，讓這世界有更好的良性互動，而慢慢由霸權的爭奪，轉成王道的干城，大家懂得通天地人三才地來想問題，能共生共長共存共榮思考，人類究竟該當如何？人類不能在「物競天擇，適者生存」的物種進化來思考問題。人類應置放在人類之參與於天地萬物，人懂得參贊化育，這樣的角色下，來思考人該當如何。「一帶一路」的提出是值得肯定的。

「一帶一路」[19]，「一帶」指的是「絲綢之路經濟帶」，這是習近平在二〇一三年在哈薩克納紮爾巴耶夫大學演講時提出，李克強外訪時向各國推廣的區域經濟合作戰略。沿著陸上絲綢之路，發展中國和這些國家和地區的經濟合作夥伴關係，計劃加強沿路的基礎建設，也計劃消化中國過剩的產能，並帶動西部地區的開發。「一帶」主要有兩個走向，從中國出發，以歐洲為終點：經中亞、俄羅斯到達歐洲。經中亞、西亞到達波斯灣和地中海沿岸各國。「一路」指的是「二十一世紀海上絲綢之路」，是沿著海上絲綢之路，發展中國和東南亞、南亞、中東、北非及歐洲各國的經濟合作。「一路」主要有兩個走向：從中國沿海港口過南海到印度洋，延伸至歐洲。從中國沿海港口過南海到南太平洋。

顯然地，一帶一路的提出，是人類文明在現代性的發展，進一步的轉折，也代表著文明的殖民時代的結束，而新的文明交談年代的開啟。過去霸權主義的結束，新的王道主義的開啟。這對於原先的權力獨霸者，是很難適應的，他們必須要適應好一段時間，才有可能的。當然，很重要的，我們需要有清楚的理念方向、理論構架，並且要有真切具體可行的實踐方針，須知：凡事豫則立，不豫則廢，中國這一波必須迎來自家文明的全面復興，有了文化自

19 請參看維基百科「一帶一路」條。以下所論，大體參考此所記載。https://zh.wikipedia.org/wiki/%E4%B8%80%E5%B8%A6%E4%B8%80%E8%B7%AF

信、道路自信，才可能真正邁向全世界。作為最早的儒商子貢的智慧，「子貢一出，存魯，亂齊，破吳，彊晉而霸越。子貢一使，使勢相破，十年之中，五國各有變」[20]。我想中國的企業儒學及儒商智慧，隨著中國國家力量的增長，一步步水漲船高，子貢這些志業，在當代天下，應該會有著更進一步的發展。我們踐行著、期許著！

〔本文原為二〇一八年八月十二日，應黎紅雷教授之邀，在馬來西亞舉行的國際儒商論壇大會所做的主題演講。後經潤稿修訂，以「中國近三十年來『儒商現象』的哲學反思——環繞『企業儒學』、『儒商智慧』與『陽明心學』的展開」為題，刊於《鵝湖》五二四期，頁一五～二四，二〇一九年二月。〕

---

20 請參見司馬遷《史記．仲尼弟子列傳》。

國家圖書館出版品預行編目資料

當儒家走進民主社會：林安梧論公民儒學 / 林安梧 著. -- 臺北市：商周出版，城邦文化事業股份有限公司出版：英屬蓋曼群島商家庭傳媒股份有限公司城邦分公司發行, 民110.12
面： 公分

ISBN 978-626-318-080-2（平裝）

1. 儒學 2.文集

121.207　　110018972

當儒家走進民主社會：林安梧論公民儒學

作　　者 / 林安梧
企劃選書 / 劉俊甫
責任編輯 / 劉俊甫

版　　權 / 黃淑敏、吳亭儀
行銷業務 / 周佑潔、周丹蘋、黃崇華、賴正祐
總 編 輯 / 楊如玉
總 經 理 / 彭之琬
事業群總經理 / 黃淑貞
發 行 人 / 何飛鵬
法律顧問 / 元禾法律事務所　王子文律師
出　　版 / 商周出版
城邦文化事業股份有限公司
臺北市中山區民生東路二段141號9樓
電話：(02) 2500-7008 傳真：(02) 2500-7759
E-mail：bwp.service@cite.com.tw
發　　行 / 英屬蓋曼群島商家庭傳媒股份有限公司城邦分公司
臺北市中山區民生東路二段141號2樓
書虫客服服務專線：(02) 2500-7718．(02) 2500-7719
24小時傳眞服務：(02) 2500-1990．(02) 2500-1991
服務時間：週一至週五09:30-12:00．13:30-17:00
郵撥帳號：19863813　戶名：書虫股份有限公司
E-mail：service@readingclub.com.tw
歡迎光臨城邦讀書花園 網址：www.cite.com.tw
香港發行所 / 城邦（香港）出版集團有限公司
香港灣仔駱克道193號東超商業中心1樓
電話：(852) 2508-6231　傳眞：(852) 2578-9337
E-mail：hkcite@biznetvigator.com
馬新發行所 / 城邦（馬新）出版集團 Cité (M) Sdn. Bhd.
41, Jalan Radin Anum, Bandar Baru Sri Petaling,
57000 Kuala Lumpur, Malaysia
電話：(603) 9057-8822　傳眞：(603) 9057-6622
E-mail：cite@cite.com.my

封面設計 / FE設計葉馥儀
排　　版 / 新鑫電腦排版工作室
印　　刷 / 高典印刷有限公司
經 銷 商 / 聯合發行股份有限公司
電話：(02) 2917-8022　傳眞：(02) 2911-0053
地址：新北市231新店區寶橋路235巷6弄6號2樓

■2021年（民110）12月初版
定價 600 元

Printed in Taiwan
城邦讀書花園
www.cite.com.tw

ISBN 978-626-318-080-2

廣　告　回
北區郵政管理登記
台北廣字第000791
郵資已付，免貼郵

104台北市民生東路二段141號2樓

英屬蓋曼群島商家庭傳媒股份有限公司　城邦分公

請沿虛線對摺，謝謝！

書號：BP6039	**書名：**當儒家走進民主社會	**編碼：**

請於此處用膠水黏貼

讀者回函卡

線上版讀者回函卡

感謝您購買我們出版的書籍！請費心填寫此回函卡，我們將不定期寄上城邦集團最新的出版訊息。

姓名：________________ 性別：□男 □女

生日：西元________年________月________日

地址：________________

聯絡電話：________________ 傳真：________________

E-mail ：

學歷：□ 1. 小學 □ 2. 國中 □ 3. 高中 □ 4. 大學 □ 5. 研究所以上

職業：□ 1. 學生 □ 2. 軍公教 □ 3. 服務 □ 4. 金融 □ 5. 製造 □ 6. 資訊
□ 7. 傳播 □ 8. 自由業 □ 9. 農漁牧 □ 10. 家管 □ 11. 退休
□ 12. 其他________________

您從何種方式得知本書消息？

□ 1. 書店 □ 2. 網路 □ 3. 報紙 □ 4. 雜誌 □ 5. 廣播 □ 6. 電視
□ 7. 親友推薦 □ 8. 其他________________

您通常以何種方式購書？

□ 1. 書店 □ 2. 網路 □ 3. 傳真訂購 □ 4. 郵局劃撥 □ 5. 其他______

您喜歡閱讀那些類別的書籍？

□ 1. 財經商業 □ 2. 自然科學 □ 3. 歷史 □ 4. 法律 □ 5. 文學
□ 6. 休閒旅遊 □ 7. 小說 □ 8. 人物傳記 □ 9. 生活、勵志 □ 10. 其他

對我們的建議：________________

____

____

【為提供訂購、行銷、客戶管理或其他合於營業登記項目或章程所定業務之目的，城邦出版人集團（即英屬蓋曼群島商家庭傳媒（股）公司城邦分公司、城邦文化事業（股）公司），於本集團之營運期間及地區內，將以電郵、傳真、電話、簡訊、郵寄或其他公告方式利用您提供之資料（資料類別：C001、C002、C003、C011 等）。利用對象除本集團外，亦可能包括相關服務的協力機構。如您有依個資法第三條或其他需服務之處，得致電本公司客服中心電話 02-25007718 請求協助。相關資料如為非必要項目，不提供亦不影響您的權益。】

1.C001 辨識個人者：如消費者之姓名、地址、電話、電子郵件等資訊。
2.C002 辨識財務者：如信用卡或轉帳帳戶資訊。
3.C003 政府資料中之辨識者：如身分證字號或護照號碼（外國人）。
4.C011 個人描述：如性別、國籍、出生年月日。

請於此處用膠水黏貼